附属新潟中式「3つの重点」を生かした確かな学びを促す授業

教科独自の眼鏡を育むことが「主体的・対話的で深い学び」の鍵となる！

新潟大学教育学部附属新潟中学校 編著

東信堂

まえがき

新潟大学教育学部附属新潟中学校長　柳沼　宏寿

　世界のグローバル化が加速し，国際的に自立した人材の育成が急務となる中，日本の教育が大きな変革を求められています。日本は，学制の頒布以来，世界標準を参照しながら教育の近代化を図ってきましたが，流行や世論に左右されやすい脆弱性も指摘されてきました。今後，これまでの反動的繰り返しを続けるのか，あるいはそれらを包括して捉え返すようなうねりを創造していくのか，現在の舵取りが将来重要な意味を持つことになるでしょう。この歴史的転換期において，本書は教育関係者必携の指南書となることをお約束します。

　21世紀を迎えた現在，世界では地球温暖化などの環境問題をはじめ，エネルギー問題，経済問題，民族紛争など解決困難な課題が山積していますが，それらには共通する特徴があります。それは，安定や効率を求める収束的思考の対極への指向性，つまり「混沌・拡散・多様・非平衡」への進行です。教育の現代的課題とは，そのように拡散する状況における「共生」の問題と言えるでしょう。例えば「新しい学力観」は，それまでの「偏差値教育」から脱却し，個を尊重させようとしましたが，学級崩壊に象徴される混乱を招いたことも事実です。そのことに対して教育界は明確な方針や方法論を示すには至らず，PISAショックも相まって歴史に逆行する動きさえ生じました。しかし，私たちは，問題の所在を的確に押さえ，過去を乗り越えなければなりません。その意味では，文科省がユネスコやOECDと連携してEducation2030を構想し，新学習指導要領を通してコンテンツ（内容）からコンピテンシー（資質・能力）への転換を求めていることには，まさに地球規模の課題克服へ向けた意思が感じられ期待が高まるところです。とはいえ，日本の教育現場では「資質・能力」の捉え方に未だ戸惑いが見られるのが実情です。そのような中，附属新潟中学校の研究と実践の重心は，常に資質・能力の育成にありました。

　これまで，国立大学の附属学校としての役割を果たすべく「全国の研究の拠点校」かつ「地域のモデル校」として，その成果を毎年の研究公開等を通して発信してきましたが，今回，満を持して本書を上梓する運びとなった次第です。

　本書のねらいは，端的に言うと，各教科の「学びの構造」を開示することにあります。新時代に必要とされる資質・能力を培うための授業はどうあればよいか。まず，各教科独自の「見方・考え方」に基づいた課題設定と授業運営のポイントを可視化しました。特に，実践全体を貫く「3つの重点」は，全ての学校で汎用可能な方法論を提案しています。また，各教科の学びが，他教科や特別活動，学校行事，部活動，生活指導，その他学校生活全般との有機的繋がりを基盤として成立しており，カリキュラム・マネジメントがいかに重要であるかも浮き彫りにしています。

　折しも，附属新潟中学校は今年創立70周年を迎えましたが，私たちの研究は常に多くの方々の支えによって成り立っています。ここで改めて新潟大学をはじめ，旧同人，同窓生，保護者，その他全ての附属新潟中学校関係者の皆様に対し，心より感謝の意を表します。また，本出版は，京都大学大学院准教授の石井英真先生と東洋大学食環境科学部教授の後藤顕一先生のご支援があればこそ実現したものです。石井先生には，本校の研究が新時代に即応するための「見方・考え方」について重要なヒントをご教示いただきました。また，後藤先生には，国立教育政策研究所在任中から本校の研究に対するご理解と継続的なご指導をいただきました。この場をお借りして厚く御礼を申し上げます。

　これからの教育は，生徒の知性と感性が，個々に自立しつつも全体として響き合う，いわばポリフォニーを奏でる営みであると言えるでしょう。附属新潟中学校職員の渾身の指揮による演奏に対し，皆様からの真正なる評価を賜れれば幸いです。

目　次

まえがき ……………………………………… 新潟大学教育学部附属新潟中学校長　柳沼　宏寿　i

巻頭提言

これから求められる学力と学び ……… 京都大学大学院教育学研究科・准教授　石井　英真　3

これからの教育に必要な学校教育の在り方と新潟大学附属新潟中学校の
取組の価値 ……………………………………… 東洋大学食環境科学部・教授　後藤　顕一　10

理論編

第1章　豊かな対話を求め，確かな学びに向かう生徒を育む授業 …………　17
　　　　○確かな学びに向かう生徒を育む
　　　　　── 「見方・考え方」から資質・能力の育成
　　　　○確かな学びを促す3つの重点
　　　　　── 「意味ある文脈での課題設定」「対話を促す工夫」「学びの再構成を促す工夫」

実践編

第2章　「確かな学びを促す3つの重点」実践集 ………………………………　30
　　　　早わかりポイント！〜どの教科でも汎用的に活用できる工夫〜

意味ある文脈での課題設定

- 国語──「少年の日の思い出」を脚本にしよう　31
- 社会──日本の諸地域　〜中国・四国地方〜 地理的分野　32
- 数学──LED 照明と蛍光灯のどちらがお得？　〜一次関数の利用〜　33
- 数学──2 段目の数と 17 段目の数にはどのような規則があるの？　〜文字式の利用〜　34
- 理科──地球と宇宙　〜惑星の見え方〜　35
- 音楽──曲の雰囲気を感じ取ろう　「魔王」　36
- 美術──岡本太郎　こどもの樹　37
- 保健体育──球技　ネット型　バトミントン　38
- 技術・家庭科技術分野──技術ってどんな教科　〜エアプレーンづくりから技術分野の学習を見通そう〜　39

- 技術・家庭科家庭分野——生活を豊かにする食事とは　～大切な人へのお弁当づくりを通して～　40
- 技術・家庭科家庭分野——幼児とのかかわり方を工夫しよう　41
- 英語——附属新潟中学校の学校行事を外国の方に紹介しよう　42
- 道徳——障がい者と共生するために，より善いかかわりを考える　43
- 特別活動——活動を分析し，自己や集団を高めていこう　～音楽のつどいに向けて～　44
- 特別活動——行事（体育祭）と行事（演劇）のつながりの中で，自己や集団の向上を共有しよう　45

対話を促す工夫

- 国語——作品を絵コンテで表現しよう　46
- 国語——俳句の創作　47
- 社会——現代社会の特色　公民的分野　48
- 数学——どちらの組み合わせが出やすいの？　～確率～　49
- 数学——図形の性質と証明　50
- 理科——光の反射と像　51
- 理科——力と運動　～慣性～　52
- 音楽——音楽と絵をかかわらせて鑑賞しよう　53
- 美術——浮世絵　～中学生が見た新潟百景～　54
- 保健体育——球技　ネット型　バレーボール　55
- 技術・家庭科技術分野——生活に役立つ製品の設計・制作　～学校紹介映像をつくろう～　56
- 技術・家庭科家庭分野——災害時における食事をプロデュースしよう　57
- 英語——ALT に新潟市の観光スポットガイドコースを提案しよう　58
- 道徳——仲間への寛容の心　59
- 道徳——自分にとって大切なものは　60

学びの再構成を促す工夫

- 国語——お互いをもっとよく知ろう　～スピーチ～　61
- 社会——冷戦終結後の世界と日本　グローバル化の進展と保護貿易主義の動き　歴史的分野　62
- 数学——平方根　63
- 理科——力と圧力　～水圧～　64
- 理科——力と運動　～作用・反作用と慣性の関係～　65
- 英語——英語 Web 版ページの内容を検討しよう　66
- 美術——水と土のフォトコンテスト　67
- 技術・家庭科技術分野——生活に役立つ製品の設計　～日本の伝統技術を体感～　68
- 特別活動——行事活動における目指す姿の設定を基にした振り返り活動　69
- 総合的な学習の時間・「生き方・学び方」の時間——パーソナルポートフォリオを用いて自分の成長を語ろう　70

目次　v

実践編

第3章　「確かな学びを促す3つの重点」でつくる授業......................................71
　　　　　～生徒の学びの変容～

【実践 1】　国語　俳句創作（3年）　……………………………………　石川　哲　72
【実践 2】　社会　冷戦終結後の世界と日本　グローバル化の進展と
　　　　　　保護貿易主義の動き　歴史的分野（3年）　………………　小林大介　80
【実践 3】　数学　確　率（2年）　……………………………………　瀬野大吾　88
【実践 4】　数学　式の計算　～文字式の利用～（2年）　……………　熊谷友良　96
【実践 5】　理科　力と水圧　～水圧～（1年）　……………………　庭田茂範　104
【実践 6】　理科　作用・反作用と慣性（3年）　……………………　齋藤大紀　112
【実践 7】　音楽　曲の雰囲気を感じ取ろう　魔王（1年）　…………　和田麻友美　120
【実践 8】　美術　浮世絵　～中学生が見た新潟百景～（2年）　………　田代　豪　128
【実践 9】　保健体育　球技　ネット型　バレーボール（1年）　………　倉嶋昭久　136
【実践10】　技術・家庭科 技術分野　技術ってどんな教科（1年）
　　　　　　～エアプレーンづくりから技術分野の学習を見通そう～ …　永井　歓　144
【実践11】　技術・家庭科 家庭分野　災害時における食事を
　　　　　　プロデュースしよう（2年）　………………………………　古山祐子　152
【実践12】　英語　Lesson 5 Places to Go, Things to Do（3年）　…………　上村慎吾　160
【実践13】　道徳　仲間への寛容の心（2年）　………………………　源田洋平　167
【実践14】　特別活動　行事と行事のつながりの中で，
　　　　　　自己や集団の向上を共有しよう（3年）………………………　坂井昭彦　175

第4章 「生き方・学び方」の時間を中核としたカリキュラム・マネジメント ……　183
　　　　○生徒の学びとカリキュラム・マネジメント
　　　　○カリキュラム・マネジメントの実際
　　　　○生徒の学びを「総合的な学習の時間（『生き方・学び方』の時間）」で統合する

あとがき　………………………………　新潟大学教育学部附属新潟中学校・副校長　津野　庄一郎　201

執筆者一覧　………………………………………………………………………………　202

附属新潟中式　「3つの重点」を生かした確かな学びを促す授業
――教科独自の眼鏡を育むことが「主体的・対話的で深い学び」の鍵となる！

巻頭提言

これから求められる学力と学び

京都大学大学院教育学研究科・准教授　石井　英真

1．資質・能力の育成とALが提起していること

　近年，世界的に展開するコンピテンシー・ベースのカリキュラム改革を背景に，「資質・能力」の育成や「主体的・対話的で深い学び」，いわゆるアクティブ・ラーニング(AL)が強調されている。

　資質・能力ベースやALの強調については，教科内容の学び深めにつながらない，態度主義や活動主義に陥ることが危惧される。資質・能力の重視は，汎用的スキルを直接的に指導し評価することと捉えられがちであり，また，ALについても，主体的・協働的であることのみを追求する傾向がみられる。

　しかし，そもそも資質・能力重視の背景にある，「コンピテンシー」概念は，職業上の実力や人生における成功を予測する能力を明らかにするものである。コンピテンシー・ベースのカリキュラムをめざすということは，社会が求める「実力」との関係で，学校で育てるべき「学力」の中身を問い直すことを意味するのであって，汎用的スキルの指導と必ずしも同義ではない。むしろ，目の前の子どもたちが学校外での生活や未来社会をよりよく生きていくこととつながっているのかという観点から，既存の各教科の内容や活動のあり方を見直していくことが大切だろう。特に中学校や高校については，18歳選挙権が認められた今，市民としての自立につながるような各教科の教育になっているかどうか，教科外活動も含めて「一人前」(責任を引き受けて自分の足で立ち自分の頭で考える)を育てる教育に

なっているかどうかを問うていくことが重要であろう。

　また，ALのような学習者主体の授業の重視も，伝達されるべき絶対的真理としての知識ではなく，主体間の対話を通して構成・共有されるものとしての知識という，知識観・学習観の転換が背景にあるのであって，対象世界との認知的学びと無関係な主体的・協働的な学びを強調するものではそもそもない。何より，グループで頭を突き合わせて対話しているような，真に主体的・協働的な学びが成立しているとき，子どもたちの視線の先にあるのは，教師でも他のクラスメートでもなく，学ぶ対象である教材ではないだろうか。ALをめぐっては，学習者中心か教師中心か，教師が教えるか教えることを控えて学習者に任せるかといった二項対立図式で議論されがちである。しかし，授業という営みは，教師と子ども，子どもと子どもの一般的なコミュニケーションではなく，教材を介した教師と子どもとのコミュニケーションである点に特徴がある。この授業におけるコミュニケーションの本質をふまえるなら，子どもたちがまなざしを共有しつつ教材と深く対話し，教科の世界に没入していく学び(その瞬間自ずと教師は子どもたちの視野や意識から消えたような状況になっている)が実現できているかを第一に吟味すべきだろう。

2．日本の教師たちが追究してきた創造的な一斉授業の発展的継承

　授業の形式化を回避し，現場の自律的で地に足のついた授業改善につなげていく上で，日本の

教師たちが追究してきた創造的な一斉授業の蓄積に目を向ける必要がある。すなわち，「練り上げ型授業」（クラス全体での意見交流に止まらず，教師の発問によって触発されたりゆさぶられたりしながら，子どもたちが互いの考えをつなぎ，一人では到達しえない高みへと思考を深めていく）を通じて，主体的・協働的かつ豊かに内容を学び深め，「わかる」ことを保障し，それにより「生きて働く学力」を育てるというわけである。そして，資質・能力やALの根底にある「子どもたちがよりよく生きていくことにつながる学びになっているか」「子どもたちが教材と深く対話する学びになっているか」といった授業づくりの不易にふれる問いかけは，そうした日本の理想の授業像を批判的・発展的に継承していく上での問題提起や一種の「ゆさぶり」と受け止めることができる。

(1)「わかる」授業の問い直しと学力の三層構造の意識化

教科の学力の質的レベルは，表1の三層で捉

えられる。個別の知識・技能の習得状況を問う「知っている・できる」レベルの課題（例：穴埋め問題で「母集団」「標本平均」等の用語を答える）が解けるからといって，概念の意味理解を問う「わかる」レベルの課題（例：「ある食品会社で製造したお菓子の品質」等の調査場面が示され，全数調査と標本調査のどちらが適当かを判断しその理由を答える）が解けるとは限らない。さらに，「わかる」レベルの課題が解けるからといって，実生活・実社会の文脈での知識・技能の総合的な活用力を問う「使える」レベルの課題（例：広島市の軽自動車台数を推定する調査計画を立てる）が解けるとは限らない。そして，社会の変化の中で学校教育に求められるようになってきているのは，「使える」レベルの学力の育成と「真正の学習（authentic learning）」（学校外や将来の生活で遭遇する本物の，あるいは本物のエッセンスを保持した活動）の保障なのである。

従来の日本の教科学習で考える力の育成という場合，基本的な概念を発見的に豊かに学ば

【表1　教科の学力・学習の三層構造と資質・能力の要素】

学力・学習活動の階層レベル（カリキュラムの構造）		資質・能力の要素（目標の柱）			
		知識	スキル		情意（関心・意欲・態度・人格特性）
			認知的スキル	社会的スキル	
教科の枠づけの中での学習	知識の獲得と定着（知っている・できる）	事実的知識，技能（個別的スキル）	記憶と再生，機械的実行と自動化	学び合い，知識の共同構築	達成による自己効力感
	知識の意味理解と洗練（わかる）	概念的知識，方略（複合的プロセス）	解釈，関連付け，構造化，比較・分類，帰納的・演繹的推論		内容の価値に即した内発的動機，教科への関心・意欲
	知識の有意味な使用と創造（使える）	見方・考え方（原理，方法論）を軸とした領域固有の知識の複合体	知的問題解決，意思決定，仮説的推論を含む証明・実験・調査，知やモノの創発，美的表現（批判的思考や創造的思考が関わる）	プロジェクトベースの対話（コミュニケーション）と協働	活動の社会的レリバンスに即した内発的動機，教科観・教科学習観（知的性向・態度・思考の習慣）

（石井英真『今求められる学力と学びとは』日本標準，2015年から一部抜粋。）

せ，そのプロセスで，知識の意味理解を促す「わかる」レベルの思考（解釈，関連付けなど）も育てるというものであった（問題解決型授業）。ここで，ブルーム（B. S. Bloom）の目標分類学において，問題解決という場合に，「適用（application）」（特定の解法を適用すればうまく解決できる課題）と「総合（synthesis）」（論文を書いたり，企画書をまとめたりと，これを使えばうまくいくという明確な解法のない課題に対して，手持ちの知識・技能を総動員して取り組まねばならない課題）の二つのレベルが分けられていることが示唆的である。「わかる」授業を大切にする従来の日本で応用問題という場合は「適用」問題が主流だったといえる。しかし，よりよく生きることにつながる「使える」レベルの学力を育てるには，折に触れて，「総合」問題に取り組ませることが必要である。

　多くの場合，単元や授業の導入部分で生活場面が用いられても，そこからひとたび科学的概念への抽象化（「わたり」）がなされたら，あとは抽象的な教科の世界の中だけで学習が進みがちで，もとの生活場面に「もどる」ことはまれである。さらに，単元や授業の終末部分では，問題演習など機械的で無味乾燥な学習が展開されがちである（「尻すぼみの構造」）。すると，単元の導入で豊かな学びが展開されても，結局は問題が機械的に解けることが大事なのだと学習者は捉えるようになる。

　これに対し，よりリアルで複合的な生活に概念を埋め戻す「総合」問題を単元に盛りこむことは，「末広がりの構造」へと単元構成を組み替えることを意味する。学習の集大成として単元末や学期の節目に「使える」レベルの課題を設定する。そして，それに学習者が独力でうまく取り組めるために何を学習しなければならないかを教師も子どもも意識しながら，日々の授業では，むしろシンプルな課題を豊かに深く追求する「わかる」授業を組織する。こうして「もどり」の機会があることで，子どもたちの生活は知的で

豊かになり，概念として学ばれた科学的知識は，現実を読み解く眼鏡（ものの見方・考え方）として学び直されるのである。

　たとえば国語科であれば，PISA が提起したように，「テキストを目的として読む」のみならず，「テキストを手段として考える」活動（例：複数の意見文を読み比べてそれに対する自分の主張をまとめる）を保障することで，学校外や未来の言語活動を豊かにする学びとなっていくのである。一方で，社会と結びつけることを実用主義とイコールととらえてしまうと，よいプレゼンの仕方について議論するといった職業準備的な国語教育に陥りかねない。四技能を総合するような活動（「使える」レベル）は，それに取り組むことでテキストのより深い読み（「わかる」レベル）が促されるような，ことばに関わる文化的な活動であることを忘れてはならない。「使える」レベルのみを重視するということではなく，これまで「わかる」までの二層に視野が限定されがちであった教科の学力観を，三層で考えるよう拡張することが重要なのであり，「使える」レベルの思考の機会を盛り込むことで，わかり直しや読み深めが生じるような，さらに豊かな「わかる」授業が展開されることが重要なのである。

（2）練り上げ型授業の問い直しと知識構築学習

　「子どもたちが教材と深く対話する学びになっているか」という点について，練り上げ型の創造的な一斉授業は課題を抱えている。もともと学級全体での練り上げ型授業は，一部の子どもたちの意見で進む授業となりがちである。かつては教師のアート（卓越した指導技術）と強いつながりのある学級集団により，クラス全体で考えているという意識をもって，発言のない子どもたちも少なからず議論に関与し内面において思考が成立していた。しかし，近年，練り上げ型授業を支えてきた土台が崩れてきている。

　教員の世代交代が進む中，背中から学び技を

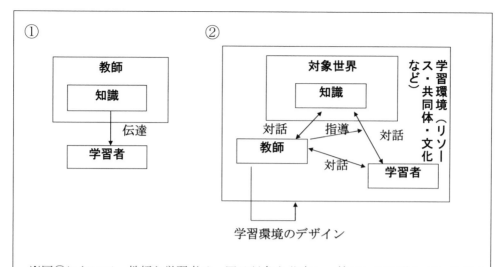

【図1　学習者，教材，教師の関係構造】
（出典：石井英真『現代アメリカにおける学力形成論の展開―スタンダードに基づくカリキュラムの設計』東信堂，2011年，183頁。）

盗む文化も衰退し，知や技の伝承が難しくなっている。また，価値観やライフスタイルの多様化，SNSをはじめ，メディア革命に伴うコミュニケーション環境の変化によって，子どもたちの思考や集中のスパンは短くなっているし，コミュニケーションやつながりも局所化・ソフト化・流動化してきており，強いつながりで結ばれた学級集団を創るのが困難になってきている。クラス全体の凝集性を求める強い集団よりも，気の合う者同士の小さいグループの方が居場所感覚を持てるし，強いつながりの中で堅い議論をするのではなく，ゆるい関係性で行われるカフェ的な対話の方が納得や学んだ手応えを得られる。そうした「弱いつながり」をベースにしたコミュニティ感覚を子どもたちは持っており，学習者主体の授業が強調される本質的背景はそこにある。教師のアート（直接的な指導性）から，学習のシステムやしかけのデザイン（間接的な指導性）へ，そして，学級全体での練り上げから，グループ単位でなされる創発的なコミュニケーションへと，授業づくりの力点を相対的にシフトしていく必要性が高まっているのである。

こうして学習者主体の創発的コミュニケーションを重視していくことは，日々の授業での学びを知識発見学習から知識構築学習へと転換していくことにつながる。練り上げ型授業は，教師に導かれながら正解に収束していく知識発見学習になりがちであった。だが，現代社会においては，「正解のない問題」に対して最適解を創る力を育てることが課題となっており，そうした力は実際にそれを他者と創る経験（知識構築学習）なしには育たない。ゆえに，知識構築学習をめざす上では，知識や最適解を自分たちで構築するプロセスとしての議論や実験や調査を学習者自身が遂行していく力を育成する視点や，そのプロセス自体の質や本質性を問う視点が重要となる。

多くの授業において「発見」は，教師が教材研究で解釈した結果（教師の想定する考えや正解）を子どもに探らせるということになりがちであった（図1—①）。しかし，深い学びが成立すると

き，子どもたちは教師ではなく対象世界の方を向いて対話しているはずである（図1−②）。国語の読解で言えば，子どもがまず自分でテキストを読み，ある解釈を持つ。そして，集団での練り上げで，他者の解釈を聞く。そうして学んだ解釈をふまえて，もう一度テキストに戻って読み直してみると，最初に読んだ時とは見え方が変わるだろう。しかも，テキストと直に対話することで，ただ他者から学んだ見方をなぞるだけでなく，多かれ少なかれ，その子なりの新しい発見や解釈が生まれうるのである。これが，子どもと対象世界が対話するということであり，学びが深まる（わかったつもりでいた物事が違って見えてくる）ということである。

知識発見学習では，授業内で一定の結論に至らせることにこだわり一般化を急ぐあまり，書いてきっちりまとめたものを発表し合って，それを教師がまとめる展開になりがちであった。これに対して，知識構築学習では，グループでの子ども同士のコミュニケーションをより大切にしつつ，そこで何か一つの結論を出すことを急がず，インフォーマルな雰囲気の下での対話とアイデアの創発を促すことが重要となる。たとえば，考えること，書くこと，話すことの三つを分断せず，各自考えながら，話し合って，そこで出た意見や思いついたことをそのままメモ的にワークシートやホワイトボードやタブレットに書き込んでいき，書いて可視化するからさらに触発されて話し言葉の対話や個々の思考が促進される，といった具体に。それは，話し合い活動も書き言葉的な「発表」をメインに遂行されてきた，書き言葉優勢の教室のコミュニケーションに対し，即興性や相互に触発し合う偶発性を特長とする話し言葉の意味を復権することにつながるだろう（ことばの革命）。

3．「教科する」授業というヴィジョン
（1）教科の本質を追求する授業とは

末広がりの単元構造や知識構築学習をめざすことは，子どもたちに委ねる学習活動の問いと答えの間を長くしていくことを志向していると同時に，それは教科の本質的かつ一番おいしい部分を子どもたちに保障していくことをめざした，教科学習本来の魅力や可能性，特にこれまでの教科学習であまり光の当てられてこなかったそれ（教科内容の眼鏡としての意味，教科の本質的なプロセスの面白さ）の追求でもある。

教科学習の本来的意味は，それを学ぶことで身の回りの世界の見え方や関わり方が変わることにある。「もどり」を意識することは，教科内容の眼鏡としての意味を顕在化することを意味する。また，教科の魅力は内容だけではなく，むしろそれ以上にプロセスにもある。たとえば，歴史科の教師のほとんどは，子どもたちが，一つ一つの歴史的な出来事よりも，それらの関係や歴史の流れを理解することが大事だと考えているだろう。しかし，多くの授業において，子どもたちは，板書されたキーワードをノートに写しても，教師が重要かつ面白いと思って説明しているキーワード間のつながりに注意を向けているとは限らない。まして，自分たちで出来事と出来事の間のつながりやストーリーを仮説的に考えたり検証したり，自分たちなりの歴史認識を構築したりしていくような「歴史する」機会は保障されることがない。

学ぶ意義も感じられず，教科の本質的な楽しさにも触れられないまま，多くの子どもたちが，教科やその背後にある世界や文化への興味を失い，学校学習に背を向けていっている。社会科嫌いが社会嫌いを，国語嫌いがことば嫌い，本嫌いを生み出している。「真正の学習」の追求は，目の前の子どもたちの有意義な学びへの要求に応えるものなのである。

ただし，有意義な学びの重視は，教科における実用や応用の重視とイコールではない。教科の知識・技能が日常生活で役立っていることを

実感させることのみならず，知的な発見や創造の面白さにふれさせることも学びの意義の回復につながる。よって，教科における「真正の学習」の追求は，「教科の内容を学ぶ(learn about a subject)」授業と対比されるところの，「教科する(do a subject)」授業(知識・技能が実生活で生かされている場面や，その領域の専門家が知を探究する過程を追体験し，「教科の本質」をともに「深め合う」授業)を創造することと理解すべきだろう。多くの授業で教師が奪ってしまっている各教科の一番本質的かつ魅力的なプロセスを，子どもたちにゆだねていく。ここ一番のタイミングでポイントを絞ってグループ学習などを導入していくことで，ALは，ただアクティブであることを超えて「教科する」授業となっていく。

（2）「見方・考え方」をどう捉えるか

教科の本質の追求に関わって，新学習指導要領は，教科等の特性を生かした深い学びを構想するキーワードとして，「見方・考え方」という概念を提起している。それは，教科の内容知識と教科横断的な汎用的スキルとをつなぐ，各教科に固有の現実(問題)把握の枠組み(眼鏡となる原理：見方)と対象世界(自然や社会など)との対話の様式(学び方や問題解決の方法論：考え方)と捉えられる。そして，「見方・考え方」は，質の高い学びの過程を生み出す手段でありかつその結果でもあるとされている。

学びの質を保証するには，何について，どのように学んでいるかという，内容とプロセスの両面において教科の本質を追求することが肝要である。「見方・考え方」は，プロセスが本質を外していないかどうかを判断する手がかりと考えることができる。「見方・考え方」は，どの活動を子どもに委ねるかを判断するポイントとして，また，そのプロセスが自ずと生起する必然性のある課題を設計する留意点として捉えられ，その意味で質の高い学びの過程を生み出す手段なのである。

次に，「見方・考え方」が質の高い学びの過程の結果であるという点をふまえれば，知識や概念が「見方」として学ばれ，スキルや態度がその人のものの「考え方」や思考の習慣となるような，生き方にまで響く教科の学びが追求されねばならないという，まさに学びの深さへの問いが浮かび上がってくる。「見方・考え方」として示されたプロセスを盛り込んで学習活動を設計することで，「使える」レベルの思考を含む，認知的に高次で複合的な学びをデザインすることはできるだろう。しかし，認知的に「高次」であることは，「深い」学びであることや生き方に響く学びであることを意味するわけではない。

たとえば，地元の強みを生かした新しい町おこしのアイデアを考えるような総合的な課題にただ取り組むだけでは，他人事の問題解決になりがちである。そこでは，高次の複合的な思考過程は試されるかもしれないが，それが必ずしも子どもたちにとって真に自分事であり，世の中を見る目や生き方を肥やしていく学びになるとは限らない。そうした課題に取り組みつつ，たとえば，本音の部分で自分は将来地域とどのように関わるのかといった問いに向き合い，自分たちの提示したアイデアにリアリティや説得力があるのかを吟味してみるといった具合に，足下の具体的な現実世界(生活)と抽象的な学問世界(科学)との間のダイナミックな往復を含むことで，「使える」レベルの学習は，高次さと深さを統一するような「真正の学習」になり，学習者の学校外の生活や未来の社会生活の質を豊かにするものとなるのである。

こうした「見方・考え方」が投げかける授業づくりの課題は，先述の教科本来の魅力(教科内容の眼鏡としての意味，教科の本質的なプロセスの面白さ)の追求と重なっていることに気付くだろう。教科等の「見方・考え方」への着目については，それを「比較・関連づけ・総合する」といった一般的な学び方のように捉えてしまうと，スキル訓練

に陥りかねない。新学習指導要領で示された各教科等の「見方・考え方」については，それを正解(遵守すべき型)のように捉えるのではなく，それを一つの手がかりとして，それぞれの学校や教師がその教科を学ぶ意味について議論し考えていくことが，そして，学びのプロセスに本質を見出す目を教師が磨くことが重要なのである。

　附属新潟中学校では，「見方・考え方」を手がかりに，型ではなく，生徒の学びの姿において教科の本質を追求する実践が展開されている。そして，「意味ある文脈での課題設定」や「学びの再構成を促す工夫」という形で，思考する必然性と学びの意義の実感を生み出す「末広がりの単元構造」が，また，「対話を促す工夫」という形で，最適解を自分たちでともに創る過程で本質的なプロセスを経験する「知識構築学習」がデザインされている。

（3）学びの深さと思考の密度

　深めるに値する内容について，その教科として本質的な頭の使い方をする学びの機会を保障した上で，その経験の質や密度を高めるべく，新たな着想を得ることで視野が開けたり，異なる意見を統合して思考や活動がせりあがったりしていくための指導の手立て(枠組みの再構成やゆさぶり)が考えられる必要がある。学びが深まる経験は，グループを単位とした創発的なコミュニケーションの中で，さまざまな意見が縦横につながり，小さな発見や視点転換が多く生まれることでもたらされる場合もある。また，クラス全体でもう一段深めていくような対話を組織することを通じて，なぜなのか，本当にそれでいいのだろうかと，理由を問うたり前提を問い直したりして，一つの物事を掘り下げることでもたらされる場合もある。この点に関わって，伝統的な練り上げ型授業のエッセンス，特に，子どもたちの問い心に火をつける発問やゆさぶりの技(「わかっていたつもりのことがわから

なくなる」ことによる認知的葛藤の組織化)に注目すべきである。さらに，思考の密度(中身の詰まり具合)については，子どもたちが，ただ想像し推理するのではなく，十分な質と量の知識を伴って，すなわち，確かな思考の材料と根拠をもって推論することを保障するのが重要である。

　まずはまとまった単位の思考や活動(「教科する」プロセス)が子どもたちにゆだねられ，自分たちの足で立って自分たちの頭で思考している状態を保障する。そして，まさに教師が研究授業という形で，まず自分で試行錯誤しながら実践をやり遂げ，事後の協議会で新たな着想を得たり，考えがゆさぶられたりした上で，再度実践することで，実践の質が高まっていくような，いわば活動とリフレクションを繰り返すことによるせり上がりの構造を意識することが重要だろう。さらに，教科書でわかりやすく教える授業を超えて，教科書をも資料の一つとしながら学ぶ構造を構築し，その上で教師が資料(集)の質と量を吟味することが求められる。その際，思考の材料を子ども自身が資料やネットなどから引き出していくことを促すことで，学習者主体で学びの質を追求しつつ，知識の量や広がりも担保できるだろう。

　附属新潟中学校では，まさにまとまった活動が子どもたちに委ねられる一方で，思考の材料となる複数の豊かな資料を常に参照しながら対話し，タブレット等で対話の過程を振り返ることで，活動のせり上がりと密度が保障されている。同校から最も学ぶべきは，個別の手立て以上に，まさにそうした未来形の学びの姿であろう。

参考文献
○石井英真『今求められる学力と学びとは』日本標準，2015
○石井英真編『小学校発　アクティブ・ラーニングを超える授業』日本標準，2017
○石井英真『中教審「答申」を読み解く』日本標準，2017

巻頭提言

これからの教育に必要な学校教育の在り方と新潟大学附属新潟中学校の取組の価値

東洋大学食環境科学部・教授　後藤　顕一

1．はじめに

新潟大学教育学部附属新潟中学校（以下，附属新潟中学校）とかかわらせていただき，早8年の月日が経とうとしている。附属新潟中学校は，常に生徒の資質・能力の向上を目指し，学校全体の取組として，幾多の課題に正対しつつ，前を向きながら，悩みながら，迷いながら，継続的に研究を続け，振り返ると大きな成果を上げ続けてきた。現職の先生方，かつて附属新潟中学校で指導なさっていた同人の方々，教育委員会や大学関係者など学校を取り巻く方々のたゆまぬ努力と，逃げない，ぶれない，ひたむきな取組が，附属新潟中学校を支え続けている。また，研究を支える保護者の方々，ならびに後援会のバックアップも見事である。

その中でも特に印象深いエピソードを示す。今から4年前，附属新潟中学校での研究発表会の朝の出来事である。校長室で，上野副校長（当時）に実践される各先生の授業を紹介していただいた。上野前副校長は，全ての授業の詳細をまるで授業者であるかのように語られた。それぞれの授業でどのような力の育成を目指すのか，そのうえで，その時点での成果と課題を全ての授業について語り尽くされたのである。上野前副校長に「なぜ，これから始まる授業についてこんなにお話ができるのですか？」と伺ったところ，「管理者としては当然のことだと思いますよ。」とさらりと回答された。その後，授業を見学させていただいたが，授業はまさに，上野前副校長が語られたそのものであったのにはさらに驚かされた。

こうしたことは，実は，上野前副校長だけではなく，いわば，附属新潟中学校の根本精神であることがわかってきた。その後，現在の柳沼校長，津野副校長，さらには，研究主任の先生方等に同様の質問をさせていただいたところ，各先生方ほとんど全ての授業の状況を把握なさっていたのである。そして，この考え方は，附属新潟中学校の全先生方に浸透しているのである。全ての先生は自分の教科，自分の授業だけではなく，他の教科の他の授業をほぼ把握なさっているのだ。

中学校以降は，どうしても教科の意識が高くなり，「教科のたこつぼ」と揶揄される状況に陥りやすいものである。附属新潟中学校は，全くそのような状況はない。全ての教科を把握しながら，担当の教科で何をすべきかを考えながら，教科の指導も研究も推進しているのである。これには，附属新潟中学校ならではの仕組みと工夫とがある。本書は，その仕組みと工夫を解き明かす書物ともなろうが，これこそが，まさに全国の学校が学ぶべき意識・取組であると言えよう。

巻頭提言として，国の教育動向や国立教育政策研究所における研究動向を示しながら，これからの教育に必要な学校教育の在り方を考察するとともに，附属新潟中学校の取組との関係を明らかにする。

2．国の教育動向や国立教育政策研究所での研究動向と附属新潟中学校の取組との関係

我が国では，平成29年3月31日，小学校・中

学校の次期学習指導要領が告示され，また，平成29年6月には，同解説が示され，次期学習指導要領の全体像と詳細が明らかになった。そこでは，今後の時代の変化と近未来を見据え，子供が身に付けるべき資質・能力を育成する教育課程を構想している。学習指導要領の構造も育成すべき資質・能力の獲得に向けて，学習過程を重視し，評価と一体となった改革，さらに入試制度の改革も進める「構造の抜本的な改革」を目指しており，戦後最大の教育改革との論評もある。

現代は，「第4次産業革命」とも呼ぶべき，急速な技術革新，知識基盤社会への本格的な移行，グローバル時代の到来など，従来にないスピードとインパクトで進行している。日本の技術力とチーム力という強みを維持し続け，日本ならではの誇りと品格を備えつつ，これら社会の変化を的確に捉え，社会の変化に対応するだけではなく，世界をリードしていくことが求められている。また，複雑で予測が困難な課題に向けて，知を統合しながら，最適解を求め続けていくような力が求められている。さらに，主体的に自らの可能性を発揮し，よりよい社会と幸福な人生の創り手，未来の作り手となる力を身に付けられるようにすることが重要である。社会人になった後に，このような力の育成を開始すればいいという訳ではなく，学校教育の段階でも育成されるべきものであり，その意味からも学校教育が担う使命は大きいのである。

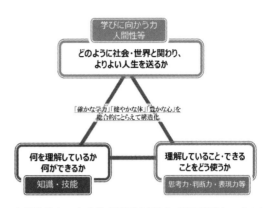

文部科学省　中央教育審議会「答申」補足資料(2016)より

【図2　育成すべき資質・能力の3つの柱】

これから求められる資質・能力として，コンピテンシーがあげられる。これは，断片化された知識や技能を知っているというところにとどまらず，知っている知識を使うスキル，生きて働く力，人間性や社会性といったものまでを含んだ全体的なものとしてとらえられている。初等中等教育における学校教育の視点においては，教育課程の基準として，文部科学省では，「自己教育力」(1983)，「新しい学力観」(1989)，「生きる力」(1998, 2008)などという資質・能力観を示してきた。国立教育政策研究所(2013)では，「21世紀型能力」として，構造的な整理を行い，「思考力」を中核とし，それを支える「基礎力」，使い方を方向づける「実践力」の三層構造で表し，学習過程での育成を目指すことを示した。

さらに，2020（平成32）年度から実施される学習指導要領に向けた中央教育審議会「答申」（文部科学省, 2016）が示され，「社会に開かれた教育課程の実現」を目標として掲げ，求められる「資質・能力の育成」を教育改革の柱に据えている。資質・能力の三つの柱として，「何を理解しているか，何ができるか」（生きて働く知識・技能の習得），「理解していること・できることをどう使うか」（未知の状況にも対応できる思考力・判断力・表現力等の育成），「どのように社会・世界と関わり，よりよい人生を送るか」（学びを人生や

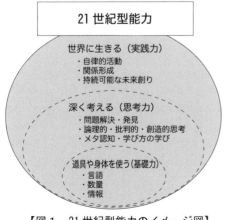

【図1　21世紀型能力のイメージ図】

社会に生かそうとする学びに向かう力・人間性等の涵養)を示している。

このような状況下で，資質・能力の学校教育全体での育成，授業場面での育成について，効果が期待できる具体的な事例を検討し，これからの教育に必要な学校教育の在り方について考察する必要がある。

附属新潟中学校は，いち早く，国立教育政策研究所の研究指定校として，これらの動きに注目して，学校独自の研究とそれに基づく具体的な取組を行ってきた。その取組は，新規性とともに，価値が高く全国の指針となるものと考えられる。

附属新潟中学校の取組は一人一人の生徒の資質・能力の育成を目指すとともに，真のリーダーの育成を目指している重厚な教育である。授業においても，学校行事においても，学校全体の取組として，生徒が思考するに値する知的な負荷を意図的に加えながら展開している。そして，複雑で予測が困難な課題に向けて，仲間を信じ，対話を通じて，知を統合しながら，その時点での最適解を求め続けていくような取組が随所にみられる。これこそが，国が求めている力，すなわち，主体的に自らの可能性を発揮するとともに，協働しながら，よりよい社会と幸福な人生の創り手，未来の作り手となる力の育成を目指す取組であることに他ならない。

3．これからの教育に必要な学校教育の在り方に向けての授業づくりの基礎原理

附属新潟中学校では，これからの教育に必要な学校教育の在り方について，特に求められる資質・能力の育成を実現させるための授業づくりの原則について，国立教育政策研究所プロジェクト研究「教育課程の編成に関する基礎的研究（平成21～25年度）」「資質・能力を育成する教育課程の在り方に関する研究（平成26～28年度）」の研究動向と軌を一にしながら，研究を推進してきた。また，常に新しい考え方を学校の文脈に適応させながら，研究を推進してきた。そこで，国立教育政策研究所の研究成果や資質・能力を育成するためのいくつかの基本的な考え方等に触れ，求められる資質・能力の育成を実現させるための原則や考え方と附属新潟中学校の成果について示す。

(1) 資質・能力の育成に向けての授業づくりの原則

①資質・能力の育成を実現させるための授業づくりの原則

求められる資質・能力の育成を実現させるための授業づくりの原則とは何か。国立教育政策研究所(2014)では，学術的な研究（教育学，教育方法学，心理学，認知科学，学習科学）を踏まえた求められる資質・能力の育成を実現させるための授業づくりの原則として，以下を報告している。

1）意味のある問いや課題で学びの文脈を創る
2）子供の多様な考えを引き出す
3）考えを深めるために対話のある活動を導入する
4）考えるための材料を見極めて提供する
5）「すべ・手だて」は活動に埋め込むなど工夫する
6）子供が学び方を振り返り自覚する機会を提供する
7）互いの考えを認め合い学び合う文化を創る
　　（国立教育政策研究所，2014，p.202 一部編集）

---

② 附属新潟中学校の成果

附属新潟中学校は，先生方も生徒も「7）互いの考えを認め合い学び合う文化を創る」確固たる基盤のある学校である。そして，附属新潟中学校の研究の骨格である「3つの重点」である「意味のある文脈での課題設定」「対話を促す工夫」「学びの再構成を促す工夫」は，示した原則に正対しており，研究成果も際立ったものになっている。附属新潟中学校の「意味のある文脈での課題設定」は，国立教育政策研究所の「1）

意味のある問いや課題で学びの文脈を創る」や「4）考えるための材料を見極めて提供する」といったことにつながっている。また，附属新潟中学校の「対話を促す工夫」は，国立教育政策研究所の「3）考えを深めるために対話のある活動を導入する」「2）子供の多様な考えを引き出す」とつながっている。さらに，附属新潟中学校の「学びの再構成を促す工夫」は，国立教育政策研究所の「6）子供が学び方を振り返り自覚する機会を提供する」といったことにつながる。

また，研究を推進し続けることでこれらの要素間でつながり合い，さらに研究の価値を高めたことも附属新潟中学校の特徴である。例えば，「5）「すべ・手だて」は活動に埋め込むなど工夫する」といったテーマを含んだ研究課題を行った際には，資質・能力の育成を目指して，各教科で「比較する」「関係づける」という「すべ」をどんな場面で用いることができたかについて自覚化する活動を行い，それを振り返ることで，さらなる成果を示していた。これは，「6）子供が学び方を振り返り自覚する機会を提供する」こととうまく結び付けながら，学びをデザインすることで，「すべ・手だて」を用いる価値や意義を自覚化できるようになっていた。また，「すべ・手だて」を用いるためには，それらが効果的に，学びの文脈の中で生かされなければならず，「1）意味のある問いや課題で学びの文脈を創る」「4）考えるための材料を見極めて提供する」につながっていた。また，「2）子供の多様な考えを引き出す」ためにも，「3）考えを深めるために対話のある活動を導入する」ことが行われていた。このようにつながっていけば，「すべ・手だて」を用いることが目的化されることは皆無であり，学びをつなぐ有効なツールとして利用し，極めて良好な学びの循環となっていた。それは，大前提として，「7）互いの考えを認め合い学び合う文化を創る」ことがなければ，生起しないことであることも改めて確認できた。

結果的に，附属新潟中学校が見いだした研究課題に沿った研究に向き合うことにより，国立教育政策研究所で挙げた「授業づくりの原則」は相互が関連しあうことで成立することを示すエビデンスにもなった。

（2）「深い学び」を実現する授業に向けて

①「深い学び」の実現に向けた原則

これからの学校教育における中核をなす授業ででは，「深い学び」の実現が重視されている。「深い学び」を実現する授業の在り方を考えるにあたり，背反する二つの原則が考えられる。一つは，深い学びを実現する授業に向き合うと，とかく注目する教科のことばかりに目が行きがちである。しかし，「深い学び」の実現のためには，教育課程の全体の構造や理念を把握・理解しなければ，「深い学び」を達成する授業にはなり得ないという原則である。もう一つは，全体の理念や構造をいくら把握・理解したとしても，各教科の本質を把握・理解しなければ，「深い学び」を達成することはできないという原則である。すなわち「深い学び」を達成する授業を追求していくには，「全体の教育課程」をしっかり把握・理解すること，「各教科の本質」をしっかり把握・理解すること，さらに，それに加えて，双方の関係をしっかり把握・理解する必要があるということである。

また，次期学習指導要領の構造においても，全体構造の理解とともに，各教科の本質を捉える視点の双方が必要である。教科全体で，人間性の育成という教育的な価値の追求を目指す中で，各教科が全体に果たす役割とともに，各個別の教科における教科の本質がもたらす教育的価値や果たす役割について検討すべきである。これは，教科教育学の考え方（日本教科教育学会, 2015）と一致しているが，各教科は，個別の教科の価値と，全体から見るその教科の価値を往還させながら，かつ，各教科の，目標，内容，方法の探究が研究の基本であり，次期学習指導要領改訂の理論

的な枠組みや構造と関係が深いといえる。
　②附属新潟中学校の成果
　この考え方は、「1．はじめに」で示した附属新潟中学校の授業に対する考え方に他ならない。附属新潟中学校では、全体構想を理解した上で、各教科の本質やそれに基づく授業構想を各教科が責任をもって行い、それを全教職員が共通理解している。

（3）育成すべき資質・能力と内容と学習活動の関係のつながりの重視

　①資質・能力と内容と学習活動との関係の原則
　授業など学校教育の中で、育成すべき資質・能力と内容と学習活動の関係の基本的な考え方として、教科等の内容と、学習活動をつないでいくことが不可欠になる(国立教育政策研究所、2013)。ここでは、これらについて、図3のイメージとともに、次のような概要でまとめている。

　求められる資質・能力の育成に向けては、学ぶ内容が存在しなければ進まないという原則である。すなわち、資質・能力を育成するに値する教科等の内容について吟味する必要があるということである。換言すれば、単なる知識の羅列とならないためにも、求められる資質・能力を育成するふさわしい教科等の内容を精査する必要があるということである。しかし、求められる資質・能力の育成につながるようなどんなに素晴らしい内容が用意されていても、これだけでは、資質・能力の育成にはつながらない。学習者が主体になり、対話を通じた学びが促進できるような学習活動でつないでいくことが求められる。

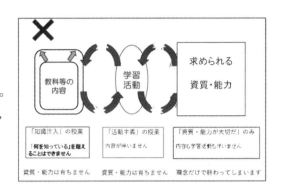

【図4　資質・能力と内容と学習活動が乖離したイメージ図】

　一方、求められる資質・能力、教科等の内容、学習活動が結びついていない状況のイメージ図を図4に示した。求められる資質・能力、教科等の内容、学習活動の断絶であっても、また、どれか一つが欠けても、求められる資質・能力を育成することにはつながらないことを示している。

　②附属新潟中学校の成果
　附属新潟中学校の学びでは、3つの関係が高次に結びついていた。そして、それらをさらに、「総合的な学習の時間」でつないでいく努力を行い、生徒が自覚する取組を加えるとともに、先生方も、その学びの価値を深く理解することにつながっていた。

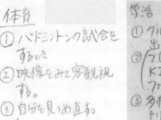 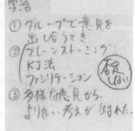

【図5　「総合的な学習の時間」での生徒の「すべ」に関する記述】

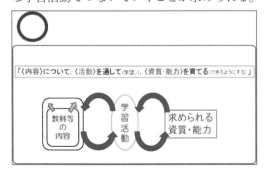

【図3　資質・能力と内容と学習活動が結びついたイメージ図】

【図6 生徒の「すべ」に関する全体を俯瞰した記述】

　図5は、「総合的な学習の時間」における生徒の記述であるが、①は、「内容」や「学習場面」、②は具体的な「学習活動」、③はそれによってどのような資質・能力が身に付いたかについて学習が終了したのちに記述している。自ら結びつきを意識できるとともに、「思考のすべ」の有用性についても深く向き合うことになっている。図6は、生徒による学びを通じた「思考のすべ」のまとめである。

（4）学ぶ意義を実感する期待・価値モデル
　①期待・価値モデルの原理

　学習者の学びにおいては、学ぶ意義を自覚し、主体的な学びを引き出す学習活動が求められている。これは、古くから心理学の分野では「動機づけ」として研究されてきた。辰野(2006)は、「動機づけ」の多様な考え方に触れつつ、「共通して重要なのは、「期待ー価値モデル」だ」としている。さらに奈須(2014)は、図7の期待ー価値モデルを示し、三つの期待を維持するとともに、期待を高める配慮が望まれ、さらに、なぜその学習活動に取り組むのか、その価値を学習者自身が内的に実感できるような配慮が望まれるとしている。期待ー価値モデルを踏まえた学習者主体の学習活動、能動的な学習を超えて、深い学習を目指し、教師の指導においては、内容、学習活動、資質・能力の育成を一体と捉え

ていくことが求められる。そのためには、自己評価とともに、相互評価が重要になると考えられる。

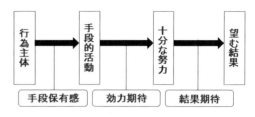

【図7　期待ー価値モデルにおける三つの期待の関係】
(奈須，2014)

　②附属新潟中学校の子供の学びの成果

　附属新潟中学校では、パーソナルポートフォリオを用いて、学びの前に「なりたい自分になるための実践事項」を書き表し、「手段的活動」を具体化している。それによって、「効果期待」を高めるとともに「十分な努力」を行い、「望む結果」につなげている。「望む結果」の分析判断には客観性を加えながら、改善を見据え、循環的に相互評価を取り入れた学習活動を意図的に無理なく、しかも随所に取り入れており、「期待価値モデル」の実践的、実証的な取組であるといえる。

（5）カリキュラム・マネジメントの重視
　①カリキュラム・マネジメントの研究動向

　資質・能力の育成は、学習者が主体となる学びが展開されることが求められ、それが実現できているかどうかを検証し、改善し続けることが必要となる。これは、我が国におけるカリキュラム・マネジメントへの認識の高まりとなって表れている。

①育みたい資質・能力目標を明確に設定する。
②資質・能力の育成を目指して、子供の学びをデザインする。
　１）カリキュラムをデザインする。
　２）学びの条件整備をデザインする。
③データに基づいてPDCAサイクルを回し、評価・改善をする。

松尾(2016)は、「カリキュラム・マネジメントの３つのプロセス」として以下に示している。

また、後藤・松原(2015)は、学校を取り巻く社会全体や組織を含めたカリキュラム・マネジメントに基づく授業研究モデルを示した。これは、松尾(2014)、田村(2011, 2014)を参考に作成したものである。複線的な主体的・協働的な学びを促進し、それらを含め学習評価に結び付けていくためには、松尾(2014, p.171)が示した従来型の評価観に代わり、「問題解決評価観」を基にしたカリキュラム・マネジメントに基づき、学習過程や学習評価を検証・再構成していくことが求められる。授業では、内容を踏まえ、問題解決の過程と学習活動を結び付けていくこと、すなわち学習過程を重視することで、求められる資質・能力の育成を目指していく必要があろう。学習過程を捉えるためには、１時間の授業(短期)から見出される学習の変化もあり得ようが、単元全体, １学期間, １年間といった期間(長期)の全体や個人の変容を捉える視点も求められる。いずれにおいてもカリキュラム・マネジメントを基盤にし、目的に対応した評価を考えて、いかなる変容がどの程度あったのかについて、規準を持ちながら、子供の変容や指導の授業計画と授業実践の前後の変容の「差分」をみとることが求められると考えられる。それは、単線的なものではなく、常に検証・修正を重ねていく複線的なものに意識を向けた授業研究が求められている。

②附属新潟中学校の成果

附属新潟中学校では、長期休業中に研究進捗の共通理解と、さらなる改善を求める研修会を随時行っている。そこでは、研究全体の理解とともに、各教科の授業構成の共通理解と、研究全体と各教科との関係性についてとことん議論を深めている。他の教科の取組を我が事として受け止め、生徒の資質・能力の育成につながっているのか、という実践後検証を行い、さらな

る改善について具体的な提案を行い、研修でさらに深める取り組みをしている。筆者が見学に行った際には、さらに詳細な目的に沿って５名程度の小グループでの議論がなされていた。

４．おわりに

附属新潟中学校では、常に、育成すべき資質・能力とは何か、それをどのように育成するのかについて研究を重ねている。これまでの努力に敬意を表するとともに、このような取組が全国に広がることを願ってやまない。

参考・引用文献

後藤顕一, 松原憲治 (2015)「主体的・協働的な学びを育成する理科授業研究の在り方に関する一考察：カリキュラムマネジメントに基づく理科授業研究モデルの構想」, 『理科教育学研究』, 56 (1), 日本理科教育学会, pp. 17-32.

国立教育政策研究所 (2013), 『社会の変化に対応する資質や能力を育成する教育課程編成の基本原理』(教育課程の編成に関する基礎的研究 報告書５)

国立教育政策研究所 (2014)『資質や能力の包括的育成に向けた教育課程の基準の原理』, (教育課程の編成に関する基礎的研究 報告書７), 国立教育政策研究所

松尾知明 (2014)『教育課程・方法論 コンピテンシーを育てる授業デザイン』, 学文社, p. 171

松尾知明 (2016) 『未来を拓く資質・能力と新しい教育課程』学事出版, p. 67

文部科学省 (2016)『幼稚園、小学校、中学校、高等学校及び特別支援学校の学習指導要領等の改善及び必要な方策等について (答申)』, 中央教育審議会

奈須正裕 (2014), 「動機づけ心理学から見た理科の学習意欲」, 『理科の教育』Vol. 63, No. 12, pp. 5-8

日本教科教育学会編 (2015)『今なぜ、教科教育なのか』, 文溪堂

田村知子編著 (2011), 『実践・カリキュラムマネジメント』, ぎょうせい, p. 7

田村知子 (2014), 『カリキュラムマネジメント―学力向上へのアクションプラン―』日本標準, 11, p. 54

辰野千壽 (2006), 『学び方の科学』, 図書文化, 65, pp. 5-8

理論編

第1章　豊かな対話を求め，確かな学びに向かう生徒を育む授業

○確かな学びに向かう生徒を育む
　　——「見方・考え方」から資質・能力の育成
○「確かな学びを促す3つの重点」
　　——「意味ある文脈での課題設定」「対話を促す工夫」「学びの再構成を促す工夫」

この章のポイント

　新学習指導要領のキーワードである「主体的・対話的で深い学び」を具現化するための授業をどのように構成すればよいでしょうか。当校では，「意味ある文脈での課題設定」「対話を促す工夫」「学びの再構成を促す工夫」を「確かな学びを促す3つの重点」として設定し，授業づくりを行っています。
　この章では，当校の授業づくりの理論を紹介します。授業づくりの様々な視点を，各学校での授業づくりの視点としてとらえてみてください。

第1章
豊かな対話を求め，確かな学びに向かう生徒を育む授業

新潟大学教育学部附属新潟中学校　上村　慎吾

1．確かな学びに向かう生徒

(1) 資質・能力を育成するにあたり，当校が大切にしている人間観・教育観

「自分が担当する教科の学びを通して，○○ができる人になってほしい」「生徒会活動を通して，リーダーとして必要な能力を身に付けてほしい」「他者とのかかわりを通して，相手の気持ちを理解できる人になってほしい」「校外活動等を通して，周りへの感謝，礼儀，節度ある態度を身に付けた人になってほしい」など，私たちは，生徒が社会で活躍し，豊かな人生を送ってほしいという願いをもっています。このことは，学校教育では当たり前のことかもしれません。授業や活動等で生徒に基本的な知識や技能を正しく身に付けることだけにとどまってほしくありません。授業を越えて，教科等横断的に生徒が自ら何ができるのかを理解し，将来において，直面する困難な問題に挑み，粘り強く解決する能力や，人間性を発揮して社会でよりよく生きる力を身に付けてほしいのです。そのために，私たちは生徒側の視点に立ち，生徒が将来，社会でよりよく生きるために必要な資質・能力の育成を図っています。

私たちが生徒側の視点に立つ理由は，「人間はより善く生きようとするニーズ（根源的要求）をもっている存在である」という人間観に立っているからです。中学生という心身に大きな変化が現れる思春期において，生徒は自分がよいと思ったことが周りから認められなかった際に，卑屈になったり，自分の弱みを隠す態度をとったりすることがよく見受けられます。しかしながら，生徒の内なる心には，「もっとこうしたい」，「もっとこうなりたい」，「もっとできるようになりたい」というニーズがあり，様々な葛藤を乗り越えて，自らを高めようとしているかけがえのない存在です。そのため，私たちは生徒一人一人がより善くなろうとするニーズをしっかり受けとめ，生徒一人一人がもっている資質・能力を発揮させ，育成できるように，教育活動を推進しています。

資質・能力を育成するに当たって，私たちが大切にしていることは，生徒自身が自らの学びを価値付けることができるようになることです。「自らの学びを価値付ける」とは言葉ではイメージしにくいかもしれません。しかしながら，このことは，日頃の学校生活で生徒の学びを丁寧に見取ることで見えてくる姿です。

例えば，英語のディスカッションの授業で，学校生活の紹介を外国人の方に向けて，どのような内容にするべきか議論した活動を振り返った時，生徒Aは下記のように感想を書いています。

第1章 豊かな対話を求め，確かな学びに向かう生徒を育む授業　19

言いたい言葉で英語で何というかわからなかったとき，似た意味の単語，ジェスチャー，For example などで相手にわかりやすく伝えることができた。自分の意見を伝えるだけでなく，相手の賛同・理解していることを英語で表すなど議論の雰囲気に関わることを学んで関わる力が高まったと思う。

1年生に競技や応援を教える場面で，うまく活動に参加できない人に対して，相手の立場に立って，相手の気持ちを汲み取りながら話すことの大切さを学んだ。

また特別活動で，体育祭のリーダーを担当した生徒Bは，体育祭活動で苦労した場面を振り返って，下記のように感想を書いています。

両方の例ともに，「以前はできなかったことができるようになったこと」，「実際に体験したことからわかった大切さ」など，具体的な教科等の学びを基に，自分の成長をとらえていま

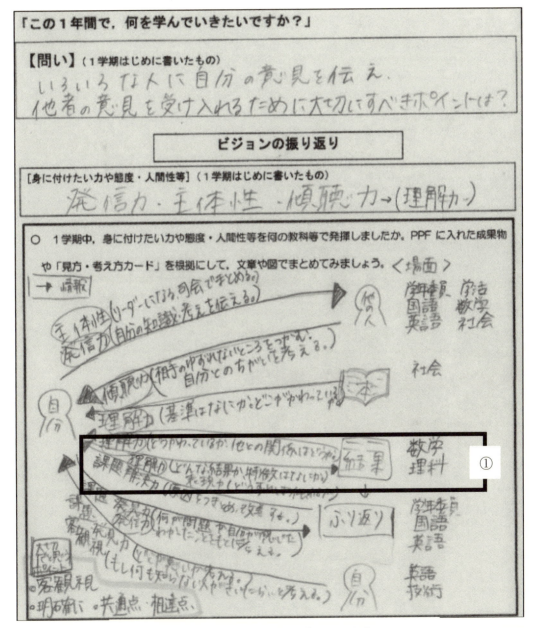

【「生き方・学び方」の時間・ゴールシート】

す。このように自らの成長を具体的にとらえられるようになることが、学びの価値付けにつながります。注目するべき点は、学びの価値付けによって、その生徒なりに有用ととらえた知識、考え方、他者とのかかわり方などを言語化したり、可視化したりして自分のものにしていくことです。

英語での「自分の意見を伝えるだけでなく、相手の賛同・理解していることを表す」と特別活動の「相手の立場に立って、相手の気持ちを汲み取りながら話す」は関連性があり、他教科にも通ずる教科等横断的なものです。生徒が各教科等で有用ととらえた知識、考え方、他者とのかかわり方などを、その生徒自身が納得のいくものにすることができれば、どんな場面でも汎用的に発揮できる資質・能力となります。私たちは生徒側の視点に立ち、生徒が自らの学びを価値付けることを通して、生徒一人一人の資質・能力を育成していきます。

(2) 資質・能力と各教科等の学びの関係

生徒が教科等横断的に資質・能力を発揮できるようになるまでに、どのように手だてを講じればよいのでしょうか。そもそも教科の専門性が高まる中学校でそのようなことが可能でしょうか。

前頁のシートは、総合的な学習の時間「『生き方・学び方』[1]の時間」に作成した生徒Cの「ゴールシート」の一部です。導入時において、生徒一人一人がこの一年間で「なりたい自分の姿」に関する「問い」を「ゴールシート」に立て、追究していきます。例えば、生徒Cは「いろいろな人に自分の意見を伝え、他者の意見を受け入れるために大切にすべきポイントは？」という問いを立てています。また、身に付けたい力や態度、人間性等を「発信力・主体性・傾聴力・理解力」

としています。

生徒Cは、1学期末での「なりたい自分の姿」にどれだけ近づけたかを振り返る活動において、「理解力」について数学と理科を根拠に、自らの学びを価値付けました（四角囲み①）。生徒Cが数学と理科を根拠にした理由は次の通りです。

ゴールシートをまとめる前に、生徒Cは数学と理科の学びで有用であった物事をとらえる視点や考え方である「見方・考え方」を下記のようにまとめていました。これは「見方・考え方カード」と呼び、生徒が各教科等の単元や題材のまとめに、自分のなりに有用ととらえた視点や考え方などを整理するものです。ここで留意したいことが、このカードは、教科等横断的に自らの学びを広くとらえるように促すものであり、「○○の視点で、○○的な考えをまとめなさい」など教師が一定の「見方・考え方」の枠を示してまとめさせたものではありません。

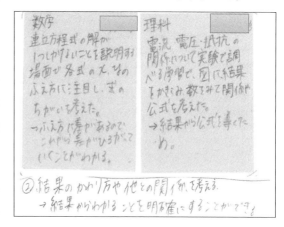

【生徒がまとめた「見方・考え方」】

生徒Cが数学と理科を根拠に見いだした「結果の変わり方や他との関係を考える」という「見方・考え方」は、数学や理科などの各教科等の特質に応じたものであり、その本質に迫るものです。「結果の変わり方や他との関係を考える」という「見方・考え方」を働かせて、生徒Cは、数学では、連立方程式の解を求める際に、xとyの増え方に着目し、解が一組しかないことを

---

[1] 詳細は第4章を参照。

説明しています。理科では，電流・電圧・抵抗の関係を数値の結果から公式に当てはめて考えています。

結果的に，生徒Cは，自分が身に付けたい「理解力」を様々な教科の学びを基に具体的にとらえることができました。数学と理科それぞれの学びを通して，有用だと考えた「結果の変わり方や他との関係を考える」という「見方・考え方」が，自分が身に付けたい「理解力」につながるものとしてとらえています。このように各教科等の特質に応じた「見方・考え方」を働かせた学びから，教科等横断的な資質・能力を育成することができることが明らかになってきました。

(3) 各教科等の特質に応じた「見方・考え方」から資質・能力の育成

折りしも新学習指導要領では，資質・能力の育成が大きな柱となっています。

> 学校教育全体並びに各教科，道徳科，総合的な学習の時間及び特別活動の指導を通してどのような資質・能力の育成を目指すのかを明確にしながら，教育活動の充実を図るものとする。その際，生徒の発達の段階や特性等を踏まえつつ，次に掲げることが偏りなく実現できるようにするものとする。
> (1) 知識及び技能が習得されるようにすること。
> (2) 思考力・判断力・表現力等を育成すること。
> (3) 学びに向かう力，人間性等を涵養すること。

【出典：中学校新学習指導要領】

私たちは「知識・技能」「思考力・判断力・表現力等」「学びに向かう力，人間性等」の３つの資質・能力を基に，生徒が自ら学びを価値付け，「自分は何ができるようになったか」「できることをどう使えるようになったか」など資質・能力が育まれたことを実感できるように，授業改善を行っています。

新学習指導要領では，授業改善の配慮事項として，「見方・考え方」を働かせた学びを重視しています。「見方・考え方」は「各教科などの特質に応じた物事を捉える視点や考え方」と定義されます。

> 各教科等の特質に応じた物事を捉える視点や考え方（以下，『見方・考え方』という。）が鍛えられていくことに留意し，生徒が各教科等の特質に応じた見方・考え方を働かせながら，知識を相互に関連付けてより深く理解したり，情報を精査して考えを形成したり，問題を見いだして解決策を考えたり，思いや考えを基に創造したりすることに向かう過程を重視した学習の充実を図ること

【出典：中学校新学習指導要領】

当校では，石井(2017)の考えを基に，生徒が教科学習の本質的な魅力や内容を追究する過程で，現実世界を読み解く教科独自の眼鏡が育まれ，生徒に身のまわりの世界の見え方やかかわり方の変容を促すことを重視しています。

ここからは，音楽科の授業「魔王」（１年）を例に説明します。授業者は，「魔王」の鑑賞活動を組織しました。「魔王」は，嵐の中，馬で疾走しながら家路に急ぐ父親，その腕に抱えられた子ども，そして子どもの命を奪おうとする魔王が子どもに言い寄る姿が表現されたものです。詩は，会話調で展開されており，生徒は「魔王」の世界を容易にとられることができます。生徒は，「作曲家がどのような工夫で『魔王』を表現したのだろうか」という課題を追究しました。

次頁の図①の過程のように，課題を解決する際に，生徒は「見方・考え方」を働かせようとしていますが，どのような視点で，どのように考えればよいのか明確でないため，課題解決につながるものではありません。したがって，知識を相互に関連付けたり，知識を活用して課題解決の見通しを立てたりするなどの資質・能力を発揮することができていません。

そこで，授業者は，次頁の図②の過程のように，生徒一人一人の「見方・考え方」を働かせる手だてを講じました。授業者は，まず「魔王」の詩から想像できる情景を共有しました。そして，

22　理論編

シューベルト作曲の魔王だけでなく，同じ詩で作られたライヒャルト作曲のものの2曲を聴き比べる活動を組織し，生徒に音楽を形づくっている要素に着目させ，詩から感じる自分なりの「魔王」の曲のイメージと関連付けながら鑑賞させました。さらにゲストティーチャーによる演奏を参考に生徒自身が歌ったり，ドイツ語の歌詞を発音したりする体験を基にした追究活動を組織しました。

　手だてによって，生徒Dは音楽科の特質に応じた「音楽を形づくっている要素とその働きの視点でとらえ，自己のイメージや感情などと関連付ける」という「見方・考え方」を働かせることができたのです。

　この結果，「見方・考え方」を何度も働かせることで，生徒Dは資質・能力を発揮し，音楽を形づくっている要素を観点に，作曲家の工夫を見いだすことができました。

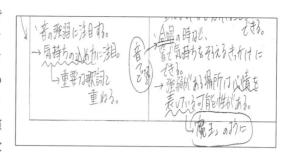

【「教科独自の眼鏡」が育まれた姿】

【資質・能力を発揮した姿】

　課題解決の後，次頁の図③の過程のように，生徒Dは自らの学びを価値付け，資質・能力が育まれた実感とともに，身のまわりの世界の見え方やかかわり方が変容します。下記のように，生徒Dは，「音の強弱に着目することは，合唱の際に，皆で気持ちをそろえるきっかけになる」と実生活である学校行事でも活用できる確かな考えを得ることができました。これこそが，「教科独自の眼鏡」が育まれた姿であり，教科等の学習内容と実生活とのつながりを実感するのです。

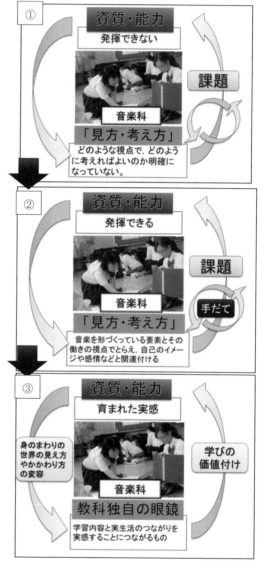

【「見方・考え方」から資質・能力の育成の過程のイメージ図】

(4) 確かな学びに向かう生徒

　以上のように，「見方・考え方」は，生徒の教

科等横断的で汎用的な力である資質・能力を育成することにつながります。生徒は「見方・考え方」を自分自身に合ったものに形づくっていきます。そして，「見方・考え方」を働かせて，資質・能力を発揮し，自らの学びを価値付けることができるのです。「見方・考え方」を繰り返し働かせることで，教科独自の眼鏡が育まれ，学習内容と実生活とのつながりを実感し，教科等を学ぶ意味を見いだすことができます。

私たちは確かな学びに向かう生徒を次のように定義し，「見方・考え方」を働かせた学びを通して，生徒の資質・能力の育成を図っています。

> 自らの学びを価値付け，学習内容と実生活とのつながりを実感し，教科等を学ぶ意味を見いだすことができる生徒

【確かな学びに向かう生徒】

2. 確かな学びを促す3つの重点

確かな学びに向かう生徒を育むために，今年度，「意味ある文脈での課題設定」「対話を促す工夫」「学びの再構成を促す工夫」を設定し，実践を重ねてきました。

(1) 意味ある文脈での課題設定

授業における課題設定は，授業づくりの根幹と言っても過言ではありません。教師が一方的に課題を提示するのではなく，生徒が自ら課題を見いだすことが必要です。受動的に課題に取り組むだけでは，生徒が「見方・考え方」を働か せることは難しいですし，「見方・考え方」を働かせなければ，資質・能力を育成することはできません。

これまでの実践研究から，課題設定に大切な視点は明らかになっています。生徒が興味・関心を抱くもの，生徒の予想とのずれを生じさせるもの，生徒が把握していない事実から驚きを生じさせるもの，生徒に憧れを抱かせるものなどが挙げられます。

当校では，特に「意味ある文脈での課題設定」を大切にしています。意味ある文脈とは，生徒の既有知識・経験を基に，生徒が教材に含まれる学習内容を深く追究したくなる過程をつくることです。授業者は「生徒の既有知識・経験」と「教材」を基に生徒の実態に応じて文脈づくりを工夫し，生徒が自ら課題を見いだすようにします。

ここからは，技術・家庭科技術分野「エアプレーンづくりから技術分野の学習を見通そう」（1年）を例に説明します。

授業者は生徒に教材に含まれる教えたい学習内容をもっています。しかしながら，学習内容を確実に身に付けさせるために，生徒に教材をただ提示するだけでは，生徒は興味・関心を示しません。生徒の実態に応じて，教材を選択，提示していかなければなりません。そこで，まず生徒の既有知識・経験を十分に把握する必要があります。教材であるエアプレーンに関する生徒の既有知識・経験はどのようなものがあるでしょうか。例として下記のようなものが挙げられます。生徒側の視点に立って，生徒一人一

人が教材に関して、幼少、小学生の頃にどのような学習内容を獲得し、どのような学びをしてきているのかを考えます。

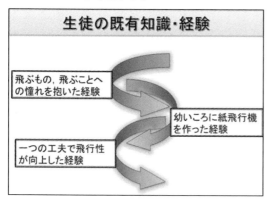

それぞれの既有知識・経験を活かすように、教材を選択、提示していきます。授業者は下記のように、教材を選択、提示していきました。

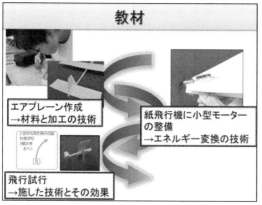

そして、生徒の既有知識・経験を基に、疑問を生じさせ、学習内容を深く追究したくなる情況[2]設定をします。こうすることで、生徒の既有知識・経験と教材が一つの文脈として重なり、目的意識が醸成され、生徒が課題を見いだします。

今回の実践ならば、生徒は幼いときに紙飛行機を作った経験があります。この経験を活かして、授業者は紙飛行機に小型モーターを整備し、試行飛行させました。これにより、生徒は技術を一つ加えるだけで、飛行性能が格段に上がる

ことを実感しました。さらに、エアプレーンのモデル、モデル飛行映像を提示することで、生徒はエアプレーンの飛行性能を向上させたいという目的意識が醸成され、「より遠くまで、より長時間、飛行し続けるには、どうしたらよいのだろうか」という課題を見いだしました。

課題を追究していく中で、生徒は、「施した技術と実際の飛行の様子の変化に着目し、『製作ポイント』と『調整ポイント』に基づいて、改変や調整を施そうとする」という「見方・考え方」を何度も働かせていました。単元末のまとめでは、下記のようにまとめています。

> 予想→施す→試行→評価という流れは技術だけでなく生活の中の様々な場面で使うことができ計画的にものごとをすすめられるようになると思う。

生徒Eは、「予想→施す→試行→評価という流れは技術だけなく生活の中の様々な場面で使うことができ、計画的にものごとをすすめられるようになると思う」と、「見方・考え方」を働かせた学びから、学習内容と実生活とのつながりを実感することができました。

上記の技術・家庭科技術分野の例から、生徒の既有知識・経験に合わせて、授業者が教材の選択、提示をいかに工夫するかが鍵となります。これまでの実践を通して、下記の視点が明らかになりました。

---

[2] 当校では、情況を誰と誰がいつどこで何を行うということや、誰がどのように感じていたかということを含んだある場面のことであるとしています。

○生徒の提案，作品などが社会や実生活の問題の解決に関連し，社会参画につながるようにすること
・生徒の住む地域の今日的問題（少子化，地域の活性化など）を解決するために，教材がもつ魅力を生かした提案などを生徒が考案する
・生徒の身近な人の困り感や要望に応えるために，教材を介して生徒が提案などを考える
・学校行事で改善すべき活動や取組を，教材を介して生徒が実際に試行する
○社会や実生活の中で，学習内容を実際に活用できる実感につながるようにすること
・身のまわりの事象・現象などの仕組みを，学習内容を活用して解明する
・身のまわりの事象・現象などに関するものを学習内容を活用して実際に制作，創作する
○現実の専門分野の知識・技能と結びつける事象やモデル提示
・教材の魅力を感じられるようなゲストティーチャーによる実技，実演を鑑賞する
・なりたい姿として憧れを抱けるようなプロのモデル，先輩のモデルなどに触れる
○芸術作品の作者の思い，時代背景を象徴する資料の提示
・表現や鑑賞の幅を広げるために，資料を活用する
○一つの事象の解き方を，他の事象に当てはめて考え，新たな問いが生じる事象の提示
・様々な知識や情報を関連付けて，一つの概念につながるようにする

（2）対話を促す工夫

　生徒が「見方・考え方」を働かせて，自分の考えをよりよいものにしていくには，他者とのかかわりが不可欠です。他者とのかかわりを通して，一人一人の考えの違いを大切にしたり，自らの考えを振り返り，新たな「見方・考え方」から自分の考えを創り出したりします。お互いの考えの違いを尊重し，多様な考えを比べ，関係付けながらよりよい考えを創り出せた実感がともなったときに，生徒同士のかかわりに対話が促されるのです。

　他者の考えと自分の考えにずれが生じた際に，納得できない考えを納得できるまで確かめたり，疑問をぶつけたりしながら，考えに至った過程を共有することで，自分と他者の考えが相互に

価値のあるものになっていきます。さらに，他者を介して自分の考えを何度も考え直すことで，自己理解を深めることにもつながります。

　このように他者との対話や自己との対話を通して，「自分はどのような視点で，どのように考えていたのか」と「見方・考え方」を基にして考えを振り返り（モニタリング），「次はこのような視点で，このように考えてみよう」と「見方・考え方」を基にして考えを調整（コントロール）するのです。自らの思考を客観的に認知する「メタ認知」が活発に促されます。さらに，他者や自己との対話によって，「見方・考え方」がより豊かになり，わかったつもりでいた事象などが全く違って見えるようになるのです。生徒は事象などに含まれた教科の学習内容と物事とのつながりを実感していきます。学習内容，他者，自己とのかかわりの過程こそが，生徒が豊かな対話を求め，確かな学びに向かっている生徒の姿そのものなのです。

　対話に必要な要素として，互いの考えのずれを埋めたい思い，自分の考えをわかってほしいという思い，互いの考えの違いを大切にしようという思いなどがあります。このような思いがあるからこそ，対話が促され，互いの考えがよりよいものへと変容するのです。

○互いの考えのずれを埋めたい思い
○自分の考えをわかってほしいという思い
○互いの考えの違いを大切にしようという思い
○新しい考えを互いの努力で見つけ出そうとする思い

【対話に必要な要素】

　対話を底支えするものとして，他者の考えを受けとめるために，集団の支持的風土が大きく影響します。学級全体で一人の考えが他の考えとずれたとき，考えがずれたまま話し合いが進むことは，考えを認めることになりません。疑問が生じた際に，互いに考えの意味を求めたり，前の考えとの違いを求めたりしてわからないことをそのままにせず，わかろうとすること

が，かかわり合う上で大切な価値観であることを，集団の風土として大切にしています。また，話し合いの進め方やルールが身に付き，その共有が図られていることも大切です。明確な進め方やルールがあるからこそ，集団の中で，安心感をもって，互いの考えを述べ合い，受けとめ，よりよいものへと変容するのです。

　ここからは数学科の授業「確率」（2年）を例に説明します。「●が1面，▲が2面，■が3面あるサイコロを2個同時に投げるとき，出る目の組み合わせのうち，もっとも多く出る目の組み合わせは何か」という課題に取り組みました。授業者は，(■,■)と考えている生徒と(▲,■)と考えている生徒が，同じ班の中に少なくとも1人ずつは配置されるように留意しながら，4人班を意図的に編成しました。また，4人班にそれぞれ1枚ずつホワイトボードを配付し，2通りの考えの根拠を可視化させるようにしました。可視化することによって，互いの考えのずれを顕在化させ，数学的な根拠に基づいた対話を促しました。

　対話を促すために，同じ目的，観点，論点などを明確に設定し，確かな根拠を基に互いの考えを伝え合えるようにします。確かな根拠をもてるように，考えを可視化するためのツールを与えたり，考えの根拠に広がりがもてるような活動を組織したりします。さらに，互いの考えを伝える必然性をもてるように，同じ目的の者同士や考えの根拠が違う者同士のグループ編成などをします。生徒は考えのずれを埋めようと，

【確かな根拠を基に互いの考えを伝え合う生徒】

「見方・考え方」を何度も働かせて，考えを思考，判断，表現しようとします。その際に，他者との考えのずれを埋めようとし，モニタリングとコントロールが促され，これらを活発にするために自らの考えを客観的に分析できるような環境を整備し，他者と自己との対話を促します。
　対話を促すために次の視点を踏まえています。

○課題の質（意味ある文脈での課題設定）
○目的，観点，論点などの明確化
○他者との考えのずれを認識するために，目的が同じ者同士や，考えの根拠が違う者同士のグループ編成
○モニタリングとコントロールを促し，自らの考えを客観的に分析できる環境整備

【対話のイメージ】

（3）学びの再構成を促す工夫

　課題解決過程で，自ら課題を見いだし，主体的に課題を追究していく中で，生徒は新たに何かをできるようになったり，新たな視点や考え方を得たりしながら，確実に成長していきます。生徒が自分の成長を実感し，自らの学びを価値付け，学びを再構成できるように，次の視点を大切にします。

○学習内容と自分の成長とを関係付けること
○学習内容と実生活とを関係付けること

　1つ目の視点として，学習内容と自分の成長

第1章　豊かな対話を求め，確かな学びに向かう生徒を育む授業　27

とを関係付けることを促すために，日々の授業の振り返り，または課題解決過程での振り返りを行います。「できるようになったことは何か」「有効な考え方は何であったか」「もっと学びたいことは何か」など，教科等の特質に応じて，振り返りの視点を設定します。単元，題材等での学習内容と自分の成長とを関係付けながら，自分なりの言葉でまとめることで，生徒は学びを価値付けます。

　2つ目の視点として，学習内容と実生活とを関係付けることを促すために，教科の学習内容を生徒の実生活の文脈に戻して考える活動を設定します。生徒が学習内容と実生活とのつながりを問い直したり，意味付けたりすることで，生徒の身のまわりの世界の見え方やかかわり方の変容を促します。

　ここからは，理科の授業「力と圧力～水圧～」（1年）を例に説明します。水面よりも高い位置の水中の水圧と大気圧との関係を考えることで深まった水中での圧力の認識を基に，日常事象の「ふれあい水槽」で水がこぼれないことを明らかにする活動を組織しました。

　授業者は，写真のような装置を提示し，「水面よりも高い位置にある水中でのゴム膜はどうなりますか。」と問いました。

を受けることを説明したり（知識・技能），既習内容である基準水面よりも低い位置の水中の圧力や検証実験の結果を根拠にして水中の圧力を説明したりしました。

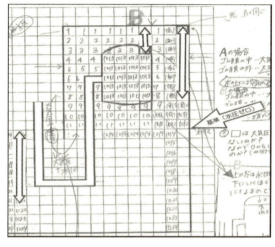
【水中での水圧のしくみを説明したワークシート】

【事象のしくみの確認実験をする生徒】

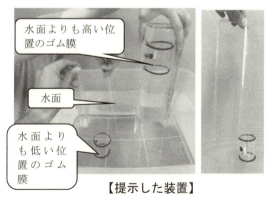
【提示した装置】

【ふれあい水槽】

　このように生徒の「見方・考え方」を働かせる手だてを講じることにより，課題を解決するために生徒は資質・能力を発揮していきました。

　生徒は，水中では水圧に加えて大気圧の影響

そして、単元のまとめとして、日常事象である「ふれあい水槽」のしくみを追究する活動を設定しました。授業で自分のものとしてきた「見方・考え方」を働かせて、生徒が学習内容と実生活の事象とのつながりを実感できるようにするためです。生徒Fは、実際に次のように「ふれあい水槽」のしくみを解明しました。

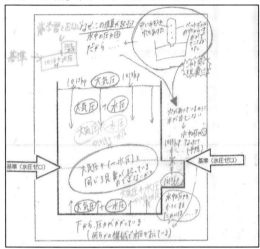

【日常事象「ふれあい水槽」のしくみの解明】

　教科の学習内容を生徒の実生活の文脈に戻して考えることで、「見方・考え方」を働かせた学びの前後で、身のまわりの世界の見え方やかかわり方が変容し、教科を学ぶ意味を見いだしていくのです。生徒Fは、単元のまとめで「ふれあい水そうのように大気圧と水圧の関係を活用している物をもっと知りたいと思った」というように、教科の本質的な学びを追究したい意欲が高まりました。

　以上のように、「意味ある文脈での課題設定」「対話を促す工夫」「学びの再構成を促す工夫」を「確かな学びを促す3つの重点」として設定し、授業づくりを行っています。

　「見方・考え方」を働かせることを通して、現実世界を読み解く眼鏡である「教科独自の眼鏡」が育まれます。生徒が、「見方・考え方」を働かせて、資質・能力を発揮し、学習内容と実生活とのつながりを実感する学びを通して、資質・能力の育成が図られるのです。

参考・引用文献
○文部科学省『幼稚園、小学校、中学校、高等学校及び特別支援学校の学習指導要領等の改善及び必要な方策等について（答申）』中央教育審議会，2016
○寺本貴啓，後藤顕一，藤江康彦『"ダメ事例"から授業が変わる！小学校のアクティブ・ラーニング入門―資質・能力が育つ"主体的・対話的な深い学び"（BOOKS教育の泉）』文溪堂，2016
○石井英真『小学校発　アクティブ・ラーニングを超える授業』日本標準，2017
○時事通信出版局（編集）『新学習指導要領ハンドブック　小学校編（授業が変わる！）』，pp. 113-133，時事通信出版局，2017
○文部科学省『中学校新学習指導要領』，2017

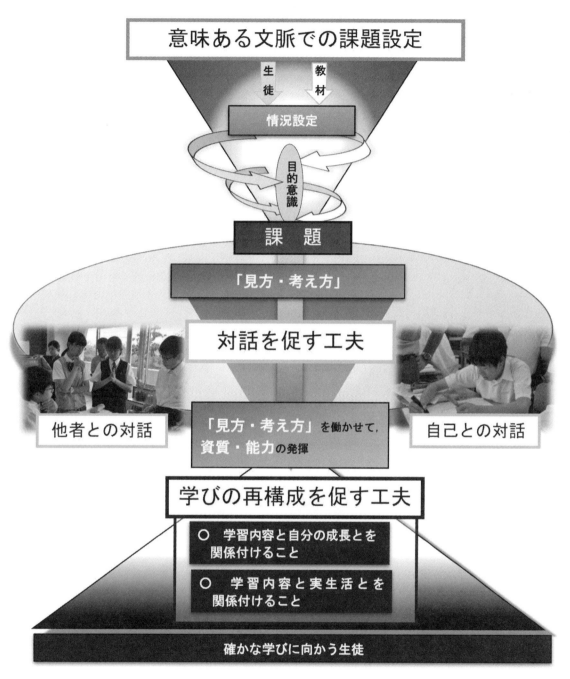

【3つの重点を基にした授業イメージ】

実践編

第2章 「確かな学びを促す3つの重点」実践集

早わかりポイント！～どの教科でも汎用的に活用できる工夫～

○意味ある文脈での課題設定

○対話を促す工夫

○学びの再構成を促す工夫

この章のポイント

　前章では，「確かな学びを促す3つの重点」－「意味ある文脈での課題設定」「対話を促す工夫」「学びの再構成を促す工夫」を基にした「授業づくり」のポイントを紹介しました。

　この章では，「確かな学びを促す3つの重点」実践集－早わかりポイント！～どの教科でも汎用的に活用できる工夫～を紹介します。中学校では教科の専門性が問われます。一方で，3つの重点を基に，教科等横断的な視点から全校体制で「授業づくり」が可能となります。3つの重点のポイントをぜひ自校化してみてください。そのヒントをこの章では紹介します。

第2章 「確かな学びを促す3つの重点」実践集　31

意味ある文脈での課題設定——国語（1年）
「少年の日の思い出」を脚本にしよう

教材名：「少年の日の思い出」

課題　「ちょうちょを一つ一つ取り出し，指で粉々に押し潰してしまった」という表現をどのように演出したらよいだろうか

◎当校の学校行事である「演劇発表会」での脚本づくりの経験を生かしました。文章を脚本として作品化することによって，「ちょうちょを一つ一つ取り出し，指で粉々に押し潰してしまった」という文章の核となる表現と，細部の表現とを関係付けたり，イメージしたりしながら読みを深める単元の構想にしました。

早わかりポイント！

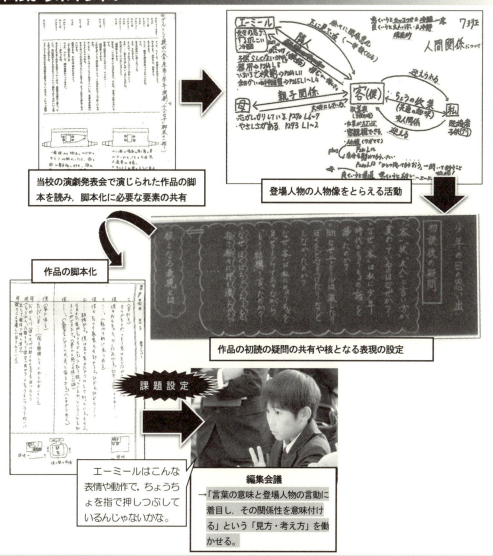

当校の演劇発表会で演じられた作品の脚本を読み，脚本化に必要な要素の共有

登場人物の人物像をとらえる活動

作品の脚本化

作品の初読の疑問の共有や核となる表現の設定

課題設定

エーミールはこんな表情や動作で，ちょうちょを指で押しつぶしているんじゃないかな。

編集会議
→「言葉の意味と登場人物の言動に着目し，その関係性を意味付ける」という「見方・考え方」を働かせる。

このように変わる！

◉登場人物の言動の変化などを読み取らせるだけでなく，作品の内容を想像したり，登場人物の言動を演じたりすることが必要な脚本化によって，核となる表現を手掛かりに登場人物の言動の意味を深く読み取ろうとします。

意味ある文脈での課題設定――社会（2年）

日本の諸地域 ～中国・四国地方～ 地理的分野

課題 島根県海士町では，なぜUターン・Iターンの移住者が多いのだろうか

◎中国・四国地方の特色ある事象を，自分が住んでいる地域と比べるための資料を提示し，追究した内容と地理的事象とのつながりを明確にすることができるようにしました。

◎地域活性化の取り組みを進めている島根県海士町の取組を追究することで，「人口や都市・村落を中核とした考察の仕方」を基に，中国・四国地方の地域的特色を学べる単元の構成にしました。

早わかりポイント！

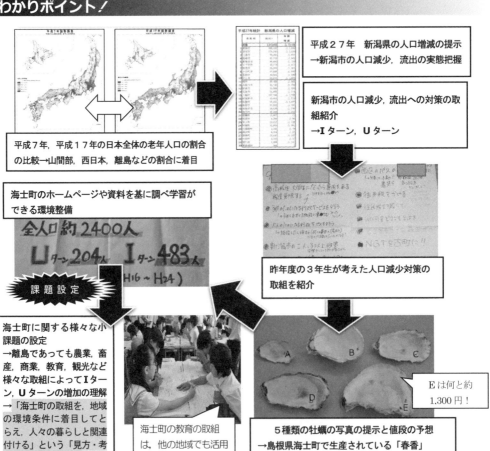

参考引用文献：総務省統計局サイト（http://www.stat.go.jp/index.htm 2017/10/4 アクセス）

このように変わる！

◉地域の特色ある事象を，自分が住んでいる地域と比べることができる単元を構成し，生徒の疑問点を基に小課題を追究するよう促します。追究した内容がその地域にしか当てはまらない地方的特殊性なのか，他の地域にも言える一般的共通性なのかを，多角的・多面的に地域的特色を学ぶようになります。

第2章 「確かな学びを促す3つの重点」実践集　33

意味ある文脈での課題設定――数学（2年）

LED 照明と蛍光灯のどちらがお得？ ～一次関数の利用～

課題 蛍光灯とLED照明のどちらがお得かを証明するためには、どのように調べればよいのだろうか

◎現実的な問題として、電気料金や照明器具の総費用を比較する活動を設定しました。ここでは、数値をいたずらに整えることはせず現実的で複雑な課題とすることで、生徒は既習の表現を関係付けて、一次関数を利用し、課題解決を図る単元の構成にしました。

早わかりポイント！

電気使用料と電気料金の関係を示した資料の提示

	4月	5月	6月	7月
使用電力量 (kwh)	118	107	103	120
電気料金 (円)	3,444	3,245	3,172	3,480

身の回りのいろいろな事象が、一次関数で説明できるのだな。

当校の電気使用量と電気料金の資料、蛍光灯とLED照明の消費電力や寿命時間などの資料の提示

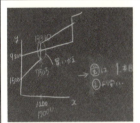

蛍光灯は寿命が短いから、蛍光灯を買う度にお金がかかってしまうな。

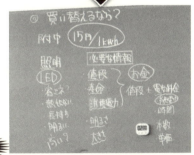

課題設定

切れている蛍光灯を買い替えるなら、現在使用している蛍光灯かLED照明どちらにするかを検討するためには、どのような情報が必要なのかを確認

情報を整理し、現在使用している蛍光灯とLED照明の買い替えを検討するための資料の作成
→「電気使用量と電気料金の関係に着目してとらえ、論理的に考える」という「見方・考え方」を働かせる。

このように変わる！

⦿生徒の実生活での事象に即したデータを提示します。一次関数を用いて様々な関係を的確に簡潔な表現で把握したり、未知の状況を予測したりすることで、実生活での事象を数学的に解決できる実感を促します。

意味ある文脈での課題設定――数学（2年）

2段目の数と17段目の数にはどのような規則があるの？
~文字式の利用~

課　題　どのようにすれば、数の性質を説明することができるだろうか

◎生徒の興味や関心を抱く題材の提示や予想のずれを生む題材の工夫によって、目的意識が醸成されるような単元の構成にしました。予想とのずれから生じる疑問や見いだした規則について、解決したり仕組みを説明したりする活動を組織しました。

早わかりポイント！

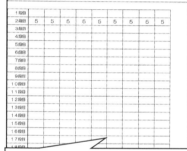

生徒が疑問を抱く題材の提示

どうして17段目には5が揃うのだろう。

2段目の数をかえて、17段目の数を予想する活動

2段目が5なら17段目が5になったから、2段目が3なら17段目には3が揃うと思う。

2段目の数と17段目の数の一覧表の提示

1段目									
2段目	5	3	1	2	4	6	7	8	9
︙	︙	︙	︙	︙	︙	︙	︙	︙	︙
17段目	5	1	7	4	8	2	9	6	3

2段目が3だと、17段目は3にならないのだな。

2段目の数と17段目の数にはどのような規則があるのかな。

課題設定

2段目の数と17段目の数の規則性について、グループで交流する活動を設定
→「数の性質や規則などに着目し、帰納的、演繹的に推論する」という「見方・考え方」を働かせる。

このように変わる！

◉文字式を用いて事象を考察していくことの有用性に気付いたり、数学を活用することの楽しさに気付いたり、学びを活用したいという振り返りが見られました。このように、生徒の興味や関心を抱く題材の提示や予想のずれを生む題材の工夫によって、目的意識が醸成されるような単元の構成にすることは、生徒が主体的に数学を学ぶ姿を育成することへつながります。

意味ある文脈での課題設定──理科（3年）

地球と宇宙　〜惑星の見え方〜

課題　天体の見え方が変化するのは，天体がどのように運動しているからなのだろうか

◎生徒の既有の現象のしくみの理解を基に，説明できそうで説明できない未知の現象を提示することで，生徒が既有の現象と未知の現象と比べ，自ら追究の観点を見いだせるような題材の構成にしました。既習である月と未知の内惑星と外惑星の3つの観測結果を比べて見いだした観点を基に，実際の内惑星と外惑星の運動を推測できるようにしました。

早わかりポイント！

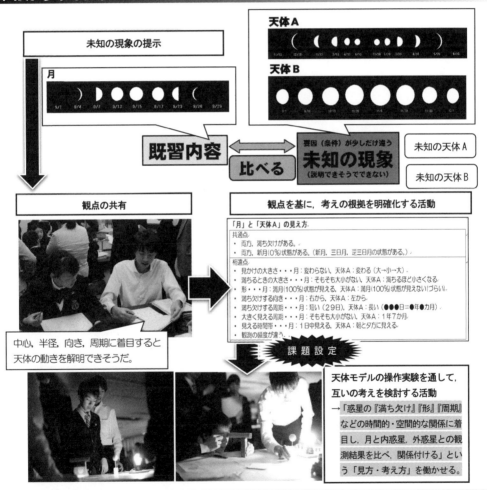

このように変わる！

⦿既習である月と未知の内惑星と外惑星の3つの観測結果を比べる活動を通して，生徒は見かけの大きさの変化，大きく見える周期の違い，満ち欠けの有無，見える欠ける向きの違い，真夜中の観察の可否などに着目するようになります。そして，自ら見いだした観点を基に，天体の動きを追究してくようになります。

意味ある文脈での課題設定――音楽（1年）

曲の雰囲気を感じ取ろう 「魔王」

課　題　2人の作曲家は，「魔王」をどのような工夫で表現しようとしたのだろうか

◎シューベルトとライヒャルトの「魔王」の2曲について，音楽を形づくっている要素を観点に比較しながら鑑賞し，音楽の特徴とその働きをとらえることができる題材の構成にしました。
◎ゲストティーチャー（GT）の演奏を参考に，生徒自身が歌ったり，ドイツ語の歌詞を発音したりする体験を基にした追究活動を設定しました。

早わかりポイント！

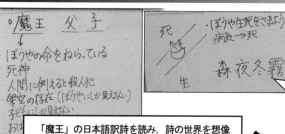

○ 生死をさまよう感じを出すために，明るい曲調と暗い曲調を交互に出した音楽かな。

○ 魔王の恐怖を表現するために，強く，低い音を使う音楽かもしれない。

「魔王」の日本語訳詩を読み，詩の世界を想像

GTによる2曲の「魔王」を鑑賞

課題設定

歌ったり，ドイツ語の歌詞を発音したりする体験活動やタブレットでGTの2曲の演奏を聴き比べる活動
→「音楽を形づくっている要素とその働きの視点でとらえ，詩の内容と関連付ける」という「見方・考え方」を働かせる。

○ 同じ「魔王」の詩なのに，2曲は全然違う音楽だ，なぜだろう。

このように変わる！

◉2人の作曲家の「魔王」を提示し，2曲の曲調や雰囲気の違いに着目させます。ゲストティーチャー（GT）の演奏の鑑賞やタブレット端末を用いて，曲を比較聴取したり，実際にGTと一緒に歌う体験をしたりすることを通して，生徒は音楽の特徴とその働きを追究するようになります。

第2章 「確かな学びを促す3つの重点」実践集　37

意味ある文脈での課題設定——美術（1年）
岡本太郎　こどもの樹

課題　新潟の人たちに岡本太郎作品のよさや魅力を伝えるために，新潟市に移設案を提案しよう

◎生徒と作品とのつながりを大切にしました。生徒が「こどもの樹」の移設案を新潟市に提案することを通して，作者が作品に込めた意図や想いを深く読み解き，美術作品が自分たちの住む町にとってどういう意味があるかを追究する題材の構成にしました。

早わかりポイント！

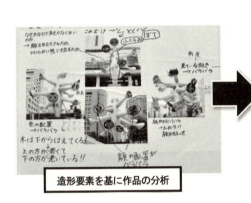

造形要素を基に作品の分析

岡本太郎さんの作品がなくなっていくかもしれないな・・・。

こどもの樹や他の岡本太郎作品の実態提示

新潟市への移設案を検討
→「作品の色，形，構造と移設先の景観との関係性に着目し，自分なりの意味をつくりだす」という「見方・考え方」を働かせる。

課題設定

新潟市には，子どものための施設がたくさんあるな。「こどもの樹」が施設のシンボルになるかもしれない。

「新潟市に『こどもの樹』の移設案を提案できないか」と投げかけ

「太郎は，芸術とはだれもがいつでも無償でみられるべきものだと考えていました。そして全国に約70カ所にものぼるパブリックアートを設置したのです。」
『『岡本太郎のいる場所　TARO MAP　首都圏版—パブリックアートマップ』　川崎市岡本太郎美術館編集・発行　2011年』より

新潟県と岡本太郎作品のつながりの資料提示

このように変わる！

◉作品の分析だけではなく，作品に込められた作者の想い，背景などと生徒の住む街とのつながりをもたせることで，生徒は作品の移設案を検討する際に，自分の問題としてとらえます。単元全体を通して，生徒へ社会参画につながっている実感を促します。

38　実践編

意味ある文脈での課題設定——保健体育（3年）

球技　ネット型　バドミントン

課題　自ペアにとって「有効なプレイ」を獲得するために，どんな視点をもって分析し，連携プレイの工夫をしたらよいのだろうか，連携プレイを練習やゲームで発揮しよう

◎タブレット端末を用いて撮影した映像を基に，視点を定めた上でのプレイ分析を通して，事前に設定したポジションと役割，ペアでの動きの約束ごとなど，実際のゲームにつながる連携プレイについて検討できる単元の構成にしました。

早わかりポイント！

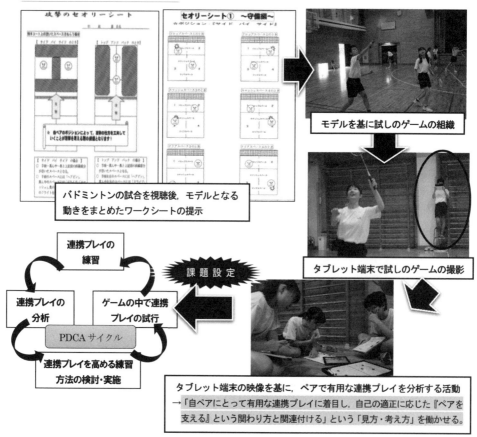

【参考・引用文献】
早川信哉「運動の特性を視点に，動きと作戦の関係を分析することを通して，より有効な動きへ改善・向上を図っていく授業」新潟大学教育学部附属新潟中学校実践集録 2016

このように変わる！

⊙モデルのプレイを試行し，その動きをタブレット端末を基に分析することによって，生徒は「連携プレイの工夫」を自分たちで考えるようになります。そして，PDCAサイクルを生かした流れの中で練習に取り組み，ただ闇雲に身体を動かすだけではなく，運動のねらいに対して見通しをもった活動ができるようになります。

意味ある文脈での課題設定――技術・家庭科技術分野（1年）

技術ってどんな教科
～エアプレーンづくりから技術分野の学習を見通そう～

課題 より遠くまで，より長時間飛行し続けるには，どうしたらよいのだろうか

◎誰もが経験したことがある紙飛行機づくり，小学校理科，図画工作科等の既習内容と中学校技術分野の新しい技術や素材をつなげることを重視にしました。エアプレーンを製作し，その飛行性能を向上させるための改変や調整を繰り返すことを通して，文具等の使用法が工具の扱いの基礎になっていることや，素材の特徴，施す技術のもたらす効果等を実感できる題材の構成にしました。

早わかりポイント！

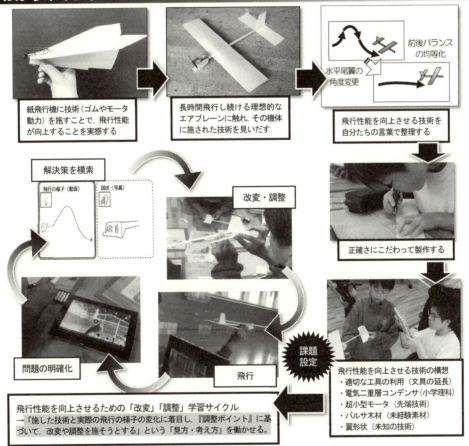

このように変わる！

⦿紙飛行機づくりの経験，小学校理科，図画工作科等の既習内容と中学校技術分野の新しい技術や素材をつなげることで，生徒に機体への強い関心を抱かせると同時に，より遠くまで，より長時間，飛行させるという目的意識を醸成します。この追究が，技術分野での学習内容等への理解を深めるガイダンスとなります。

40　実践編

意味ある文脈での課題設定――技術・家庭科家庭分野（2年）

生活を豊かにする食事とは
～大切な人へのお弁当づくりを通して～

課題　大切な人への願いを込めたお弁当をつくるためには、どのような献立にしたらよいだろうか

◎誰のために、どのような願いをもってお弁当づくりをするのかという目的を明確にするために、生徒の実生活における「大切な人」へのお弁当づくりを題材の中心に位置付けました。

◎食品の価格計算、栄養素分析、調理実習、レポート作成などを通して、これまでの学習で得た栄養素についての知識や相手の好み、食品選択、食費などを実践的に学べる題材の構成にしました。

早わかりポイント！

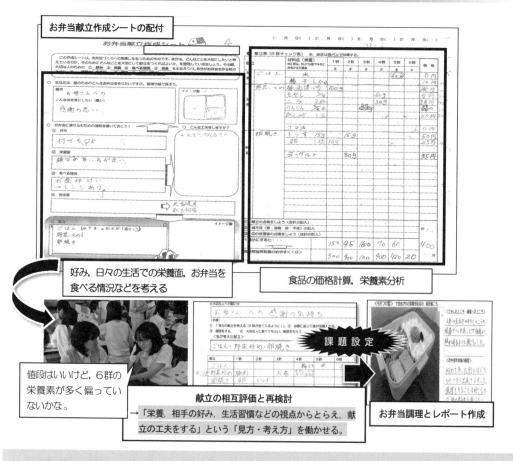

このように変わる！

⦿「大切な人へのお弁当づくり」の活動を題材の中心に位置付けることで、「感謝の思いを込めるため、母の不足しがちな鉄分を一番多く取り入れることを考え、鉄分の豊富な食材を使った料理を考えた」など、生徒は栄養素の知識を活用し、相手の好みに合った調理を考えようとします。

第2章 「確かな学びを促す3つの重点」実践集　41

意味ある文脈での課題設定──技術・家庭科家庭分野（3年）
幼児とのかかわり方を工夫しよう

課題　幼児が喜んでくれるかかわり方は，どのようにすればよいだろうか

◎自分の成長について振り返り，幼児の観察やかかわり方の観点を基に，幼児との触れ合い活動を取り入れた題材の構成にしました。かかわり方の観点を基に，1回目の触れ合い活動の振り返り，幼児との具体的なかかわり方について検討する活動を組織しました。

早わかりポイント！

幼児とのかかわり方の観点を明確にする活動
→マイエピソードから，幼少期に周りの人が自分にどのようにかかわってくれたのかを振り返る
「接し方」「話し方」「遊び方」

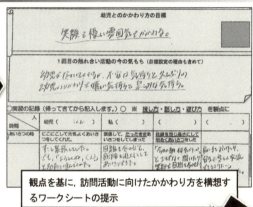

観点を基に，訪問活動に向けたかかわり方を構想するワークシートの提示

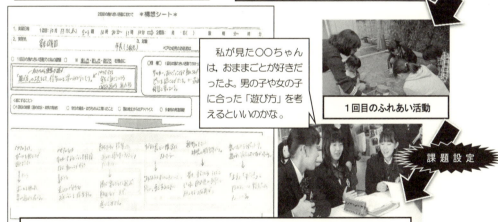

私が見た〇〇ちゃんは，おままごとが好きだったよ。男の子や女の子に合った「遊び方」を考えるといいのかな。

1回目のふれあい活動

課題設定

1回目の触れ合い活動の振り返り，幼児との具体的なかかわりについて検討する活動の組織
→「幼児の好み，遊びの環境，安全などの視点からとらえ，幼児とのかかわり方の工夫をする」という「見方・考え方」を働かせる。

このように変わる！

⦿「マイエピソード」での家族や周りの方の体験談，1回目のふれあい活動での実体験などを基に，生徒は幼児の心身の発達段階への理解や幼児とのかかわり方の工夫を見いだすようになります。幼児とのふれあい活動を中心にすることで，家庭分野の「A　家族・家庭と子どもの成長」の一つ一つの学習活動がつなげる題材の構成を組むことができます。

意味ある文脈での課題設定――英語（1年）

附属新潟中学校の学校行事を外国の方に紹介しよう

課題 日本の学校行事に興味のある外国の方に附属中の学校行事をどのように紹介すればよいだろうか

◎日本の学校行事に興味がある外国の方とのオンラインビデオ通話を通して，即興的に当校の学校行事を紹介する Show & Tell の言語活動を設定しました。生徒は写真の内容を，現在進行形を用いて表現していきます。

早わかりポイント！

私が送った（学校生活や行事）の写真について興味があり，説明してほしいリクエストを受ける。

I got an e-mail from Mr. Kamimura. He sent a lot of pictures about your school. I'm very interested in knowing about them. Can you explain them to me?

オンライン通話で学校行事を説明する場の設定

「行事の特徴」「生徒がしていること」「場所」「時期」などの内容で伝わりそうだ！

数名の生徒の発表を基に用いる言語の共有
→伝えたい内容や用いる言語が明確化

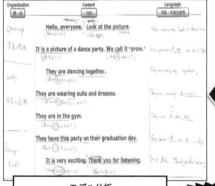

モデル分析
→モデルから表現方法を見いだす

外国人がアメリカの学校行事を説明。
It is a picture of a dance party. We call it "prom." They are dancing together ・・・

課題設定

外国人の方に他の行事も説明
→「表現方法と現在進行形を，目的に着目してとらえ，伝えたい内容を整理しながら考えを形成すること」という「見方・考え方」を働かせる。

このように変わる！

⦿「誰が」「誰に」「手段」「目的」などを明確にした情況を設定することで，生徒は学校行事を伝えるためにどのような「構成」「内容」「言語」に着目して説明すればよいかを考えるようになります。生徒が現在進行形や既習の副詞句表現を進んで用いようとします。

第２章 「確かな学びを促す３つの重点」実践集 43

意味ある文脈での課題設定――道徳（１年）

障がい者と共生するために，より善いかかわりを考える

課題 障がい者の思いを推し量った上で，障がい者とどのようにかかわればよいのだろうか

◎読み物教材を通して，「障がい者」の方々に自分ができることは何かを考える必要性を抱かせるために，障がい者の方々の生活を疑似体験する活動や，当校の附属新潟特別支援学校での交流活動とのつながりをもたせる活動を取り入れました。

◎NHKテレビドラマ「車輪の一歩」の題材を，生徒の実態に応じて授業者が自作し，読み物教材として提示しました。

内容項目　新学習指導要領「特別の教科　道徳」より
　Ｂ－(６)　思いやり，感謝，Ｃ－(１１)　公正，公平，社会正義

早わかりポイント！

このように変わる！

●障がい者の疑似体験をして，障がい者の障がいの大変さを実感し，題材に出てくる登場人物を取り巻く情況の理解を促します。教材中の中心人物である障がい者の成長する上での困り感や辛さを自分事としてとらえ，自立を尊重したかかわり方を具体的に吟味するようになります。

意味ある文脈での課題設定——特別活動（3年）

活動を分析し，自己や集団を高めていこう
~音楽のつどいに向けて~

課題 音楽のつどい（11月）に向けて，活動の仕方をよりよいものにするためには，演劇活動（9月）の仕方をどのように変えていけばよいだろうか

◎生徒自身が学級の改善するべき点を自分たちで見いだせるようにしました。行事活動や日常活動を学級全体で分析する活動や学級の実態をモニターする係を設定し，活動の仕方について，学級で改善すべきことを客観的に分析できるようにしました。

早わかりポイント！

演劇活動に向けて，体育祭活動での活動の方法を基に，次の行事である演劇活動に活用できるものを学級全体で共有

行事活動や日常活動の学級の実態をモニターする係の設定

学級全体で分析する活動やモニター係による学級の実態分析

昨日の活動で，指示を伝えるときに，うまく伝わっていない実態がありました。これを改善するために・・・。

音楽のつどいに向けて，成果と課題に分けて，グルーピング・ラベリングする活動

課題設定

学級全体の考えを一つにまとめる活動
→「集団における問題をとらえ，よりよい集団生活の構築と関連付ける」という「見方・考え方」を働かせる。

このように変わる！

⦿一つ一つの行事活動における活動の仕方を日常の学級活動でも活用します。そして，実際に活動を通して，見えてきた学級で改善するべきことを学級全体での分析に加えて，学級の実態をモニターする係を設定することで，より客観的な視点から生徒は活動の仕方を見直していきます。

意味ある文脈での課題設定──特別活動（3年）

行事（体育祭）と行事（演劇）のつながりの中で，自己や集団の向上を共有しよう

課題 演劇を通して学級として伝えたいメッセージを表現できる題材は何だろうか

◎春先での体育祭活動（5月）や日常の学級活動における集団の成長を見いださせて，次の行事である演劇発表会（9月）に向けて，学級として伝えたいテーマや題材に込められたメッセージを，プロモーションビデオ（以下，PV）を用いて学級に提案していく活動を組織しました。

早わかりポイント！

- 体育祭における自己や集団の成長について振り返る活動
- 体育祭準備活動や当日，そのほかの学校行事，日常生活を想起してリーダー・フォロワーとして大切にするべきことを考える活動

ジグソーパズルとは，板などに印刷した絵や写真を入り組んだ形のピースに分解し，それを再び組み合わせて元通りにする遊びだ。しかし，ピース一つひとつに同じ形の物は無い。すべてがオリジナルなのだ。

演劇は題材となる本はあるが，脚本・照明・音響などは一から構成を練り出していく。つまり，決められた絵は無いのだ。脚本も一つひとつがオリジナルのパズルのピースであり，二年にしか作れないオリジナルの演劇を作り出していく。

私は照明係になり，通し練習などでも関係不足だったためか，係同士の連携不足だったため，通しのタイミングが合わないなど問題が多くあがった。そのため係長を中心に話し合いを重ね，それぞれの係が改善を図った。照明係の中でもライトを消すタイミングが合わないなど問題が多くあがった。そのため係長を中心に話し合いを重ね，それぞれの係が改善を図った。そのおかげで，照明係でもライトを消すタイミングが少し達成できたと思った。本番では四十九分一秒と初めて時間内に納めることができた。これは，百十七人が諦めずに努力をした結果だと感じた。だが係長としては目指す姿が少し違った。「私語をせず，人の話を聞き，自分にできること」，「しなければいけないこと」を考えて行動する」という，長い目指す姿を立てた。練習ではなかなか時間内に納まらなかった。しかし，係同士の連携不足を探り，良くなる様に行動した。そのため，みんなで意見の対立はあったが，最後の最後にすべてのピースが繋がり，とても美しいジグソーパズルが仕上がったと思う。

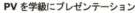

体育祭の振り返りや作文，昨年度の演劇終了後にまとめた作文を基に，今年度演劇活動で大切にしたいことや，活動を通して自己や集団としてなりたい姿をまとめる活動

PV を学級にプレゼンテーション

演劇発表会に向けて，学級として伝えたいメッセージを，PV を通して作成する活動
→「学校行事や日常生活における学級のよさと演劇題材紹介映像に込めるメッセージとの関係性に着目し，目指す姿に迫るための方策について考える」という「見方・考え方」を働かせる。

このように変わる！

⦿演劇題材を決定する演劇題材選定会議に向けて，自分たちが推薦している題材を紹介するための紹介映像や資料を作成することを通して，生徒は，その映像を基にエピソードを語り合います。この活動を通して，あらためて学級のよさを価値付けたり，課題に気付いたりします。この活動は，文化祭や合唱コンクールなどの学校行事においても行うことができます。

対話を促す工夫——国語（1年）
作品を絵コンテで表現しよう

教材名：「何でも値段をつける古道具屋のおじさんの詩」

課題 詩の内容やイメージをどのように絵コンテとして表現すればいいだろうか

◎作品の最後の文「愛となみだはどっちが高い？」という核となる表現の意味を考えるために，絵コンテによって細部の表現と関係付けながらイメージを膨らませ，自分なりに解釈をする単元の構成にしました。

早わかりポイント！

作品の書き込みをする活動

質問の内容が具体的なものから抽象的なものに変わっている。

核となる表現の前に書かれている言葉の関係性をイメージマップで可視化する活動

愛と涙ともに，その時の感情によって全然違うものになる。だから，最後に色を混ぜました。どっちが高いかはその人の受け止め方で変わる。その人の受け止め方によって，どっちが高いが決まるんじゃないかな。

詩の内容を絵コンテで表現

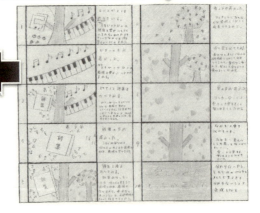

絵コンテ検討会
→「言葉と言葉の関係を，詩の内容に着目してとらえ，その関係性を意味付ける」という「見方・考え方」を働かせる。

これまでの話し合いでは……
⦿作品を解釈する際に生徒の既有知識や経験と関連付けて読みはできていたが，他者に見える形で示し，互いの解釈をわかり合う話し合いができない姿

【言葉の関係性の可視化，絵コンテ】によって

このように変わる！
⦿言葉の意味を絵コンテで絵や色で表すことで，詩の解釈を絵コンテで可視化し合い，詩の一語一語の関係性や意味に着目した話し合いが促されます。

対話を促す工夫――国語（3年）
俳句の創作

課題 自分の感動を俳句でどのように表現すればよいのだろうか

◎毎時間10分程度の帯単元を設定し，様々な俳句のよさに触れさせました。近代から現代の俳句に触れながらどのような感動が表現されているのか考えました。身近な対象に目を向けながら，イメージを言葉にする構成にしました。

◎自分の感動した場面や体験を表現した俳句を評価し合う活動を組織しました。

早わかりポイント！

これまでの話し合いでは……

⦿印象でよかった俳句を好みで伝えるだけで，どうしてよいと感じるのかという明確な理由が伝えられない姿

【帯単元，俳句の特色の理解，相互評価】によって

このように変わる！

⦿継続的に俳句に触れたり，他者から評価されたりすることで，生徒はよい俳句を創作して仲間から認められたいと思うようになります。そして，俳句の表現に着目した話し合いが促されます。

対話を促す工夫——社会（3年）

現代社会の特色　公民的分野

課題　新潟市の人口減少をくい止めるために必要な案はどのようなものだろうか

◎新潟市の人口減少をくい止めるための提案を実現可能なものか考える活動を通して，実現可能な案にするために，政治や経済，他国とのつながりなどに着目し，グループで解決策を考える単元の構想にしました。

早わかりポイント！

新潟市の人口減少をくい止めるための提案を個人・グループで考える活動
→前時で学習した人口減少，子育て支援制度，女性の労働力，出生率などと関連付ける。

学級全体で案を共有し，観点を明らかにする活動
→「子育て支援」「若者の生活支援」「外から人を呼ぶ」「補助金の交付」に関する観点を共有

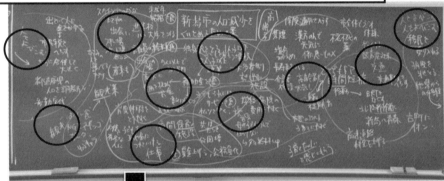

自分たちの考えた案が実現可能なものかどうかを検討し，そのために必要な視点をグループでまとめる活動する活動
→「新潟市の人口減少を，政治，経済などに着目してとらえ，『子育て支援』『若者の生活支援』『外から人を呼ぶ』『補助金の交付』に関する観点を基にした事例と関連付ける」という「見方・考え方」を働かせる。

これまでの話し合いでは……
◉自分の経験や既有知識だけでは実現可能かどうか判断できないまま話し合う姿

【自分たちの考えた提案が実現可能なものかどうかを検討し，そのために必要な視点をグループでまとめる活動】によって

このように変わる！
◉自分たちが考えた提案を実現可能なものにするために，見いだした観点を基にした事例を根拠に，人口減少をくい止めるための提案を考えるようになります。さらに，自分たちが住む新潟市の事例を取り上げることで，実生活と公民的分野の学習とのつながりを見いだします。

対話を促す工夫——数学（2年）

どちらの組み合わせが出やすいの？ ～確率～

課題 どの組み合わせが一番多く出るのかは，何を根拠に判断すればよいのだろうか

◎1面が●，2面が▲，3面が■である正6面体のサイコロを2個同時に投げる事象について考察する活動を組織しました。このサイコロを1個投げるときの●，▲，■の目の出る確率と，2個のサイコロの目の組み合わせは全部で6通りであることを共有した後に予想をさせました。

早わかりポイント！

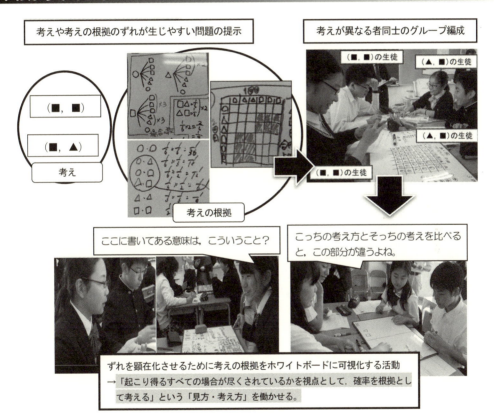

これまでの話し合いでは……
⦿互いの考えのずれを検討する際，結果やその過程を口頭で述べ合うだけでは議論が焦点付かなかったり，考えが深まらなかったりする姿

【考えが異なる者同士のグループ編成，ホワイトボードによる根拠の可視化】によって

このように変わる！
⦿自分と他者の考えを可視化し，共有して検討することにより，数学的な表現やその解釈などの根拠を明らかにして検討することができるようになり，学びが深まります

50　実践編

対話を促す工夫——数学（2年）

図形の性質と証明

課　題　正三角形になることを証明するには，どのようにすればよいだろうか

◎証明の必要性や意味を見いだせるように，折り紙を折るという具体的な操作活動を取り入れました。二等辺三角形や正三角形を作り，できあがった三角形が二等辺三角形や正三角形になるかどうかを，折り紙を用いて証明させることで，生徒は折り目から証明の手がかりを見いだし，課題を追究していきます。

早わかりポイント！

着眼点を見いださせたり，思考を促したりする発問

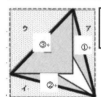

「①〜③のうち，どの2辺が等しいことを証明するとよいだろうか」

「仮に作った三角形が正三角形だとすると，●と▲の大きさは何度になりそうですか」

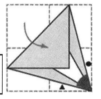

【グループでの交流で用いた拡大折り紙】

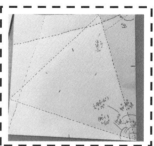

折り紙を通してグループで交流する環境の整備
→「折り紙の折り目，補助線と正三角形が成立する条件との関係に着目し，論理的に証明を考える」という「見方・考え方」を働かせる。

これまでの話し合いでは……
◉教師が与えた図形について，受動的に証明の流れや根拠を伝え合う姿

【折り紙を活用した操作活動，着眼点を見いださせる発問，交流活動】によって

このように変わる！
◉生徒は折り紙を折る活動を通して，折り目から証明の見通しを立てたり，折り目に着目して証明を進めたりしながら，自ら証明の手がかりを見つけるようになります。また，折り紙は何度も自由に試行ができることから，自らの思考を振り返り，論理的に証明を立てるための思考が促されます。さらに，正三角形であることを証明する活動を振り返ることで，正三角形が二等辺三角形の特別なものであることを見いだすことにつながります。

対話を促す工夫──理科（1年）

光の反射と像

課題 姿見の鏡に，なぜ全身が映らないのだろうか
　◎光の性質や鏡に映る像の見え方（位置，大きさ，向き）に関する実験を通して，日常である「物体が見えること」を光の性質を根拠にして科学的な概念でとらえ直していく単元の構成にしました。

早わかりポイント！

生徒の素朴概念と開きのある現象の提示
→姿見A（高さ120cm）を床に立て，1m手前に立った時に全身がうつらない現象

姿見A（高さ120cm）に全身を映す方法を個々で考える活動

方法①： 鏡からの距離を変える（鏡から離れる）
方法②： 鏡の角度を変える（上向きに傾ける）
方法③： 鏡の高さを変える（床から持ち上げる）

同様の予想をした生徒同士のグループ編成

離れても変わらない！

この地点では，光の道筋はこんなふうに通っているんじゃないかな。

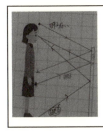

条件を変えてみよう。

グループで実験方法の条件を自由に試行錯誤できる環境整備
→「光の性質と鏡に映る像の見え方（位置，大きさ，向き）との質的な関係に着目し，条件を変えた実験の結果を比べ，関係付ける」という「見方・考え方」を働かせる。

これまでの話し合いでは……
◉実験結果と作図に書かれた光の性質のつながりが明確になっていないまま話し合う姿

【グループで実験方法の条件を自由に試行錯誤できる環境整備】によって

このように変わる！
◉光の性質と鏡に映る像の見え方（位置，大きさ，向き）に着目するようになり，明確な着眼点をもって，検討するようになります。

52　実践編

対話を促す工夫――理科（3年）

力と運動　～慣性～

課題　水で満たされたペットボトルを速く動かすと，ペットボトル内の発泡スチロールがペットボトルよりも速く前方に動くのはなぜだろうか

◎水で満たされたペットボトルを速く動かすと，ペットボトル内の物体が前方に動く現象と，発泡スチロールはペットボトルよりも速く前方へ動く現象を提示し，「止まっている物体を動かすと，必ずその場に止まり続ける」という素朴概念とのずれを生じさせ，事象のしくみを追究する意欲を高めました。

早わかりポイント！

未知の現象の提示

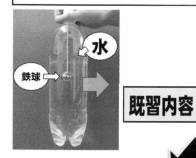

水で満たされたペットボトルを速く動かすと，ペットボトル内の発泡スチロールがペットボトルよりも速く前方に動くという未知の現象を提示

既習内容　⇔　比べる　⇔　要因（条件）が少しだけ違う　未知の現象（説明できそうでできない）

○　鉄球と発泡スチロールの質量を比べる

　○鉄球と発泡スチロールの違い
　・鉄球は水より質量が大きい
　　発泡スチロールは水より質量が小さい

○　物体と水の質量を比べる

　○物体の質量＜水の質量

○　慣性と水を関係付けることで，物体と水の慣性の大きさ（動きにくさ）を比べる

タブレット端末で撮影したスローモーション映像（1秒間に30コマ）の提示
→「『質量』『慣性』などの質的な関係に着目し，ペットボトル内の鉄球と発砲スチロールの物体の動きを比べ，関係付ける」という「見方・考え方」を働かせる。

これまでの話し合いでは……
◉実験結果のデータを基に話し合う姿

【未知の現象の提示，タブレット端末の映像の提示】によって

このように変わる！
◉タブレット端末のスローモーション映像によって，速くて見えにくかったペットボトル内の物体の動きを繰り返し確認でき，力の有無に着目するようになり，明確な着眼点をもって，検討するようになります。

対話を促す工夫——音楽（2年）

音楽と絵をかかわらせて鑑賞しよう

組曲「展覧会の絵」より「プロムナード」「第1曲　グノーム」「第5曲　卵の殻をつけたひなどりのバレエ」「第9曲　鶏の足の上の小屋」「第10曲キエフの大門」

課題 ムソルグスキーはどのような意図をもって，組曲「展覧会の絵」を作曲したのだろうか

◎組曲「展覧会の絵」と音楽を歴史的・文化的背景，作曲者の背景などを基に関係付ける場を設定しました。組曲「展覧会の絵」の基となる絵1枚1枚に対して，作曲者がどのような曲を作曲し，なぜその曲にしたのかを予想させることで，生徒の感じたこととのずれを生じさせました。

早わかりポイント！

「第1曲グノーム」の絵　／　「第5曲 卵の殻をつけたひなどりのバレエ」の絵　／　「第9曲 鶏の足の上の小屋」の絵　／　「第10曲キエフの大門」の絵

ムソルグスキーはこれらの絵を見て，どのように作曲したのだろうか？

組曲「展覧会の絵」の基になっているスケッチと絵を提示し，音楽を聴かせ，自身の感じたことと音楽とのずれを感じさせる活動を組織

今の聴いた音の高低差や強弱が変わるところは，作品に関する資料で読んだ危機迫るシーンなんじゃないかな。

楽譜に互いの解釈を可視化
→「音楽を形づくっている要素とその働きの視点でとらえ，絵，作品の背景と関係付ける」という「見方・考え方」を働かせる。

話し合いの際に，タブレット端末を活用して，音楽を聴き直すことができる環境整備
→自分の解釈を明確に相手に伝えるツール

これまでの話し合いでは……
◉感覚的な解釈で曲の感想を伝え合っている姿

【解釈のずれの体験，作品の背景に関する資料提示，タブレット端末，解釈を可視化する楽譜の整備】によって

このように変わる！
◉生徒は感覚的な解釈ではなく，音楽を形づくっている要素と絵，作品の背景とを関係付けて導いた解釈を，タブレット端末を用いながら自分の解釈を明確に相手に伝えることができるようなります。

54　実践編

対話を促す工夫――美術（2年）

浮世絵　～中学生が見た新潟百景～

課題　浮世絵の表現方法を使うと，新潟の魅力ある情景はどのように表現できるのだろうか

◎鑑賞活動で見いだした浮世絵の表現方法を活用して，魅力ある新潟の情景を表現しました。また，「公益財団法人日本美術院」が主催する「地域連携教育プログラム」と協同し，生徒の作品を広く紹介する環境を整備しました。

早わかりポイント！

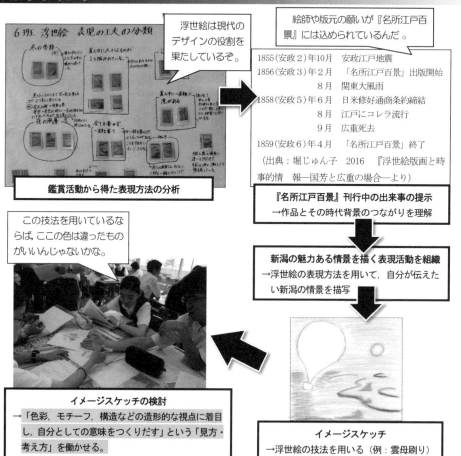

鑑賞活動から得た表現方法の分析

浮世絵は現代のデザインの役割を果たしているぞ。

絵師や版元の願いが『名所江戸百景』には込められているんだ。

1855（安政2）年10月　安政江戸地震
1856（安政3）年2月　「名所江戸百景」出版開始
　　　　　　　　8月　関東大風雨
1858（安政5）年6月　日米修好通商条約締結
　　　　　　　　8月　江戸にコレラ流行
　　　　　　　　9月　広重死去
1859（安政6）年4月　「名所江戸百景」終了
（出典：堀じゅん子　2016　『浮世絵版画と時事的情報―国芳と広重の場合―より』）

『名所江戸百景』刊行中の出来事の提示
→作品とその時代背景のつながりを理解

新潟の魅力ある情景を描く表現活動を組織
→浮世絵の表現方法を用いて，自分が伝えたい新潟の情景を描写

この技法を用いているならば，ここの色は違ったものがいいんじゃないかな。

イメージスケッチの検討
→「色彩，モチーフ，構造などの造形的な視点に着目し，自分としての意味をつくりだす」という「見方・考え方」を働かせる。

イメージスケッチ
→浮世絵の技法を用いる（例：雲母刷り）

これまでの話し合いでは……
◉自分の今もっている表現方法や感覚などでイメージスケッチの表現意図を伝え合う姿

【鑑賞活動，作品に関する背景の理解，浮世絵の表現方法の獲得】によって

このように変わる！
◉浮世絵の表現方法や浮世絵の背景などを踏まえて，自分の表現意図を伝え合うようになります。

対話を促す工夫——保健体育（1年）
球技　ネット型　バレーボール

課題　どうしたらボールを落とさずに相手コートに返球できるのだろうか

◎バレーボール女子日本代表の映像や自分たちの試合映像から，動きの分析をする3つの観点を見いだす活動を取り入れました。タブレット端末で撮影した自分たちの試合映像を，観点に照らし合わせて分析し，動きの修正点を確認する活動を行いました。この分析活動を繰り返し行った後，目の前で起きたゲームの展開を観点を基に分析し，動きの修正を図っていけるようにしました。

早わかりポイント！

タブレット端末で試合映像を撮影

課題を解決するためのチーム練習の設定
→観点を基に分析を繰り返す

分析をするための3つの観点を見いだす活動

3つの観点の共有
- 定位置に戻る動き
- 準備姿勢をとる動き
- 個人の技能を生かせるポジショニング

レシーブが上手だから，後ろの方のポジションに変えてやってみよう！

タブレット端末を使用せずに，観点を基に動きの分析をする活動の設定
→「ポジションやスペースの関係に着目し，3つの観点を基に，自チームの特徴と個人の役割とを関連付ける」という「見方・考え方」を働かせる。

これまでの話し合いでは……
⦿タブレット端末で試合映像を撮影し，修正点を話し合うが，ゲームで活かせない姿

【分析の観点を見いだす活動，分析活動の繰り返し】によって

このように変わる！
⦿生徒は観点を基にした分析活動を繰り返して行うことを通して，観点を確実に身に付け，タブレット端末で試合映像を撮影して振り返らなくても，目の前で起きているプレーに対して，修正点やポジションの修正点などを仲間に伝えることができるようになります。

56　実践編

対話を促す工夫――技術・家庭科技術分野（2年）
生活に役立つ製品の設計・制作　～学校紹介映像をつくろう～

課題　テーマを達成するためには，どのようなメディアを選択，加工すればよいのだろうか

◎学校説明会の会場で待つ小学6年生児童に，附属新潟中学校の素晴らしさを伝えるために，プロモーションビデオ映像（以下，PV）を制作する活動を設定しました。過去に，自分自身も先輩が作成したPVを視聴した経験から，受信者の情況を踏まえ，発信者として伝えたいテーマを設定し，それを伝えるためにシーン構成，メディアの選択，加工などの技術を施していく題材の構成にしました。

早わかりポイント！

これまでの話し合いでは……
◉受信者の立場を踏まえずに施す技術について話し合う姿
【テーマが類似した者同士のグループ編成，思考の可視化，話し合いの視点の明確化】によって

このように変わる！
◉生徒の既有経験を生かし，PVを作成する目的意識を醸成することで，課題を追究する意欲が高まります。さらに，互いの経験や受信者としての立場を踏まえながら，メディアの効果について深く話し合います。

第2章 「確かな学びを促す3つの重点」実践集　57

対話を促す工夫——技術・家庭科家庭分野（2年）
災害時における食事をプロデュースしよう

課題 制限された情況で，おいしく環境に配慮した食事を創るには，どのように調理すればよいのだろうか

◎災害時を想定して，制限された情況での食事のあり方について工夫する活動を組織しました。
◎制限された情況で調理し，試食する活動を通して，食品の特徴をとらえ，それらをふまえた調理の仕方を明確にすることができる題材の構成にしました。

早わかりポイント！

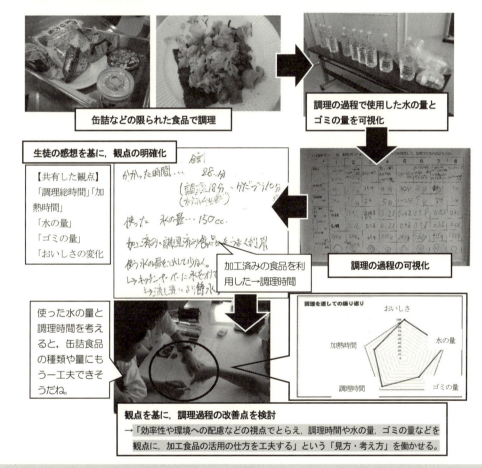

これまでの話し合いでは……
⦿調理過程を振り返る際に，観点が定まらず，調理目的に整合した話し合いができない姿

【調理過程の可視化，観点の明確化】によって

このように変わる！
⦿災害時における制限された情況で，明確な観点を基に，適切な調理の仕方を検討するようになります。

58　実践編

対話を促す工夫――英語（3年）
ALTに新潟市の観光スポットガイドコースを提案しよう

課題 ALTの先生のニーズに合った観光スポットはどこだろう，グループで内容を議論し提案しよう

◎新潟市の観光スポットガイドコースをALTのために作成することを目的に，編集会議で観光スポットの特徴やお薦めする理由を議論するという言語活動を設定しました。

早わかりポイント！

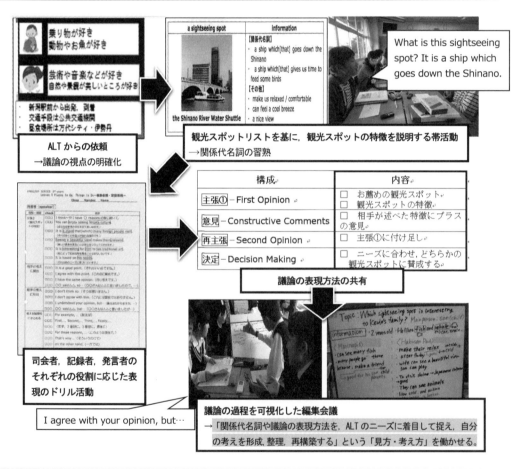

これまでの話し合いでは……
⦿互いの主張を述べ合うだけで，相手の主張に対する意見が言えない姿

【ALTのニーズの提示，帯活動，議論の表現方法の共有，議論の過程の可視化】によって

このように変わる！
⦿生徒がALTのニーズ（議論の視点）を基に，互いの考えの共通点や相違点などを大切にしながら議論するようになります。司会者，記録者，発言者が互いの考えを自由に修正，加筆しながら1つの結論を英語で導き出そうとするやりとりによって，対話が促されます。

対話を促す工夫──道徳（2年）
仲間への寛容の心

課題 集団が一つの目標に向かっていく過程で，考えや立場の違いを越えて，仲間にどのように働きかけたらよいのだろうか

◎体育祭活動を振り返って，3年生の言葉から，リーダーとしての立場や葛藤を想像させた後，「より高みを目指すべき」と「仲間の努力を尊重すべき」という2つの価値を含んだ読み物教材を提示しました。
◎仲間にあえて厳しく接する野球部員と，仲間の努力を認めようとする野球部員の複数の立場から，それぞれの発言の是非に対する判断と解釈を仲間と検討しました。
◎部員の一人として，どのように仲間の部員に働き掛けるかを仲間と吟味しました。

内容項目　新学習指導要領「特別の教科　道徳」より
　B−(9)　相互理解，寛容

早わかりポイント！

発問の工夫
→① 複数の立場から，事実に対して判断及びその解釈を促す発問
　　「あなたは登場人物の行為を支持しますか。支持しませんか。その根拠は何ですか。」
　② 解決困難な状況において，より善い判断と行為の在り方を主体的に見いだすための発問
　　「あなたが登場人物の一人として，どのように周囲に働き掛けますか。」

考えの違う生徒同士のグループ編成（4人）
→仲間から多面的・多角的な視点を得る

交流シートを用いて検討内容の可視化
→「道徳的諸価値を基に，自己との関わりで登場人物の立場から多面的・多角的にとらえ，行為の在り方を考える」という「見方・考え方」を働かせる。

これまでの話し合いでは……
◉論点が定まらないまま，自分の解釈を述べ合うだけで，意見がかみ合わずに教材について検討する姿

【発問の工夫，グループ編成，交流シート】によって

このように変わる！
◉教材中の根拠を基に多面的・多角的に事実をとらえた上で，仲間との考えのずれ（判断，根拠，価値）を明確にして，より善い判断と行為の在り方を検討するようになります。

対話を促す工夫――道徳

自分にとって大切なものは

課題 よりよい学級にするために大切なこととして、集団における一人一人の役割や責任を果たすとは、どういうことだろうか

◎自作教材を作成し、中心人物が学校行事か個人が所属しているクラブ活動のイベントに参加するべきか否かという情況をめぐる葛藤場面を取り上げました。生徒たちが検討する内容を一つの事実に焦点付けました。中心人物の立場から、一つの事実に対する生徒の判断の変容とその根拠を検討するようにしました。

内容項目　新学習指導要領「特別の教科　道徳」より
　B-(9)　相互理解，寛容

早わかりポイント！

中心人物2人の立場から一つの事実に対する生徒の判断の変容を問う

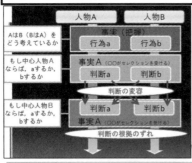

「立場ボード」を配付し，中心人物AとBの立場における判断の変容を可視化

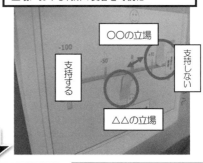

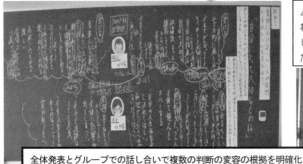

△△の立場のとき，私の判断は変わりました。△△は学級の一員としての責任を大切にしています。だから・・・。

全体発表とグループでの話し合いで複数の判断の変容の根拠を明確化
→「道徳的諸価値を基に，自己との関わりで登場人物の立場から多面的・多角的にとらえ，行為の在り方を考える」という「見方・考え方」を働かせる。

これまでの話し合いでは……
⦿中心人物の立場からではなく，自分の主観や経験で話してしまい，多面的・多角的に考え，互いの根拠を話し合うことができない姿

【一つの事実を2人の中心人物から判断する授業構造，立場ボードによる判断の変容理由の可視化】によって

このように変わる！
⦿判断の変容理由を述べる際に，中心人物が何を大切にしているのかを根拠にしながら，述べるようになります。中心人物が大切にしている価値を基にした話し合いが促されます。

第２章 「確かな学びを促す３つの重点」実践集　61

学びの再構成を促す工夫——国語（１年）
お互いをもっとよく知ろう　～スピーチ～

課題　自分の伝えたいことを聞き手によりよく伝えるためには，何をどのように工夫すればよいだろうか

◎実際にスピーチする場面で，発表の仕方を相互評価させることを目的とせず，聞き手が反応を返したり，質問したりすることで話し手と聞き手の関係性が高まり，人間関係がより深まるような単元の構成にしました。そのために，仲間からのコメントを基に，コメントマップを作成し，自分のスピーチや自分自身のよさを実感できるようにしました。

早わかりポイント！

聞き手から話し手へ，伝えたいこと，印象的だった言葉，工夫や構成などの評価を交流する活動

仲間のコメントをもとに自分のスピーチを振り返り，よりよく相手に伝わる話し方をコメントマップにまとめる活動

コメントマップの作成
→　仲間が評価したコメントを分類
→　マップにして自分のスピーチの実際を俯瞰
→　「言葉の意味とスピーチで伝える自分自身のよさに着目し，その関係性を仲間からのコメントを基に意味付ける」という「見方・考え方」を働かせる。

このように変わる！

●他者からの評価されたコメントをコメントマップに整理することで，話し方や工夫の効果を再認識し，スピーチで築いた話し手と聞き手の人間関係と実生活とのつながりを実感していきます。また，自分の意識していなかったスピーチのよさに気付き，相手意識をもった話し方の意味を深く考えることにつながります。

学びの再構成を促す工夫──社会（3年）

冷戦終結後の世界と日本　グローバル化の進展と保護貿易主義の動き　歴史的分野

課題　日本や世界はこれからどのような方向に進んでいくのだろうか

◎今注目されている社会的事象を取り上げ，その背景を追究する単元の構成にします。これにより，冷戦後の世界で起こった歴史的事象をとらえることができるようにします。

◎単元末にこれからの日本や世界はどのような方向に進んでいけばいいのかを問います。これによって，生徒は現実に起こっていることの背景（過去）と自分の生活（現在），そして，これからの社会（未来）を関連付けて，これまでの学びを再構成しながら，自分の考えをまとめていけるようにしました。

早わかりポイント！

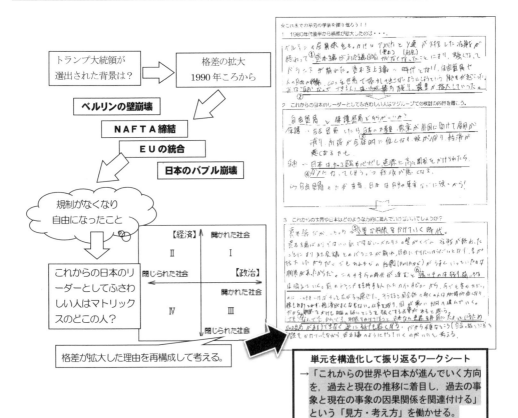

単元を構造化して振り返るワークシート
→「これからの世界や日本が進んでいく方向を，過去と現在の推移に着目し，過去の事象と現在の事象の因果関係を関連付ける」という「見方・考え方」を働かせる。

このように変わる！

◉今起こっている社会的事象の背景を追究することで，過去と現在をつなげて考えることができるようになり，持続可能な社会を実現するための解決方法を考えることとのつながりを実感していきます。また，歴史的分野の最後の単元であるため，公民的分野の学習に対する興味・関心を高めることができます。

学びの再構成を促す工夫――数学（3年）

平方根

> **課題** 面積3の正方形はどのようにしてかいたらよいだろうか
> ◎いろいろな面積の正方形をかくこと，それぞれの正方形の1辺の長さを考える活動を通して，平方根の必要性を感じたり，根号を含む数をどのように処理していけばよいのかを考えたり，新しい数についてもっと知りたいという意欲が醸成される単元の構成にしました。

早わかりポイント！

帰納的に考えたことが，演繹的な考えにつながるようにワークシートの提示→数学的表現の活用の蓄積

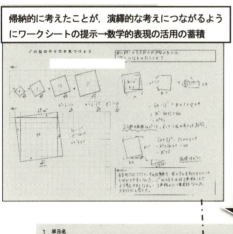

日々の授業の振り返りカードの記録

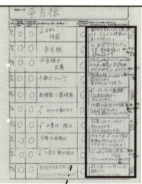

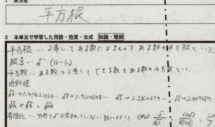

単元末に「学びの軌跡カード」をまとめる活動
→単元で学んだ知識，用いた考え方，もっと学びたいこと等をこれまでの学びを基にまとめ直す。
→「正方形の1辺の長さと根号を含む数の関係に着目してとらえ，論理的に考える」という「見方・考え方」を働かせる。

このように変わる！

● 日々の授業における自分の学びの振り返りを記述して蓄積してきたシート，授業やノートのワークシートなどを単元の最後に結びつけまとめることが可能になります。これにより，一つの単元で「どのような解き方ができるようになったか」「解き方を次にどのように活かしたいか」など次なる意欲を醸成することにつながります。

学びの再構成を促す工夫——理科（1年）

力と圧力　〜水圧〜

課題 水面よりも高い位置での水中の圧力は，どのように働いているのだろうか

◎基準水面よりも低い位置の水中のゴム膜の変化を基に，高い位置にある水中のゴム膜の変化を考えさせる教具を提示し，大気圧を踏まえた正しい水圧の認識を深めることができる単元の構成にしました。
◎水中の圧力についての正しい認識を基に，ふれあい水槽で水があふれない理由を説明させる活動を組織しました。

早わかりポイント！

基準水面よりも低い位置の水中のゴム膜の変化を基に，高い位置にある水中のゴム膜の変化を考える活動

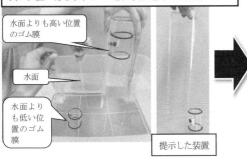

ゴム膜の変化の仮説を検討・検証する活動

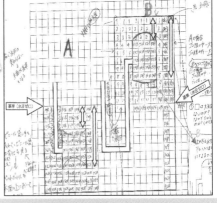

ふれあい水槽で水があふれない理由を説明する活動
→「基準水面と基準水面からの距離の2つの観点に着目し，水圧と大気圧の量的な視点でとらえ，基準水面よりも低い位置の水中の圧力と高い位置にある水中の圧力とを比べたり，既習内容や検証実験の結果を根拠に考察したりする」という「見方・考え方」を働かせる。

このように変わる！

◉水面よりも高い位置にあるゴム膜の変化の事象で得た水圧と大気圧の概念を適用し，しくみを解明していきます。そして，現実の事象である「ふれあい水槽」を解明することで，科学的概念と日常事象とのつながりの奥深さを実感することにつながります。

学びの再構成を促す工夫——理科（3年）

力と運動　～作用・反作用と慣性の関係～

課題　ペットボトルロケットが飛ぶしくみにおいて，水はどのような役割を果たしているのだろうか

◎ペットボトルロケットが飛ぶ仕組みを追究することを通して，作用，反作用と慣性とをつながりあるものとして学べる単元の構成にしました。ペットボトルロケットの条件を変えることで，飛び方の違いと条件の違いから，ペットボトルロケットが飛ぶか飛ばないかにおいて，水が果たす役割を見いだしていきます。

早わかりポイント！

作用・反作用について知る活動
→台車に乗り，反作用によって運動する現象を実感する

慣性について知る活動
→質量の大きさによる動きにくさを実感する

台車に乗って壁を押したり，互いに台車に乗って一方を押したりする

台車に乗った空のバケツを押したときと，台車に乗った水の入ったバケツを押したときの運動を比較する

ペットボトルロケットが飛ぶ仕組みを追究する活動
→「『働く力の大きさ，作用点，向きの違い』と『慣性の大きさ』の量的関係性に着目して，条件を比較したり，確認実験の結果と関係付けたりする」という「見方・考え方」を働かせる。

<飛び方を比較する条件>
① 接地した，水入りのペットボトルロケット
② 接地せず，水入りのペットボトルロケット
③ 接地せず，水無しのペットボトルロケット
④ 接地した，水無しのペットボトルロケット

このように変わる！

⊙条件を変えたペットボトルロケットの飛び方の違いと，変化した要因とを関連付けて，ペットボトル内の水に慣性が，地面の慣性と同じような役割をすることを見いだします。作用・反作用と慣性という科学的概念を基に，ものを押し出す力が働く実生活の事象とのつながりを実感していきます。

66　実践編

学びの再構成を促す工夫——英語（3年）

英語 Web 版ページの内容を検討しよう

課題　附属新潟中学校の英語版 web ページを ALT と共同作成するために，ALT と内容の是非をどのように議論すればいいだろうか

◎当校のホームページの英語版を ALT と共同作成することを目的に，編集会議で各ページの内容を議論するという言語活動を設定しました。

早わかりポイント！

日々の学習の取組を振り返るプログレスカードの提示
①単元の目標，②技能面の **can-do**，③知識面の **can-do**，④日々の学習の取組

ポートフォリオのように，日々の授業振り返り，議論で有効だった表現の記録（IC レコーダーを書き起こしたもの）などを１つの冊子にまとめる活動
→「既習表現や議論の表現方法を，ホームページを読む人の視点に着目してとらえ，自分の考えを再構築する」という「見方・考え方」を働かせる。

このように変わる！

● 生徒が単元の振り返りを行うときに，単元の目標と具体的な成果物を基に，何ができるようになったのかを的確に振り返るようになります。また，単元を通して習熟を図ることができた議論の表現を，日常の他の場面でも活用できることを実感していきます。

学びの再構成を促す工夫──美術（3年）
水と土のフォトコンテスト

課題 自分の身の周りには、どのような水と土とのかかわりがあるのだろうか

◎美術館やギャラリーから外に出て、生徒たちの身の周りにある美術に着目するアートプロジェクトを中核とした題材を構成しました。生徒は、絵画や彫刻、デザイン、工芸といったジャンルだけではなく、何気なく通り過ぎていた景色に立ち止まって写真に写すことで、見慣れていた景色の中から新たな発見を見いだします。

早わかりポイント！

新潟市「水と土の芸術祭2015」の作品を鑑賞する活動

なんで朝顔が作品になるの。

講師から作品作成の意図を説明してもらう活動

新潟の歴史と関係があるんだ。

撮影した写真と自分の生活との関連を説明し合う活動

身の周りの水と土に関する景色を、写真を通して1枚の作品として表現する活動

一人一人の作品を作品集にまとめる活動
→「撮影した写真を構図，アングル，焦点に着目してとらえ、自分としての意味をつくりだす」という「見方・考え方」を働かせる。

このように変わる！

⦿身の周りの水と土に関する景色を1枚の作品とすることで、自分が当たり前だと思っていた景色を造形的な視点からとらえ直します。そして、撮影した一人一人の作品を作品集にまとめる活動を通して、生徒は美術作品の認識を深め、実生活にある水や土に関する景色と美術とのつながりを実感していきます。

学びの再構成を促す工夫——技術・家庭科技術分野（1年）
生活に役立つ製品の設計　〜日本の伝統技術を体感〜

課題　自分の構想を実現するためには，どのような技術を選択，習得すればいいのだろうか

◎中学校で初めて履修する材料と加工に関する学習において，製品を実物大で試作します。そして，自分の使用目的と使用条件に適した接合技術は何かを検討します。環境性能等に配慮した先駆的な技術と，美的外観や接合強度等を向上させた伝統的な技術の両方から検討することで，それらの特徴をよりよく理解することとなります。
◎建築用発泡ボードの活用により，安価で試作できます。
◎様々なジグや工具の活用により，組み継ぎや留め継ぎといった伝統技術が選択可能となります。

早わかりポイント！

製品の実物大模型を試作→実際に選択しようとする接合技術を施し，その効果を明確化する。

【先駆的な技術】木ねじ 等

【伝統的な技術】留め継ぎ，組み継ぎ，隠し釘 等

自己評価や相互評価の活動→実物大模型を基に，選択する技術を評価する。

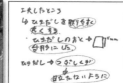
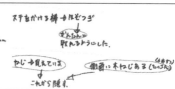

設計を基に製作
→「施した技術とその効果に着目し，使用目的と使用条件を基に技術を最適化する」という「見方・考え方」を働かせる。

このように変わる！

◉実物大模型により収納品の出し入れを確認したり，施した技術の効果を評価したりすることを通して，技術の素晴らしさを実感し，その特徴をより深く理解できます。そして，使用目的や使用条件に即した技術を適切に評価し活用する姿勢を育みます。さらに，日本の伝統技術（先人の思考の変遷）を追体験でき，実生活で施されているものづくりの技術の奥深さを実感することにつながります。

学びの再構成を促す工夫──特別活動（1～3年）
行事活動における目指す姿の設定を基にした振り返り活動

行事活動における個と集団の目指す姿の設定
◎附属新潟中学校の主な行事である「ときわ体育祭（5月）」「すなやま完歩大会（6月）」「演劇発表会（9月）」「音楽のつどい（11月）」などにおいて全校生徒が目指す姿を設定し，行事活動と日常活動における具体的な行動目標を考えます。目指す姿を基に，行事活動の自分の成長を振り返ることによって，生徒は行事活動と日常活動のつながりを見いだしていきます。

早わかりポイント！

目指す姿の設定 → 同学年、他学年と目指す姿の共有 → 活動 → 目指す姿の中間振り返り → 活動 → 目指す姿のまとめ・振り返り

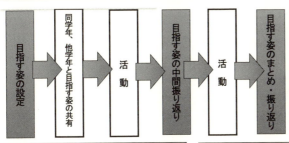

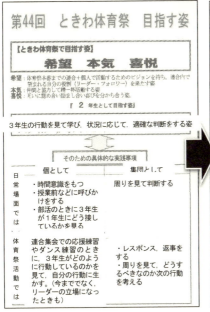

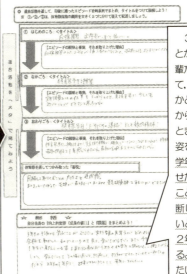

このように変わる！

◉全ての学校行事で，一貫して「目指す姿」を活用することによって，生徒は行事活動と日常活動のつながりを意識し，具体的な行動で目標を達成しようとします。さらに，自分が次の行事や日常で何をするべきか新たな目指す姿をもち，次なる活動につなげていきます。

学びの再構成を促す工夫——総合的な学習の時間・「生き方・学び方」の時間（1〜3年）
パーソナルポートフォリオを用いて自分の成長を語ろう

課題 自分はこれまでに，どのように成長することができたのだろうか

◎全学年で総合的な学習の時間内に「『生き方・学び方』の時間」を３５時間設定しています。この活動では，パーソナルポートフォリオ（以下，PPFと表記）を活用しています。PPFは，生徒のこれまでの学びの履歴を，自らの成長として一元化したものです。自分の成長に関するあらゆるものの中から成果物を選び出してPPFに入れ込みます。また，「見方・考え方」を生徒が自在に働かせるようになるために，各教科等での有用であった物事をとらえる視点や考え方を生徒の言葉で形作るように振り返りも行います。PPFを通して，自分の成長と各教科等の「見方・考え方」との関係付けを促し，資質・能力の高まりを実感できるようにします。

早わかりポイント！

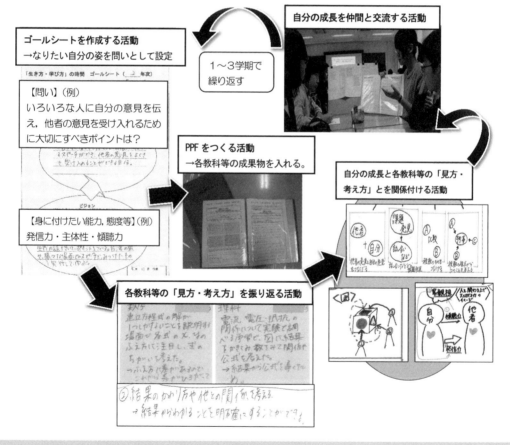

このように変わる！

⦿PPFを作成することを通して，生徒が各教科等での一つ一つの学びを統合し，各教科等の「見方・考え方」を，自分の成長に関係付け，これからの社会で必要な資質・能力が育まれた実感を促します。

実践編

第3章 「確かな学びを促す3つの重点」でつくる授業

～生徒の学びの変容～

【実践　1】　国語　「俳句創作（3年）」　　　　　　　　　　　　　　　　　石川　哲

【実践　2】　社会　「冷戦終結後の世界と日本　グローバル化の進展と
　　　　　　　保護貿易主義の動き　歴史的分野（3年）」　　　　　　　小林　大介

【実践　3】　数学　「確率　（2年）」　　　　　　　　　　　　　　　　　瀬野　大吾

【実践　4】　数学　「式の計算～文字式の利用～（2年）」　　　　　　　　熊谷　友良

【実践　5】　理科　「力と圧力　～水圧～（1年）」　　　　　　　　　　　庭田　茂範

【実践　6】　理科　「作用・反作用と慣性（3年）」　　　　　　　　　　　齋藤　大紀

【実践　7】　音楽　「曲の雰囲気を感じ取ろう　魔王（1年）」　　　　　和田　麻友美

【実践　8】　美術　「浮世絵～中学生が見た新潟百景～（2年）」　　　　　田代　豪

【実践　9】　保健体育「球技　ネット型　バレーボール（1年）」　　　　倉嶋　昭久

【実践10】　技術・家庭科 技術分野　「技術ってどんな教科～エアプレーン
　　　　　　　づくりから技術分野の学習を見通そう～（1年）」　　　　　永井　歓

【実践11】　技術・家庭科 家庭分野　「災害時における食事をプロ
　　　　　　　デュースしよう（2年）」　　　　　　　　　　　　　　　古山　祐子

【実践12】　英語　「Lesson 5 Places to Go, Things to Do（3年）」　　上村　慎吾

【実践13】　道徳　「仲間への寛容の心　（2年）」　　　　　　　　　　　源田　洋平

【実践14】　特別活動　「行事と行事のつながりの中で，自己や集団の向上を
　　　　　　　共有しよう（3年）」　　　　　　　　　　　　　　　　　坂井　昭彦

この章のポイント

　前章では，「3つの重点」－「意味ある文脈での課題設定」「対話を促す工夫」「学びの再構成を促す工夫」を基にした「授業づくり」の早わかりワンポイントを紹介しました。

　この章では，「確かな学びを促す3つの重点」を基にした各教科の実践を詳細に紹介します。実際の授業での生徒の発言，対話の具体に着目し，1時間の授業ではなく，1つの単元・題材を通した生徒の学びの変容を紹介します。

実践：国語

俳句創作（3年）

石川　哲

1　目標
○創作した俳句を互いに評価し合う活動を通して，以下のことができる。
- 俳句で自分の感動を表現するために言葉の特徴や使い方について理解すること
- 読み手からの助言を基にイメージと言葉の特徴や使い方とを比べたり関係付けたりして，自分の創作した俳句のよい点や改善点を見いだすこと
- 自分の感動した場面や体験を俳句で表現しようとするとともに，それらの表現を互いに交流しようとすること

2　本単元で育成する「見方・考え方」
○自分の感動を表現するために，俳句の特色（季語・リズム・切れ字・切れ・取り合わせ・一物仕立て）に着目し，イメージを表す言葉を比べたり関係付けたりして表現に新たな意味付けをすること

3　本単元の指導の構想
　本単元では，イメージを言葉として相手に伝えたいという気持ちを大切にする。そのために身近な学校生活や行事，日常の一コマ，身の回りの自然に注目させていく。しかしながら，イメージから生まれる思いを表現するための言葉は，簡単には溜まらない。そこで，本単元に入る前に帯単元[1]を設定し，俳句に親しむ活動を日常の授業の中に取り入れる。初句を決めて，その下に続く言葉を考えさせたり，テーマに沿って創作した俳句を句会形式[2]で検討させたりする。こうすることで言葉に対する感性の高まりを実感できるようになる。
　帯単元を通して，自分の中にある伝えたいイメージが大きくなったところで，そのイメージを言葉にするために必要な言葉の働きを考える活動を行う。その際，俳句の特色を正しく理解して活用することで，作者の感動に広がりや深まりが出ることを実感させる。また，適宜歳時記を活用しながら俳句を創作させることで，生徒は自分のイメージと歳時記に収められた言葉とを関係付けながら，自分の感動をよりよく表現しようとする。俳句を創作した後，お互いの俳句を評価し合う活動を組織する。こうすることで生徒は，自分の思いを正しく伝えるには言葉を比べたり関係付けたりすることが必要なことに気付いていく。そして，これまでの学びを再構成することで，言葉を吟味した俳句を進んで創作していくのである。

> **単元を構想する上でのポイント**
> ○帯単元を設定し，様々な俳句のよさにふれさせ，イメージを言葉にする単元の構成
> ○自分の感動した場面や体験を表現した俳句を評価し合う活動の組織

1　授業の中で短い時間の活動を一定期間継続して行う学習のこと
2　句会は，複数の人が自作の俳句を提出し，お互いに選ぶことを通して優劣を付けながら競い合ったり，評価しあったり，指導者から指導を受けたりする集まりのこと。この単元では，無記名の俳句を評価し合う活動を指す。

第3章 「確かな学びを促す3つの重点」でつくる授業　73

4　単元の構想（全6時間）

学習活動	教師の支援・指導	
○　俳句に親しむ。	○　帯単元として，授業の初めに俳句に親しむ活動を組織する。	課題設定
①　提示された古典から現代までの様々な俳句から，その特色を見いだす。	○　電子黒板を使って様々な俳句を提示し，その特色をとらえさせる。	
②　俳句のテーマを考える。 ③　俳句を創作するときに取り入れたいことを考える。（感動・俳句の特色・表現の工夫） ④　俳句を3句創作する。 　課題：自分の感動を俳句でどのように表現すればよいのだろうか。	○　俳句を俳句大会に出品することを伝える。 ○　自分たちが伝えたいテーマを考えさせる。 　発問：どんなことをテーマにすると自分の感動や発見を見つけることができますか。 ○　伝えたい感動を問う。 ○　俳句の特色を確認する。 ○　自分の伝えたい感動や思いを俳句の特色を使って表現する。 　発問：俳句を使って自分が伝えたい感動を表現しなさい。 ○　歳時記と辞書を用意し，自分の思いを伝えるにふさわしい季語や語句を調べさせる。	
⑤　それぞれの創作した俳句の句意を読み取り，評価する。 ⑥　グループの俳句をお互いに評価する。 ⑦　それぞれの俳句のよかったところを付せんにコメントとして書く。 ⑧　班の中でよいと思う俳句を選び，まとめ用の拡大用紙に書いて発表する。	○　無記名の俳句12句の句意と評価をワークシートに記入させる。 ○　無記名の俳句12句を4句ずつ分け，評価し合う。 ○　評価を付せんに書かせる。（コメント） ○　それぞれ選んだ中から，班の一番を選ばせる。 　指示：班の中で，最も作者の感動が伝わる俳句を選び，話し合いなさい。	対話
⑨　自分の創作した俳句の中から一番よいと思う俳句を選び，解説文を書く。 ⑩　俳句について語り合う。	○　自分の創作した俳句の中から一番よいと思う俳句を選ばせ，解説文を書かせる。 ○　4人班で自分の俳句を紹介し，そのよさをお互いに伝え合わせる。	再構成
⑪　コメントマップを作成する。 ⑫　コメントマップを見ながら自分の作った俳句を再評価する。 ⑬　俳句大会に出品する俳句を決める。	○　仲間のコメントを基に，コメントマップを作成させる。 ○　修正を加えながら自分の思いが一番表現できている俳句を選ばせる。	

5 授業の実際

1 意味ある文脈での課題設定

俳句に親しませるために，様々な俳句を提示したり，季語を決めて実作したりして，俳句の特色をとらえさせる活動を組織する。

授業者は，生徒が俳句を創作するには，自分の感動を表現する言葉を溜める時間を確保する必要があると考え，4月から6月にかけて毎時間10分程度の帯単元を設定した。帯単元の内容は以下の通りである。

○上の句「春の風」に続く俳句を創作する。
○春の風から続く生徒の俳句で句会を行う。
○端午の節句をテーマにした俳句を提示して句会を行う。
○端午の節句を題材とした俳句を創作する。
○端午の節句を題材とした生徒の俳句で句会を行う。
○体育祭・運動会をテーマにした俳句を提示して句会を行う。
○行事を題材とした俳句を創作する。
○行事を題材とした生徒の俳句で句会を行う。

まずは，俳句に親しむことをねらいとした。「春の風」で桜をイメージした俳句を創作したり，端午の節句で松尾芭蕉や現代の俳人，小中学生が創作したものなど幅広い俳句にふれさせた。最初の頃は，なかなか俳句が作れず，俳句のよさを見る視点も乏しかった。そのため，思いをもつことができず，俳句というよりは言葉遊びの多い川柳のような句が多く，実感がもてないことに対して，俳句を作ることの難しさを生徒は感じていた。

そこで，生徒が実感をもって俳句を創作できるよう学校行事を利用することにした。本校では5月に連合縦割りによる体育祭がある。体育祭・運動会をテーマにした俳句を授業者が紹介し，自由に自分の意見を書かせ，交流させた。

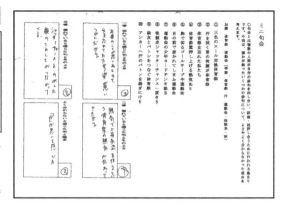

【図1　生徒の記述したワークシート】

その後，体育祭やすなやま完歩大会[3]をテーマに俳句を創作し，句会形式の活動を行った。

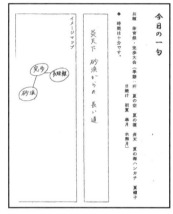

【図2　生徒の創作した俳句のワークシート】

何度か繰り返し句会形式の活動を行うことで，様々な感動が言葉で表せることを感じ始めた。さらに「もっと俳句を創作したい」「よい俳句を創作して皆に認められたい」という気持ちが醸成された。しかしながら，どうすればよい俳句が創作できるのかという俳句の特色に対する理解は十分ではなかった。

帯単元で生徒の俳句への興味が高まったところで，本単元に入った。まずは，短時間で生徒に興味をもたせ，多くの俳句に触れさせるために，電子黒板のスライドを利用した。生徒が興

---

[3] 附属新潟中学校の伝統行事。自己の鍛錬と仲間との協力をねらいとして，約30～40km，学校をゴールとして海岸線を歩く。2017年は6月9日に実施。

味をもつよう，江戸時代から現代までの様々な俳句を紹介したり，作品を比べたりした。生徒は限られた17音で作者が感動をどのようにして表そうとしているのか考えた。その中で俳句の特色(季語・リズム・切れ字・切れ・取り合わせ・一物仕立て)や表現の工夫を見いだした。

【図3　無記名の俳句，2班用・10班用の一部】

生徒は自分以外に誰が創作した俳句なのか分からないまま，句意を書き，個人で評価した。

学習活動⑥では，4人班になり，作者を明かさずに，12の俳句を評価し合う活動を組織した。

授業者はまず，評価の観点をモデルを示して確認した。電子黒板で例を示しながら，俳句の特色について確認した。表1は授業者と生徒のやりとりの様子である。

【写真1　電子黒板のスライド】

生徒は，学習を通して，少しずつ，イメージを言葉にどう置き換えればよいか考え始めた。多くの生徒が，俳句への興味・関心が高まったところで，俳句大会へ出品することを伝え，俳句を3句創作し，自分の感動を俳句で表現するよう促した。その結果，生徒に自分の感動を表現しようという目的意識が醸成され，次の課題を見いだした。

> 自分の感動をどう俳句で表現すればよいのだろうか。

2　対話を促す工夫

> 自分たちの創作した複数の俳句について，班のメンバーがそれぞれどのように読み取ったのか，作者の感動の中心や表現の効果などを評価し合う活動を組織する。

学習活動⑤において，授業者は生徒が創作した俳句を無記名にし，誰が創作した俳句か分からないままワークシートを配付した。

【表1　導入の発話・行動記録】

授業者	3つの俳句の中から，1つを選び，そのよさを答えなさい。 ア：ハンカチを濡れたあいつに出せずしまう イ：おめでとう風邪で言われぬ誕生日 ウ：春雷も隣のあいつ爆睡中
授業者	みなさん，どれがいいですか？手を挙げてもらいましょう。 (ア：0人　イ：0人　ウ：全員) なんで，ウがいいですか？
S1	共感できる，隣のあいつ爆睡中が。
授業者	共感できる，だけじゃなくどの辺がいいですか？俳句の特色としてみたら。
S2	かっこいい
授業者	何が？
S2	春雷が。
授業者	春雷って何ですか？
S2	雷がーっとなる。
授業者	そうするとなんでよくなるのですか？
S2	外でぴかーとなっているのと，中で寝ているのと差が大きい。
授業者	そういうのを何て言った？
学級	対比
授業者	対比とも言うんだけど。
学級	取り合わせ。
授業者	そうですね。季語とそれ以外のを出すことで，意外な印象を与える特色がありましたね。

この後，アとイの俳句についても，ウと同様に俳句の特色からよさを確認する活動を行った。

ア 「出せずしまう」から字余り（破調）について，違和感を覚え印象に残ること
イ 「誕生日」という体言止めで終わっていること（リズム，強調）

その後，俳句の特色を電子黒板で示し，学級全体で確認した。

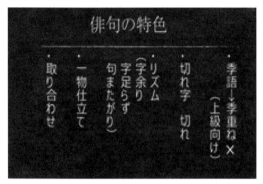

【写真2　俳句の特色】

この後，次の指示を出し班活動を行った。

> それぞれの俳句について感動した俳句の句意とどのような点がよいのかを評価し，一番よいと思う俳句を決めなさい。

次の資料は生徒Aのワークシートと生徒Aの所属する4人班の発話記録の一部である。

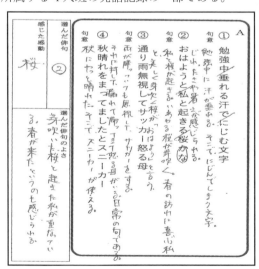

【図4　生徒Aのワークシート】

【表2　生徒Aのグループの発話・行動記録】

A	（図4）Aの4つの俳句から選ぶの？
B	そう
A	Cさんはどれがいい？
C	「おはよう」の句
B	私も「おはよう」
A	Dは？
D	「通り雨」の句
A	じゃあ，おれ「おはよう」の句
授業者	なんで「おはよう」の句がいいの？
C	すがすがしい
授業者	どのあたりが？
C	おはよう
A	桜が芽吹くところが
授業者	特色としてはどんなところがありますか？
C	取り合わせ？
A	私と桜

授業者は，図4Aの俳句の検討で，共感できるだけでなく，俳句の中のどこがよいのかを繰り返し問い，俳句の特色を振り返らせた。このように授業者が繰り返し問うことによって，生徒はこれまでの単元の中で使ってきた俳句の特色とその働きについて言及することができた。

次に授業者は，それぞれの俳句の評価（コメント）を付せんに書き残すように指示を出した。

図5Bや他の俳句についても同様のことを繰り返し，プリントに記した12句の俳句について評価した。

授業者はその後，次の指示を出した。

> 班の中で，最も作者の感動が伝わる俳句を選び，話し合って一番を決めなさい。決めた俳句とその理由を，まとめ用の拡大用紙に書きなさい。

第３章 「確かな学びを促す３つの重点」でつくる授業

【表３　生徒Ａのグループの発話・行動記録】

Ａ	「少年が」の句。
Ｂ	私も「少年が」
Ｃ	「夏祭り」の句
Ｄ	「夏祭り」。「夏祭り」がいい。①だって対比しているし，実体験をもとにしているし。
Ｂ	実体験ね。
Ａ	これ，対比していて伝えたいことは？
Ｄ	だから，お参りしてあげてください。
Ｂ	それなら「少年が」でしょ
Ａ	やっぱり「少年が」だ。
Ｄ	何で？
Ａ	夏にＴシャツ着て暑い日に。
Ｂ	分かりやすい，伝わりやすい。
Ｄ	「夏祭り」がいい。②体言止めをしていてリズムがいい。
Ａ	かぶとむしがだって……。
Ｂ	体言止めしてます。
Ｃ	少年の笑い方としてにやりは不適切
Ｄ	わかる。
Ｂ	何で？
Ｄ	犯人じゃないんだから。
Ａ	カブトムシをもってにこっとするじゃん。
Ｂ	にやりでしょ。
Ｃ	にやりとにこりは違う。
Ｂ	にこっと笑う，ほのぼのすぎておかしくない？
Ｄ	やっぱり「夏祭り」じゃない？ ③対比していていい。（夏祭り にぎやか ↔ おみやさん 静か）
Ａ	④おみやさんに行けって書いてあれば分かるけど……。
Ｂ	何で「夏祭り」がいいの？
Ｄ	⑤間接的にものごとを伝える。 対比してあって，行けとは言ってない。 ⑥おみやさんの方が静かっていう，体言止めで対比してあって。
Ｃ	おみやさんは⑦神様がいて神聖なんだよ。 だから，おみやさんをまつるんだ。

12の俳句の中から１つを選ぶことになったが，生徒Ａの班では図５の２つの俳句に意見が分かれた。「少年が」がいいと考える生徒Ａと生徒Ｂに対して，「夏祭り」がいいと考える生徒Ｃと生徒Ｄが，俳句の特色を使って答えようとしている。言葉の対比があること（表３①　取り合わせの要素），体言止めがあること（表３②　リズ

ムの要素）である。特に，対比していてよい（表３③）の後で，句意が分かりにくいことを生徒Ａが伝える（表３④）。これに対して，生徒Ｄは間接的にものごとを伝えることのよさ（表３⑤）に言及している。これは，俳句の特色によって表れる作品のよさを表現した姿である。また，おみやさんの方が静かである（表３⑥）と話している。これは，夏祭りのにぎやかさに対して，神様がいる神聖な場所（表３⑦）であることを強調している。

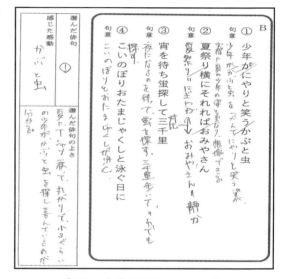

【図５　生徒Ａのワークシート】

このやりとりは，言葉に注目して，言葉の使い方や言葉の意味に言及している発言である。しかしながら，祭りがそもそも神を奉じていることについてよく分かっていない様子も見られた。

次に，グループでまとめ用の拡大用紙（図６）に記入し，その内容を学級全体で共有する活動を組織した。

生徒Ａの班は，１つに絞ることができずに，２つの俳句を並べた。ここには，２つの俳句を比べて，その共通点としてとらえていた，「夏祭り」「おみやさん」「少年」「かぶと虫」との対比による取り合わせという俳句の特色に着目している点，体言止めで終わっている点が書かれ

ている。また、夏祭りはにぎやかで、それに対するおみやさんの静かさについて書かれていることから、情景や心情を表す言葉を比べたり関係付けたりしている姿が表れている。

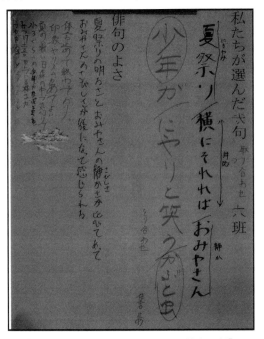

【図6　生徒Aの班のまとめ用の拡大用紙】

働かせた「見方・考え方」
　自分の感動を表現するために、俳句の特色（季語・リズム・切れ字・切れ・取り合わせ・一物仕立て）に着目し、イメージを表す言葉を比べたり関係づけたりして新たな意味付けをすること

3　学びの再構成を促す工夫
　自分の創作した俳句をコメントマップで振り返る活動を組織する。

　これまでの検討を踏まえて、班から個人に戻り、最もよいと思う自分の俳句を選び、その理由を記入する活動を行った。
　生徒Aは当初、「おはようと私と起きる桜かな」という俳句を創作した。それを「おはようと私と起きる初桜」と修正している。生徒Aの班での検討の中で、俳句の特色の取り合わせ、リズムによって印象に残る俳句になることが、2つの俳句で評価（表3）された。この2つの俳句と自分が創作した俳句とを関係付けて、「桜かな」より「初桜」がよいと判断した姿である。

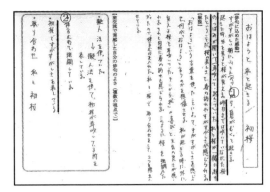

【図7　生徒Aのワークシート】

　生徒Aは、この俳句の感動を「昨日まで咲いていなかった桜のつぼみが開いて（芽吹いて・起きて）いた。私と桜が一緒に起きた」（図7①）と書いている。ここでの桜は、春の訪れを表すものであり、初桜に変えたのは、班での検討を踏まえている。しかしながら、ただ単に桜と切れ字に変わる語として初桜を選んだのではない。「初桜ですがすがしさを表している」（図7②）とあるように、より新鮮な春の訪れを感じさせる句となるよう自分の俳句を吟味し、言葉を選んでいる。

【図8　生徒Aのワークシート】

　自分の俳句と向き合ったところで、コメントマップを作成した。コメントマップとは班活

動で評価(コメント)された付せんを交換し合い，自分なりに分類して完成させた1枚のワークシートである。

生徒Aは班員からもらったコメントを2つの俳句に分けてまとめた。桜の俳句のコメントから，「桜が起きている様子が伝わっている」→「初桜・春の訪れ」と記述している。そして，この単元で学んだことを「伝えたい言葉が多いのだが，五七五にうまくはめ込むことができず，伝わらないところもあった。俳句の言葉から伝えたいことをつなげるのが少し難しかった。次はもっと一文字一文字を厳選して，より伝わるようにしたいと思う」と振り返った(図8①)。生徒Aは感動を俳句として表現しようとしたが，充分に表現しきれなかったことを悔やみ，そのことから一文字の重みを実感した。

また，他の生徒のコメントマップには以下の記述があった。

・俳句をつくってみて，1，2年生の時よりもよくなったと思う。なぜなら，伝えたいことを直接的ではなく相手に考えてもらった上で伝わるよう工夫するようになったからだ。また，取り合わせや一物仕立てなどの技を知り，より俳句への興味がわいた。

・取り合わせという方法が有効だと思う。一見共通点があまりなさそうな2つの語句を季語でつなげるようにして，読み手に意外さが生まれ，より自分の感動が伝わりやすくなると思った。

・自分が伝えたかった朝顔が雨の雫によってより際立ち，綺麗な様子を読んだことが伝わって良かった。「や」で切れ字になってより感動が伝わることも改めて感じた。

・もっとはっきりとしたモチーフを考えて表現することと，季語についてもう少し詳しくなって，いつでも俳句を作れるようにしたい。

以上のように，コメントマップを用いて振り返ることで，自分の俳句を再評価したり，表現の効果を認識したりしている。また，俳句を創作することの難しさや面白さを感じ，語感が磨かれ，言葉に注目している姿が見られた。

働かせた「見方・考え方」

　自分の感動を表現するために，俳句の特色（季語・リズム・切れ字・切れ・取り合わせ・一物仕立て）に着目し，イメージを表す言葉を比べたり関係付けたりして表現に新たな意味付けをすること

6　単元のまとめ

本単元では，次の「見方・考え方」を働かせる手だてを講じてきた。

○自分の感動を表現するために，俳句の特色（季語・リズム・切れ字・切れ・取り合わせ・一物仕立て）に着目し，イメージを表す言葉を比べたり関係付けたりして表現に新たな意味付けをすること

これらの「見方・考え方」を働かせることで生徒の次の資質・能力を育成することができた。

・俳句で自分の感動を表現するために言葉の特徴や使い方について理解すること
・読み手からの助言を基にイメージと言葉の特徴や使い方とを比べたり関係付けたりして，自分の創作した俳句のよい点や改善点を見いだすこと
・自分の感動した場面や体験を俳句で表現しようとするとともに，それらの表現を互いに交流しようとすること

参考・引用文献
○藤井圀彦『俳句の授業・作句の技法－どう教え，どう作るか－』明治図書　1998
○中島賢介『発達過程に応じた俳句創作指導法の研究』 北陸学院短期大学紀要，40, 33-42 2008
○石塚修『「切れ」からはじめる俳句の創作指導』筑波大学人文科教育研究 40, 41-48　2013
○金子兜太『豊かな感性と国語力を育てる　子どもと楽しむ俳句教室』誠文堂新光社　2014
○夏井いつき『超辛口先生の赤ペン俳句教室』朝日出版社　2014
○夏井いつき 『夏井いつきの超カンタン俳句塾』世界文化社　2016
○佐藤佐敏『国語教育 No802』 明治図書　2016
○新潟万代ライオンズクラブ『第10回　新潟ジュニア俳句大会』2016

実践：社会

冷戦終結後の世界と日本　グローバル化の進展と保護貿易主義の動き

歴史的分野（3年）

小林　大介

1　目　標
○トランプ大統領に投票した理由や社会的背景を追究する活動を通して，次のことができる。
・冷戦後の世界が，グローバル化が進展した時代だったと大観すること
・ベルリンの壁崩壊をはじめとする1990年前後の出来事の共通点や相違点を見いだし，そこから世界各地で格差が拡大した理由を説明すること
・欧米各国において格差の拡大に対する不満を背景として，保護貿易主義などの自国優先主義の広がりを説明すること
○格差の広がりの中で生じている社会の変化の中で，日本のリーダーとしてふさわしい人を考える活動を通して，これからの日本や世界がどのような方向に進んでいけば良いのか，立場の違いを乗り越えて考えようとすること

2　本単元で働かせる「見方・考え方」
○過去から現在までの繋がりだけでなく，現在起こっている事象に着目し，その背景となる歴史的事象との関連を考えること
○対立する様々な立場や意見の背景にある観点に着目し，共通点や相違点を明らかにすること

3　本単元の指導の構想
　本単元では冷戦後の日本と世界の動きについて扱う。この時代は，①グローバル化が一気に進み，人・もの・金が国境を越えて行き来するようになったこと，②紛争やテロが起こり，難民が各地に移動するようになったこと，③グローバル化の反動として，保護貿易主義の動きが各地で広がりを見せようとしていること，④そのため世界全体の先行きが不透明になっていること，が特徴である。

　これらをとらえさせるために，本単元では今世界で注目されている，アメリカのトランプ大統領を取り上げ，大統領選挙で選出された背景を追究する単元構成にする。トランプ大統領は保護貿易主義や排他的な考え方から批判が多い。しかしながら，冷戦後にグローバル化が進展したことの反動で格差が広がったことや，様々な国で保護貿易主義などの自国優先主義の考えが台頭していることから，大衆から支持を受けて選出されていったことをとらえることができる。

　これらを学んだ後，これからの日本や世界はどのような方向に進んでいけば良いのかを問う。これによって，生徒は現実に起こっていることの背景（過去）と自分の生活（現在）やこれからの社会（未来）を関連付けて，これまでの学びを再構成しながら，自分の考えをまとめていく。

単元を構想する上でのポイント
○現在からその背景となる歴史を追究し，これからの社会の在り方を考えていく教材開発
○対立する立場や意見がある中でマトリックスを使って，「見方・考え方」を働かせることで，結論を出そうとすること

第3章 「確かな学びを促す3つの重点」でつくる授業　81

4　単元の構想（7時間）

学習活動	教師の支援・指導	
① アメリカのトランプ大統領について，知っていることやイメージを出し合う。 ・ アメリカファーストと言っていて，他国よりアメリカを大事にしている人だ 課題：日本や世界はこれからどのような方向に進んでいくのだろう。	○ トランプ大統領のイラストを示して，知っていることやイメージを問う。 ○ 生徒の発言を全体で共有し，分類し，実際の発言や政策と照らし合わせる。 ○ 生徒がもっているトランプ大統領のイメージから，これからの世界を想起させる。	課題設定
② どのような人たちがトランプ大統領に投票したのか，資料から読み取る。 ・ 五大湖周辺で，工場移転で仕事がなくなり，格差を感じている人が支持しているんだな	発問：なぜトランプ氏は大統領になれたのでしょうか。 ○ トランプ大統領を支持した人にかかわる資料を提示する。	
③ 資料中の人が訴えていた格差が広がりはじめた時期を読み取り，そのきっかけとなる出来事は何かを考える。 ・ 格差はアメリカだけでなく，日本や世界全体でも1990年前後から進んでいるんだな ・ NAFTAなどの自由貿易協定が広がり，安い賃金の国に工場が移転したからではないか ・ どの出来事も，規制緩和や自由貿易が関係し，それぞれの出来事が関係し合っているんだな	○ 格差の広がりを実感できる資料，格差の広がりの推移を示す資料を提示する。 発問：日本や世界では，なぜ90年前後から格差が広がったのでしょうか。 ○ 90年前後の歴史的出来事である，「ベルリンの壁崩壊」「EUの統合」「NAFTA締結」「バブル崩壊」を取り上げる。 ○ グループごとに最も関係している出来事を選ばせ，その後，違う出来事を選んだ人同士のグループで考えをまとめる活動を組織する。	対話を促す工夫
④ これからの日本のリーダーとしてふさわしい人を，マトリックスを基に考える。 ・ 貿易を自由にすると格差が拡大し，これまで以上に貧困の人が増えるな ・ 移民を受け入れるとテロの危険が増えそうだから閉じた方がいいかな	発問：これからの日本のリーダーとしてふさわしいのは，マトリックスのどこに位置する人ですか。 ○ 横軸に政治（観点：人の移動，環境対策，情報公開），縦軸に経済（観点：貿易，労働）を表すマトリックスを提示する。	
⑤ 周囲の大人にインタビューし，自分の考えを修正する。	○ 発問に対して，生徒の周りの大人にインタビューする活動を組織する。	再構成
⑥ 違う考えの生徒同士のグループで検討し，その結果を学級全体で共有する。	指示：違う考えの人と，観点を基に共通点や相違点を明確にして，これからの日本のリーダーとしてふさわしいのはマトリックスのどこの人が良いか検討しなさい。	
⑦ これまでの単元を振り返り，課題に対する自分の考えを，ワークシートにまとめる。	指示：日本や世界がこれからどのような方向に進めばいいか，これまでの検討を踏まえて自分の考えをまとめなさい。	

5 授業の実際

1 意味ある文脈での課題設定

俳生徒がもっているトランプ大統領についてのイメージを出させ，発言や政策に注目させた後，どのような人たちがトランプ大統領に投票したのかを考える教材構成にする。

はじめに，トランプ大統領を表したイラスト（穏やかな表情をしたものと厳しさが誇張された表情のもの）を生徒に提示した。

T：これは誰ですか？
S：アメリカの大統領になったトランプだ
　　おもしろいキャラクターをもっている
T：2枚のイラストの違いは？
S：ペリーの絵のように，マイナスのイメージがイラストに表れている

このように，2つのイラストからトランプ大統領に注目させると，日本の多くのメディアで流されているマイナスのイメージが生徒から出てきた。

指示：トランプ大統領について知っていることやイメージを書き出しましょう。

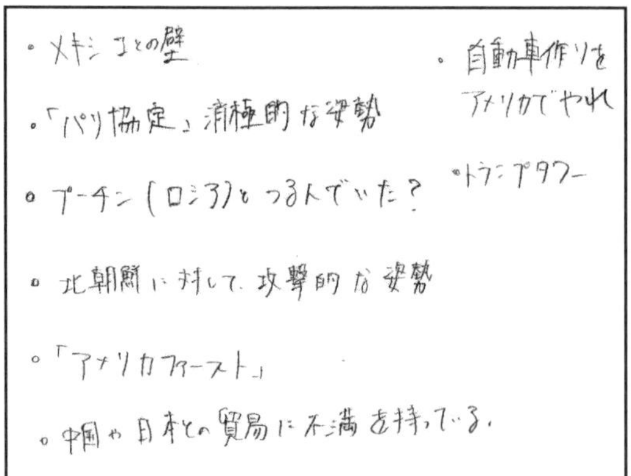

【図1　生徒Aのワークシート】

このように，知っていることやイメージを書かせ，学級全体で共有した後，実際にトランプ大統領の政策についての資料(主に「月刊ジュニアエラ3月号」より作成)を提示し，それと学級全体で共有したトランプ大統領について知っていることやイメージとを比べる活動を組織した。

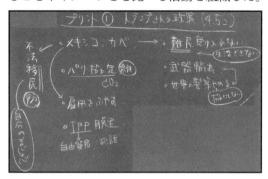

【図2　授業の板書】

ここで，トランプ大統領の政策から，人の移動・環境対策・貿易などの観点を学級全体で共有した。そして，トランプ大統領についてどのように思いますか，と生徒に問うと，次のようにワークシートに記入した。

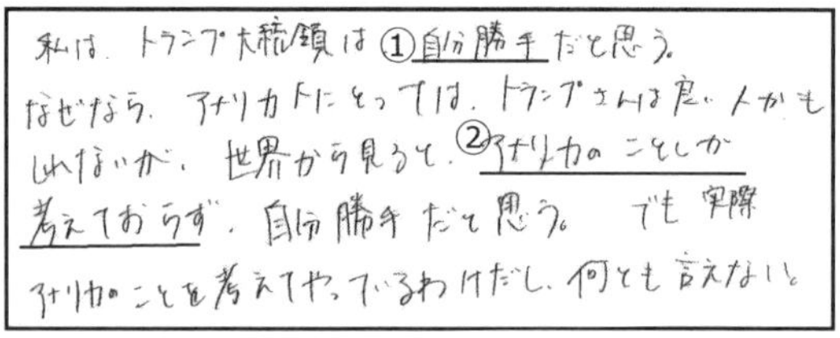

【図3　生徒Aのワークシート】

多くの生徒が抱いた，「自分勝手」(図3①)「アメリカのことしか考えていない」(図3②)という考えを共有した。その上で，アメリカと日本や世界には深いつながりがあることを想起させたことで，生徒は次の課題を見いだした。

日本や世界は，これからどのような方向に進んでいくのだろう。

多くの生徒は，トランプ大統領に対してマイナスのイメージや不安を抱いた。大統領選挙の支持率に触れ，大統領に選出されたということは，支持した人が多くいたということに気付かせる。生徒は，どのような人がトランプ大統領を支持したのだろうかという問題意識をもち，これについて追究していった。

2 対話を促す工夫

Ⅰ 格差が世界で広がり始めた1990年前後のいくつかの歴史的事象を提示し、最も関係している事象はどれかを考える活動を組織する。

Ⅱ 日本のリーダーとしてふさわしい人をマトリックスを使って考える活動を組織する。

Ⅰ 学習活動②で生徒は、トランプ大統領を支持した人は格差の広がりを実感している人が多いことを読み取った(「ルポ トランプ王国」)。そして、学習活動③でアメリカだけでなく、日本や世界でも1990年前後から格差が広がっていることを資料から読み取った。生徒は、1990年前後の出来事に格差が広がるきっかけとなる出来事があったのではないかという問題意識をもった。

発問：日本や世界では、なぜ90年前後から格差が広がったのでしょうか。

この発問をした後、格差が広がりはじめた1990年前後の「ベルリンの壁崩壊」「EUの統合」「バブル崩壊」「NAFTA締結」という歴史的事象を取り上げ、簡単に説明した。その後これらの歴史的事象の中で格差の広がりと最も関係している事象はどれかを考える活動を組織した。

【図4 生徒Bワークシート】

生徒Bは、「ベルリンの壁崩壊」が格差の拡大に最も関係あると考えた(図4①)。その理由として、「世界から緊張がとかれたからこそNAFTAなどの自由貿易が行われるようになった」(図4②)と書いている。このように、1つの事象を選ぶことによって、他の出来事との関係を見いだすことができている。

その後、違う出来事を選んだ生徒同士4人のグループで、格差の広がりに関係する出来事を明らかにする活動を組織した。この時のグループの検討の過程を可視化したシートが以下のものである。

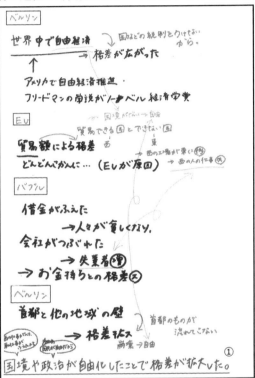

【図5 生徒Bのグループのシート】

選んだ理由をシートに書きながら、その共通点や相違点を矢印を使って明らかにしている。その中で「自由」に着目して、人の移動や貿易について説明している。その結果、このグループは、「国境や政治が自由化したことで格差が拡大した」(図5①)と結論付けた。

このように、今起こっている格差が広がっていることの原因を考えさせることで、そのきっかけとなる歴史的事象を考えることができた。

働かせた「見方・考え方」

自分過去から現在までの繋がりだけでなく、現在起こっている事象に着目し、その背景となる歴史的事象との関連を考えること

Ⅱ これまでの学習で生徒は,冷戦終結後の世界で規制緩和や自由主義の動きやグローバル化が進展したこと,そしてグローバル社会のプラスの面とマイナスの面の両面を把握してきた。ここで単元のはじめに扱ったトランプ大統領が選出されたように,グローバル社会のマイナスの面が大きくなり,保護貿易主義などの自国優先主義の考えが広がっていることを再確認した。

発問:これからの日本のリーダーとしてふさわしいのは,マトリックスのどこに位置する人ですか。

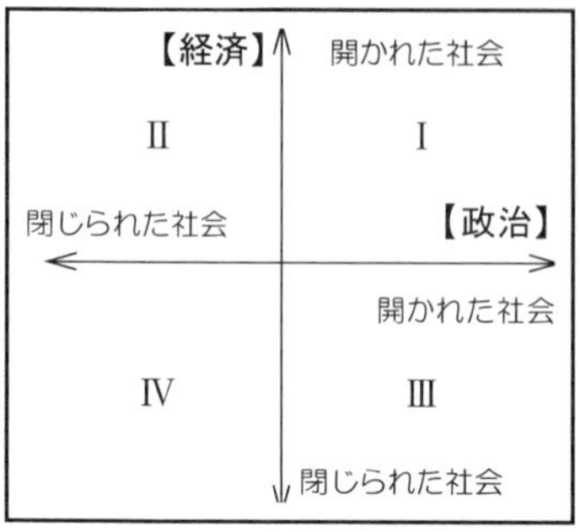

【図6 提示したマトリックス】

縦軸:経済(観点:貿易,労働)
横軸:政治(観点:人の移動,地球温暖化対策,情報公開)

まず,生徒に自分の考えをワークシートにまとめさせた。その後,周囲の大人にインタビューをして考えを広げる活動を組織した。

【図7 生徒Bのワークシート】

生徒Bは政治については,「情報公開してよい政治」(図7①)という考えから,開かれた方が良いと考えている。経済については,「自由貿易になって農業のところで大きなダメージ」(図7②)があると,日本の農業が負けてしまうから閉じられた方がよいと考えた。

この後,別の考えをもった生徒同士のグループを組織し,これからの日本のリーダーとしてふさわしい人を検討する活動を組織した。

【表1 生徒Bのグループの発話・行動内容】

	(保護貿易がいいのか,自由貿易がいいのかという①「貿易」観点を基にグループで話し合うことが決まったのち)
A	保護貿易がいいってこと?
B	②今のままだったら,保護貿易。
C	保護貿易って貿易しないってこと?
B	ううん。貿易はするけど関税が多くなる。
C	えー,だったらじゃあ自由貿易がいい。
A	ⅢとⅠの中間がいいんだけど,ないから。
B	③だよね。(マトリックスの図の中間を示して)ここらへんがほしいよね。
B	保護貿易がいいってわけじゃないじゃん。うん。だから,(マトリックスの図に加筆しながら)ここらへんがほしい。

生徒Bのグループでは,まず検討する観点を貿易に決めた(表1①)。そして,生徒Bが主張している保護貿易について話し始めた(表1②)。その中で,生徒Bも本当は保護貿易と自由貿易の間が良いと,マトリックスを示しながら話している(表1③)。その理由を次の検討で話している。

【写真1 検討の様子】

B	でも,①食べ物は日本製の方がよくない?
C	え?外国の物も関税がかかってくるの?
B	保護だから,そうじゃない?
A	そうそう。②こっちが関税かけたら,相手も関税をたくさんかけてくるから。
C	えー,それはダメ。嫌だ。
B	だから,③(マトリックスの自由貿易と保護貿易の間を指して)ここらへんがほしい。
D	④肉は高いよー。
B	わかる。最近さあ,日本の食べ物高くない?
D	だから,自由貿易がいいんだよ。

【表2 生徒Bのグループの発話・行動内容】

生徒Bは，はじめの自分の考えである，自由貿易にすると日本の「農業のところにダメージ」を受ける（図7②）と考えた理由として，「食べ物は日本製の方が」いい（表2①）と言っている。それに対して，生徒Aは日本のものを守るために関税をかけると，相手も日本のものに関税をかけて売れなくなることを伝えている（表2②）。生徒Bは貿易という観点で，日本の農業を守ろうとしているが，日本の農業を守ろうとすることで，日本から輸出するものが売れなくなるという相違点に気付き，自分の考えが揺さぶられている。ここで改めてマトリックスの真ん中があればいいと指している（表2③）ように，マトリックスを使って検討したことで考えが揺さぶられたと言える。

また，生徒Dは日本の「肉は高い」（表2④）ことを伝え，外国のものに関税をかけることで，もっと安く買うことができることから，自由貿易が良いと伝えている。これは，同じ農産物の農業の貿易の観点でも，輸入と輸出の相違点に着目して，消費者の立場では関税がなくて安く買える自由貿易が良いことを伝えていることが分かる。

このように，マトリックスを使いながら，貿易という観点をそろえて，自分と他者の考えの共通点と相違点は何かを考えながら検討が進んだ。

【表3　生徒Bのグループの発話・行動内容】

A	①自由貿易をやりすぎるとどうなる？
B	自由貿易をやり過ぎたら……。②強いところは勝つけど，弱いところは負ける。
A	そうだ。
B	だから，自由貿易やったら，例えば，日本の農産物が売れなくなって衰退して，すべて日本がやらなくなったとすると，全部外国に頼りきりじゃないって話をしてるの。
A	強いところは勝つけど弱いところは負ける。
D	でも，まだまだ日本産の米がいい，って言ってる人，多いくらいだし。

B	でも高いじゃん。
A	自動車は売れるけど，他は売れなくない？
B	保護貿易は関税をかけまくる。だから，国内の物は守れるけど，何だろ…。あっちもかけてくるから。
A	③保護貿易になると，資源が高くなるんじゃない？日本はいっぱい資源を買ってるから，資源をめちゃくちゃ高くされたら…。
B	そういうことか。終わるね。
A	アメリカは資源いっぱいあるからね。
B	わかった。④保護貿易より自由でよくない？

【写真2　検討の様子】

前の検討で，マトリックスを使い，自由貿易と保護貿易の間くらいがよいと改めて考えたところ（表2③）で，生徒A自由貿易をやりすぎるとどうなる？」（表3①）と問いかける。これによって，生徒Bは「強いところは勝つけど，弱いところは負ける」（表3②）と答え，はじめに自分が日本の農業を守るために保護貿易がいいと考えたことを思い出し，やはり保護貿易が良いと考えはじめる。ここで，生徒Aが日本が多く輸入している資源に着目して話しはじめた（表3③）。これによって，同じ貿易でも農業と資源のどちらを大事にするかという相違点に着目し，資源の価格を高くされると困ると考え，生徒Bは最終的に自由貿易がよいとまとめる（表3④）。

このグループの検討を踏まえて，学級全体で意見を共有した。その中で生徒Bは次のように発言した。

| B | 私たちのグループでは，自由貿易と保護貿易に対して話し合ってみました。①最終的には，自由貿易がいいねって話になりました。話がまとまったのは，日本は資源を多く買っているので，資源とかにたくさん関税をかけられてしまったら，日本は工業が発展しなくなって，やっていけなくなると考えたからです。 |

【表4　生徒Bの学級全体への発表】

　このように生徒Bは，グループの検討によって保護貿易がよいという考えから，自由貿易がよいという考えに変容した（表4①）。貿易という観点から，自国の農業を守ることを考えていたが，他国への輸出，日本への食品の輸入，資源を多く輸入しているという日本の産業構造，という自分の考えとの相違点に，マトリックスを使ったグループでの検討によって気付いたことによるものである，と考えられる。

【写真3　全体発表の様子】

3　学びの再構成を促す工夫

　これからの日本のリーダーとしてふさわしい人を考えた検討を踏まえて，これからの日本や世界が進む方向についての自分の考えをまとめる活動を組織する。

　生徒がこれまでの単元で考えてきた学びを再構成するために，単元を振り返って考えをまとめるワークシート＜1　格差が拡大した理由，2　これからの日本のリーダーとしてふさわしい人をグループで検討した内容，3　これからの日本や世界が進む方向，を構造的に記入していくもの（図8参照）＞を提示し，次の指示を行った。

指示：日本や世界がこれからどのような方向に進めば良いか，これまでの学習を踏まえて自分の考えをまとめなさい。

　生徒Bは，1の格差が広がった理由には，冷戦後の社会で資本主義と社会主義の関係が崩れたこと（図8①）で「自由」になり強い人が勝つ社会になった（図8②）とまとめた。2の検討の内容には，保護貿易は日本の農業を守ることが必要（図8③）な反面，自由貿易で資源の輸入に関税がかからないようにすることが日本の加工貿易を守ることにつながる（図8④）とまとめた。

【図8　生徒Bのワークシート】

　これらのことから，3のこれからの世界や日本が進んでいくべき方向について，マトリックスでいうと自由貿易と保護貿易の中間として「必要なものには制限をかけていく時代」（図8⑤）とまとめた。その理由には，自由が行きすぎると格差が拡大すること（図8⑥），日本の加工貿易も守らなければならないこと（図8⑦）を記入している。

　生徒Bは，貿易という観点に着目して対立する他者の意見を聞き，その共通点や相違点を明

らかにするという「見方・考え方」を働かせて，はじめにもっていた農業を守るために保護貿易が良いという考えが変わった。

また，この単元で学習してきた格差が拡大するきっかけとなった出来事には，自由が行きすぎたことであり，自由貿易は大切であるが自由にしすぎることもよくないこととを関連付けてまとめることができた。

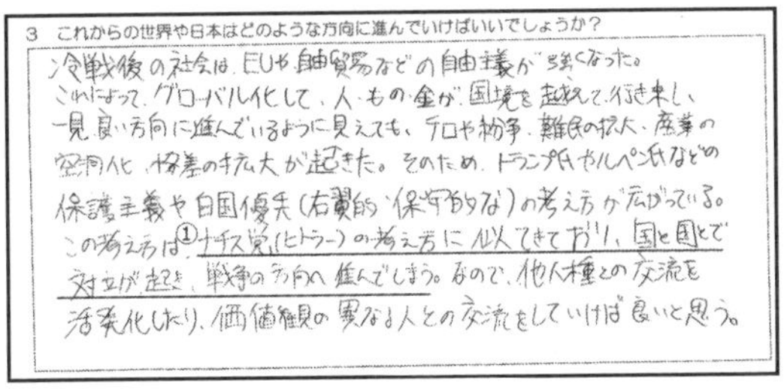

3　これからの世界や日本はどのような方向に進んでいけばいいでしょうか？

冷戦後の社会は，EUや自由貿易などの自由主義が強くなった。これによって，グローバル化して，人・もの・金が，国境を越えて行き来し，一見良い方向に進んでいるように見えても，テロや紛争，難民の拡大，産業の空洞化，格差の拡大が起きた。そのため，トランプ氏やルペン氏などの保護主義や自国優先（右翼的・保守的な）の考え方が広がっている。この考え方は①ナチス党（ヒトラー）の考え方に似てきており，国と国とで対立が起き，戦争の方向へ進んでしまう。なので，他人種との交流を活発化したり，価値観の異なる人との交流をしていけば良いと思う。

【図９　生徒Ｅのワークシート】

図９のワークシートは生徒Ｅのものである。生徒Ｅは，自由に社会が開かれていくことにも問題はあるが，それを警戒して閉じた社会に進んでしまうことは，「ナチス党（ヒトラー）の考え方に似ており，国と国とで対立が起き，戦争の方向へ進んでしまう」（図９①）と記入している。

これは今起こっている事象と，歴史で起こった事象とを関連付けて考えている姿と言える。今現在起こっていることについて対策を考える時に，今起こっていることから考えるだけでなく，歴史の中にそのヒントを見いだしている。

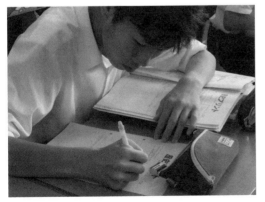

【写真４　ワークシートにまとめている様子】

以上のように，単元での学習内容を構造的にまとめるワークシートを使ったことで，トランプ大統領が選出されたことなど現在起こっている問題，格差が広がりはじめたきっかけとなる出来事，他の考えをもつ人との検討を踏まえた自分の考えをまとめることができた。

働かせた「見方・考え方」

対立する様々な立場や意見の背景にある観点に着目し，共通点や相違点を明らかにすること

６　単元のまとめ

本単元では，３つの重点を基にした手だてを講じて，次の「見方・考え方」を働かせた。

○過去から現在までの繋がりだけでなく，現在起こっている事象からその背景となる歴史的事象を考えること
○対立する様々な立場や意見の背景にある観点に着目し，共通点や相違点を明らかにすること

これらの「見方・考え方」を働かせることで，生徒の次の資質・能力を育成することができた。

社会的事象の意味や意義，特色や相互の関連等を考察したり，社会に見られる課題を把握してその解決に向けて構想したりすること

この単元は，新学習指導要領に「これまでの歴史学習を踏まえ，現在と未来の日本や世界の在り方について，課題意識をもって考察，構想し，表現すること」に合致するものである。新聞スクラップ活動とも連動させた取組によって，生徒はこれまで以上に時事問題に関心をもつようになり，公民的分野の学習に対する意欲が高まった。

参考・引用文献

○エマニュエル・トッド他 『グローバリズムが世界を滅ぼす』 文春新書 2014
○佐藤伸行 『ドナルド・トランプ』文春新書 2016
○金成隆一 『ルポ トランプ王国』岩波新書 2017
○池上彰 『世界から格差がなくならない本当の理由』 SB 新書 2017
○『月刊ジュニアエラ３月号』朝日新聞出版 2017

実践：数学

確　率（２年）

瀬野　大吾

1　目標
○不確定な事象について，実験をしたり，場合を尽くして考えたりすることを通して，次のことができる。
　・確率の意味について，不確定なものであることをふまえて説明すること
　・同様に確からしいことを前提とした場合について確率を求めること
　・確率を用いて判断したことの妥当性を検討し，根拠を基に説明すること
　・身の回りの不確定な事象を数学的に考察することの有用性を実感すること

2　本単元で働かせる「見方・考え方」
○不確定な事象について，同様に確からしいことを前提としながら，起こり得るすべての場合が尽くされているかを視点として，確率を根拠として考えること
○確率について，あくまで不確定なものであるということを数学的にとらえること

3　本単元の指導の構想
　本単元においては，不確定な事象を数学の考察の対象とし，事象の起こりやすさの程度を確率として数値で表すことを学習する。さらに，確率を用いて不確定な事象をとらえ，合理的に判断したり，その判断の根拠を明らかにして説明したりすることができるようになることをねらいとしている。また，同様に確からしいという概念を正しく理解することが重要である。そのため，同様に確からしくないこととの対比により，同様に確からしいことを意味付ける活動を組織する。そうすることにより，同様に確からしいということについて実感を伴って理解することができるようになる。

　さらに，確率を求める際には，同様に確からしいことを前提としながら場合を尽くして考えることが必要である。生徒は比較的単純に数え上げられる事象については，樹形図や2次元表をかくという作業だけで適切に場合を尽くすことができているかを確認することができる。しかしながら，生徒は確認を行っていることや確認の必要性の自覚はほとんどない。したがって，起こり得る場合が複雑に存在する事象では，適切に場合が尽くされているのかを確認することが困難な場合も生まれる。そうした中で，自分の考えと他者の考えとの間にずれが生じた時に，適切に場合が尽くされているならば，それぞれの確率の和が1になることを根拠に，挙げ尽くした場合とそれぞれの確率とを相互に補完し合いながら確認するよう促す。こうして生徒が適切に場合が尽くされているのかを確かめることができるようになると，数学的な「見方・考え方」を働かせて事象を追究していく。このような中で生徒は数学を学ぶことに成就感を得て，数学の有用性を感じ，学ぶ意欲が醸成されていくのである。

単元を構想する上でのポイント
○予想や他者とのずれが生じるような題材の提案
○「同様に確からしくない」との対比による「同様に確からしい」という概念の獲得

第3章 「確かな学びを促す3つの重点」でつくる授業　89

4　単元の構想

学習活動	教師の支援・指導	
①　実験を通して，起こる相対度数が一定の割合に近づくことを見いだす。 ○　画鋲500個をばらまき，針が上を向いた個数を調べる。 ○　画鋲10個について，50回実験を行う。	○　500個の画鋲を投げ，針が上を向くのは何本あると思うかを問う。 発問：もう1回同じように画鋲を500個投げたら，上を向くのは何本あると思いますか。 ○　「1000個投げたら」「1個投げたら」と条件を変えて問う。	課題設定
②　起こる相対度数が一定に近づくためには，多数回の試行が必要であることを見いだす。 ○　半球状のビーズ10個について，50回実験を行い，画鋲の結果と比較する。	発問：半球の曲面が上になることは，画鋲の針が上を向くことより起こりやすいですか。 ○　試行の過程や結果から気付いたことをまとめる活動を組織する。	対話
③　起こる場合が全部でn通りあり，そのどれが起こることも同様に確からしい時には，場合の数の割合として確率を求めることができることを見いだす。 ○　直方体のサイコロと立方体のサイコロについて，3の目の出やすさを比較する。	○　立方体と直方体（1.5×2×3）のサイコロを提示する。 発問：3の目が出やすいのは，どちらのサイコロですか。 ○　試行の過程や結果の比較から「同様に確からしい」の意味を実感させる。	対話
④　比較的単純な場面において数学的確率を求める。	○　授業者が誤答を示し，指摘させる活動を組織する。	対話
⑤　2つのサイコロを同時に投げる場合について考え，Aの起こる確率は，1－（Aの起こらない確率）という考え方を用いることが有効な場合があることを理解する。	○　正しく数え上げるには樹形図や2次元表が有効であると確認する。 ○　多様な考え方を交流する中で，余事象の考え方を引き出す。 ○　余事象の考え方を確認する。	対話
⑥　3つのサイコロを同時に投げる場合について考える。	○　確率同士をかけ合わせる考えを共有する。	対話
⑦　複雑な場面において求めた数学的確率の妥当性を検討する。 ○　1面が●，2面が▲，3面が■のサイコロを2個同時に投げるとき，一番出やすい目の組み合わせを調べる。 課題：どの組み合わせが一番多く出るのかは，何を根拠に判断すればよいのだろうか。 ○　数学的に求めた確率の妥当性を，場合を尽くした確率の和が1であることを根拠に吟味する。	発問：一番出やすい目の組み合わせを求めなさい。 ○　確率同士をかけ合わせる考えを誤用している考え方を取り上げ，場合を尽くしていることを拠り所に，和が1になることに矛盾することに気付かせるよう支援する。 ○　一番出やすい目の組み合わせが（■, ■）と考えている生徒と（▲, ■）と考えている生徒が同じ班になるように意図的に班編成を行う。	対話
⑧　演習問題を解く。	○　数学的な演習を繰り返し，効率的な場合の尽くし方を見いだすよう支援する。 ○　n次元表を指導する。	
⑨　単元全体を振り返る。	○　単元全体を振り返る活動を組織する。 ○　日常生活の中で，確率を利用できそうな場面を想起させ，まとめさせる。	再構成

5 授業の実際

1 意味ある文脈での課題設定
身の回りにある不確定な事象について，数学的に考察する題材を，題材間の接続を工夫しながら段階的に扱う構成とする。

授業者は学習活動⑦において，まず次のようなサイコロを提示した。

●が1面，▲が2面，■が3面あるサイコロがある。
6つの面はどの面が出ることも同様に確からしいものとする。

次に授業者はこのサイコロについて，●，▲，■それぞれが出る確率を考えるよう指示した。そして，それぞれの目が出る確率を●は1／6，▲は1／3，■は1／2であることを共有した。その後，ワークシートを配布した。

【図1 ワークシート】

授業者は，次のように問うた。

> このサイコロを2個同時に投げるとき，出る目の組み合わせのうち，もっとも多く出る目の組み合わせを求めなさい。

授業者が生徒とやりとりする中で，出る目の組み合わせが，(●,●)，(●,▲)，(●,■)，(▲,▲)，(▲,■)，(■,■)の6通りであることを共有した。その上で，生徒は次の2通りの反応を示した。

> それぞれの組み合わせが出る確率は
> ●● $\frac{1}{6} \times \frac{1}{6} = \frac{1}{36}$　●▲ $\frac{1}{6} \times \frac{1}{3} = \frac{1}{18}$
> ●■ $\frac{1}{6} \times \frac{1}{2} = \frac{1}{12}$　▲▲ $\frac{1}{3} \times \frac{1}{3} = \frac{1}{9}$
> ▲■ $\frac{1}{3} \times \frac{1}{2} = \frac{1}{6}$　■■ $\frac{1}{2} \times \frac{1}{2} = \frac{1}{4}$
> の6通りである。
> 一番確率が大きいのは■■である。
> よって，もっとも多く出るのは■■である。

【図2 確率同士をかけ合わせた考え】

> この表より，■■より▲■の方が多い。
> よって，もっとも多く出る目の組み合わせは▲■である。

【図3 2次元表を用いた考え】

授業者は学級全体に「もっとも多く出る目の組み合わせはどれであるか」と促し，目の組み合わせが(■,■)と(▲,■)の2通りに分かれたことを学級全体で共有した。このことにより生徒は，他者との間に結果のずれが生じたことを知り，「他者の考えを聞いてみたい」という交流に対する意欲が醸成され，生徒は以下のような課題を見いだした。

> どの目の組み合わせが一番多く出るのかは，何を根拠に判断すればよいのだろうか。

2 対話を促す工夫

自分の考えの妥当性について，根拠を明らかにしながら説明し合う活動を組織する。

授業者は，(■,■)と考えている生徒と(▲,■)と考えている生徒が，同じ班の中に少なくとも1人ずつは配置されるように留意しながら，4人班を意図的に編成した。4人班にそれぞれ1枚ずつホワイトボードを配付した後，次のように指示した。

> 4人グループの中で，互いに自分の考えを発表し合い，気付いたことや疑問点についてホワイトボードに記入しなさい。

この働き掛けによって生徒は，それぞれの班において，ワークシートにまとめた自分の考えを発表し合った。

【写真1　発表し合う生徒の様子】

考えがワークシートに可視化されていることによって，(■,■)と考えている生徒と(▲,■)と考えている生徒とが，互いの考えを確かな根拠を基に話し合っていた。また，可視化することによって，互いの考えのずれが顕在化され，数学的な根拠に基づいて対話が促されていた様相があった。

【写真2　ホワイトボードを用いる生徒の様子】

次の資料図4は，生徒Aのワークシートである。

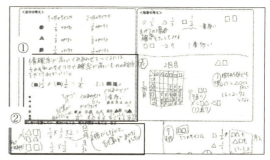

【図4　生徒Aのワークシート】

> 1番確率が高い組み合わせをつくるには，それぞれのサイコロで確率が高いものの確率をかければいい。
>
> (■) $\frac{1}{2}$ × (■) $\frac{1}{2}$ = $\frac{1}{4}$
>
> よって，■■の組み合わせが1番多い。
>
> ＜中略＞
>
> 計算が合わない。→ちがう？

【図5　図4四角囲み①の抜粋】

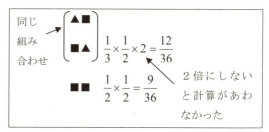

【図6　図4四角囲み②の抜粋】

また，次の資料は，生徒Aが所属する4人班のホワイトボードと活動中の発話記録の一部である。

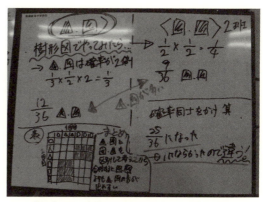

【写真3　生徒Aの班のホワイトボード】

92 実践編

【表1 生徒Aの班の発話・行動記録】

A	最初は，(■,■)だと思ったんですけど，①全部樹形図でかいてみたら，(▲,■)と(■,▲)は同じ組み合わせになるので，(■,■)のときは確率をかけるだけなんですけど，②(▲,■)のときは，2倍になるので1/2×1/3×2で1/3になる。全部で36通りあるから，12/36通り。2つ振ったときに，36通りの場合の数があるので。
B	どこが36通り？
A	(▲,■)(■,▲)は全部で12通りあるので12/36で1/3。(■,■)の場合だと，1/2×1/2で1/4。そして，4/36で1/4通り。 (発表後に図4②を記入)
B	今，答えが変わったんですけど，一応，前の答えを。●の確率が1/6，▲が1/3，■が1/2なので，2つの面が最も出やすい面が1/2である■だと考えていたので，(■,■)の組み合わせが最も多くでると考え，考え方として，2つの目が起こる確率を，足してみたら，(■,■)の部分が1になったので，1番出やすいと考えて，Aさんの考えを聞いて，変わってしまいました。
C	僕も全ての場合を書いて，●とか，▲とか足してみて，■の場合が1になったので，■が1番出る確率であると考えました。
D	僕は2次元表で求めました。表を見ました。
授業者	どういう話し合いになった？
B	Aさんの考えを聞いて，納得して，答えが変わったんですけど。
授業者	なるほど。Aさんは最初こっちだったよね。((■,■)を指さす。)
A	最初は全部かけて確率を出したんですけど，全部足したら，25/36になって，1にならなかったので，違うんだなと思い，樹形図をかいてみたら，2倍をしていなかったことがわかったので。
授業者	25/36ってどういうこと？
A	③全ての場合の，●の場合だったら1/6，▲と■だったら，1/3×1/2で1/6にして，そして分母を全部36にして，全部足し算して，普通だったら1になるはずが，25/36になったので，そこが2倍していなくて，(▲,■)の(■,▲)の場合が含まれていなかったので，2倍してみたら，(▲,■)が(■,■)よりも多かったので，(▲,■)のほうが多いのかなと思いました。
授業者	2倍したら，足して1になったの？ (その後，生徒Aは2次元表を記入する。)
B	25/36になったの？
A	確率を掛け算して，2倍とかしないでそのまま足したら，25で1にならなかったので，違うなと思いました。

生徒Aは，本時前に(■,■)の組み合わせが1番出やすいと考えていた(図4①)。しかしながら，本時において，(■,▲)が1番出やすいという考えに変わり，その理由を班のメンバーに説明している(表1①②)。生徒Aは樹形図を用いて(■,▲)と(▲,■)が同じ組み合わせであることに気付き，(■,▲)(▲,■)を合わせて，(▲,■)の組み合わせが出る確率とし，それを1/3×1/2×2=1/3と求めた(図4②)。

働かせた「見方・考え方」

それぞれの場合の数などを基に確率の求め方を可視化すること

その後，授業者が生徒Aに，答えを(■,■)から(▲,■)に変更した理由を聞いた際に，生徒Aは(■,■)で求めた確率が25/36になり，確率の総和が1にならなかったことから，(▲,■)に(■,▲)の場合が含まれていなかったことに気付き，(▲,■)を2倍することで，(▲,■)の組み合わせの方が(■,■)よりも出る確率が高いのではないかという見通しをもつことができた(表1③)。

働かせた「見方・考え方」

不確定な事象について，起こり得るすべての場合を尽くすこと

さらに，生徒Aは同じ班の中で求め方が異なる生徒Bに対して，同じ班の別の他者から出てきた求め方の2次元表と関係付けて，(▲,■)(■,▲)が同じ組み合わせとして考えることを説明した。その結果，生徒Aが2次元表と関係付けて説明することで，生徒Bは，(▲,■)と(■,▲)とが36通りの中の6通りずつ存在することを理解することができた。これは，「起こり得るすべての場合を尽くすこと」に着目して，互いの考えのずれを，数学的根拠を基に検討することで対話が促された姿である。

第3章 「確かな学びを促す3つの重点」でつくる授業　93

【写真4　全体発表の生徒の様子】

4人班での交流活動を終えた後，いくつかの班が学級全体に対して，班での交流の成果を発表する活動を組織した。

生徒Aは班の代表として，自分の班のホワイトボードを示しながら次のように発表した。

【表2　生徒Aの発話・行動記録】

| A | 私たちの班でも，▲と■，■と■の考えがありました。▲と■では，樹形図でやるのと表でやるのとの2つが出たんですけど，▲と■はどちらも同じ組み合わせで，▲と■の場合の数が6で，同じ組み合わせを足すと12になって，■と▲の組み合わせが，12あって，12/36。■と■は9/36になりました。なので，▲，■のほうが多いのではないかというのが，▲，■の人の意見です。最初は掛け算でやっていたんですけど，最後に1/2×1/2×1/4というのと，1/3×1/2＝1/6っていうふうにしていくと，①最終的に25/36になって，全部の確率を足したはずなのに1にならなくて，それが変だなあと思って，話し合った結果▲，■のほうがいいのではないかという話にまとまりました。 |

生徒Aは全体発表の中でも，確率同士をかけ合わせて求めた考え方では，場合を尽くしていても，それぞれの確率の和が25／36となり，1にならないことを根拠にそれぞれの場合の確率が正しく求められていないことに言及していた（表2①）。

働かせた「見方・考え方」
　起こり得るすべての場合が尽くされているかを視点として，確率を根拠として考えること

また，生徒Aが学級全体に向けて発表したことにより，「正しく場合が尽くされているならば，それぞれの確率の総和が1になるということ」に着目した「見方・考え方」が共有されていた。

【写真5　全体発表を共有する様子】

授業者は，このような全体発表を通して，学級全体で考えを共有した後，次のように働き掛けた。

> 班での話し合いや全体発表を含む活動をふまえて，自分のワークシートに，新たに気付いたことや考えが深まったことを記入しなさい。

この働き掛けの後，生徒Aは次のようにワークシートに加筆した。

【図7　生徒Aのワークシート】

> ▲■と■▲を同じ組み合わせだと考えないと，組み合わせは6通りではなくなる。確率がたしても1にならない。←樹形図や表など様々なやり方がありましたが，▲■の場合の数6と■▲の場合の数6をたして，12，12/36＝1/3の確率といえるとわかりました。

【図8　図7四角囲み①の抜粋】

さらに，授業者は授業の終末において，次のように働き掛けた。

> 今回の授業でわかったこと，これからもっと学んでみたいこと，大切だと思った「見方・考え方」などをワークシートにまとめなさい。

この働き掛けによって，生徒Aはワークシー

94　実践編

トに次のように記述した。

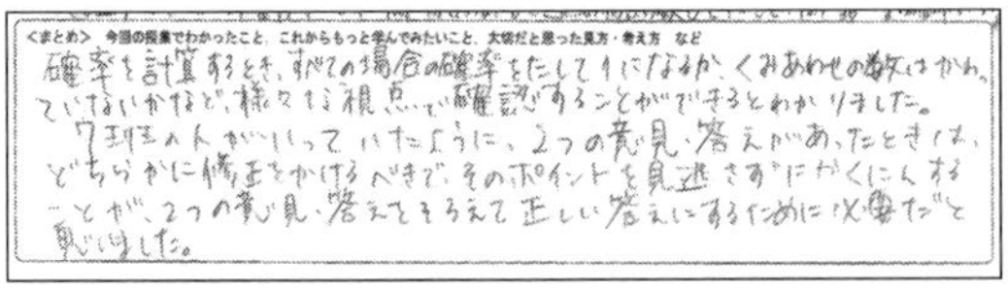

【図9　生徒Aのワークシート】

　確率を計算するとき，すべての場合の確率を
たして1になるか，組み合わせの数はかわって
いないかなど，様々な視点で確認することがで
きるとわかりました。

【図10　図9の前半部分の記述】

　7班の人が言っていたように，2つの意見・
答えがあったときは，どちらかに修正をかける
べきで，そのポイントを見逃さずに確認するこ
とが2つの意見・答えをそろえて正しい答えに
するために必要だと思いました。

【図11　図9の後半部分の記述】

　生徒Aはワークシートに，確率を計算する
ときに，すべての場合の確率を足して1になる
かという視点で確認することができたことをま
とめた（図10）。

　また，生徒Aはさらに，確率を計算によっ
て求める考え方に対して，適切に修正をかける
ことができていた（図7①，図11）。

3　学びの再構成を促す工夫
Ⅰ　課題解決の過程を振り返るために，授業の中における数学的な表現と解釈を可視化するためのワークシートを整備する。 Ⅱ　日々の授業の振り返りや，単元全体の振り返りを記述する活動を組織する。

　生徒は課題解決の過程において，対象や他者
との対話を通して，活発に思考している。その
課題解決の過程では，様々な「見方・考え方」を
働かせている。その過程を可視化し，後に振り
返って有用性を自覚したり，価値付けたりする
ために，工夫したワークシート（図1）を整備す
る。自分の考えと他者の考えとを比べたり，関
係付けたりしながら，自分の考えが広がったり，

深まったりしたことの変容を記述して残してい
けるように工夫する。また，その一連の課題解
決の後に，振り返りを記入する欄を設け，自ら
の学びを俯瞰的にとらえることができるように
する。こうすることによって，それぞれの題材
における学びが再構成され，教科の本質的な学
びが実感されていくのである。

　また，生徒は日々の授業の最後に，「日々の
振り返りシート」を記入している（図12）。振り
返りには，その日の授業の「感想（用いた思考，
見方・考え方，感心したこと，分からなかったこと，
これから学習したいことなど）」を簡潔に記入して
いる。このようにして，日々の授業をその都度
タイムリーに振り返り，それを蓄積していく。
このことにより，生徒は単元を通して，学びの
つながりを意識することができるようになる。

　また，授業者は日々の振り返りを回収し，毎回
目を通すことによって，生徒の学びの実態を確認
したり，分析したりして，授業構想に反映させて
いる。さらに，日々の振り返りの中に記される生
徒の疑問や気付きに対して，授業者が適宜応えた
り，価値付けたりする（図12①）ことによって，生
徒の学びがより深いものとなっていくのである。

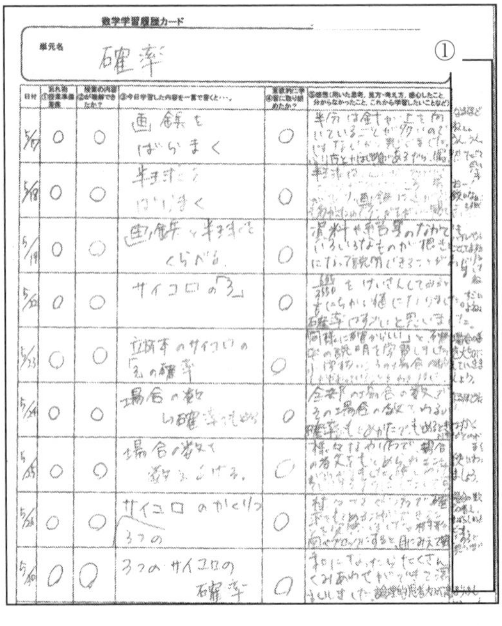

【図12　生徒Aの日々の授業の振り返りシート】

この他に，生徒は単元の最後に単元全体を振り返る「学びの軌跡」を記入する。生徒は「日々の振り返りシート」やノート，ワークシート，教科書などのすべてを活用し，本単元での自らの学びをまとめる活動を行う。「学びの軌跡」に記入する項目は次の通りである。

```
○本単元で学習した用語・性質・公式など
                              知識・理解
○本単元で用いた見方・考え方，思考操作など
                              思考・判断・表現
○その他（学習の感想，興味をもったこと，もっ
  と学びたいこと）          関心・意欲
```

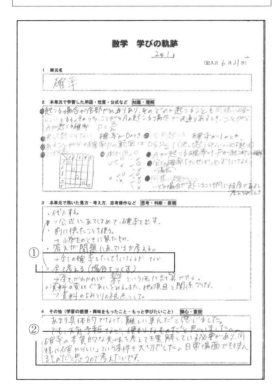

【図13　生徒Aの「学びの軌跡」】

生徒Aは「学びの軌跡」の中で，本単元で用いた「見方・考え方」として，「すべて考える（場合を尽くす）」と記述した（図13①）。これは単元を通して学習してきた結果，「場合を尽くす」という考え方が有用であると実感している姿であると言える。生徒Aはこの「場合を尽くす」という考え方を，この単元に限らず，数学の別の単元においても有用であることはもとより，他の教科の学習や日常生活においても有用であることを実感している（図13②）。また，このような学びを重ねていくことにより，生徒は数学を学ぶことの有用性も実感することができるのである。

また，この他の生徒は「学びの軌跡」に次のように記述している。

```
○去年席替えで，先生が「いつ引いても確率は
  同じ」ということを言っている理由がわかっ
  て，すっきりしました。      （生徒E）
```

```
○確率はあくまで「確率」なので，それが事実
  になるとは限らないです。私はそこにとても
  興味をもちました。＜中略＞この単元を学ん
  だことで，必ずそうなると保証することはな
  いのだから，「だいたいこのくらいの確率か
  な」と確率を応用し，実験し，結果と比べる
  ことの楽しさを得ることができました。＜中
  略＞これからは，もっといろいろなものの確
  率を求めていきたいです。    （生徒F）
```

このように，身の回りの生活と関係付けたり，教科の本質的な学びを実感したりすることは，数学を学ぶ意欲の醸成を促す。そして，こうした学ぶ意識の醸成こそが，生徒が主体的に数学を学ぶ姿へと導くのである。

6　単元のまとめ

本単元では，3つの重点を基にした手だてを講じて，次のような「見方・考え方」を働かせた。

```
○不確定な事象について，同様に確からしいこ
  とを前提としながら，起こり得るすべての場
  合が尽くされているかを視点として，確率を
  根拠として考えること
○確率について，あくまで不確定なものである
  ということを数学的にとらえること
```

これらの「見方・考え方」を働かせることによって，生徒の次の資質・能力を育成することができた。

```
○事象を数理的にとらえて判断し，その判断の妥
  当性について根拠を明らかにしながら論理的に
  思考し，それを表現していくことができる力
○数学を活用することのよさや有用性を実感
  し，様々な問題解決に数学を活用していこう
  とする態度
```

この実践は，新学習指導要領の目標にある「数学を活用して事象を論理的に考察する力」や「数学を生活や学習に生かそうとする態度」の育成の一助となるものである。

実践：数学

式の計算　〜文字式の利用〜（2年）

熊谷　友良

1　目　標
○文字式を活用することのよさを実感するために、数の性質や規則を調べていく活動を通して、以下のことができる。
・文字式を目的に応じて計算したり変形したりすること
・文字の用い方の適切さや式変形の妥当性を吟味しながら、数量や数量の関係を一般的に考察し、説明すること
・文字式を用いることのよさを実感し、積極的に活用しようとすること

2　本単元で働かせる「見方・考え方」
○2桁の整数や数の並びについて、数の性質や規則などに着目し、帰納的、演繹的に推論すること

3　本単元の指導の感想
　学習指導要領の改訂にあたり、数学的に考える資質・能力を育成することにおいて、数学を活用して事象を論理的に考察する力を養うことが目標の一つとしてあげられている。帰納的に考えたり、順序よく考えたり、根拠を明らかにしたりすることなど論理的に考察する力は、数学の世界のみならず、広く社会において直面する様々な問題を解決する場面において生きて働く力となる。
　この第2学年の文字式の利用は、文字式を用いた演繹的な説明を初めて学習し、論理的に考察する力を養う単元である。生徒は、偶数や奇数の和、連続する自然数の和、2桁の自然数についてなど、数の性質を文字を用いて説明していく。
　本単元においては、2つの題材を提示する。1つ目の題材として、数当てソフトを用いた「2桁の整数の性質」にかかわるもの、2つ目の題材として「20段の数の列」を扱う。数が当てられたり、数が揃ったりする不思議さから、生徒は自然とその仕組みを調べてみたいという目的意識が醸成されるのである。また、「20段の数の列」については、発見した数の列の不思議を、事実と文字式を関係付けて考えることで、「いつでも17段目の数は揃うのだ」「条件に合うように文字式を考えていくとより説明が分かりやすいな」と仕組みを理解することができる。このように、自ら発見したことを「本当にそうなのだろうか」と疑問をもち、論理的に考察していく力を養う。また、論理的に説明できたことにより、文字を用いる有用性を実感し、進んで文字を用いて考察しようとする態度も育成できる。

> **単元を構想する上でのポイント**
> ○興味や関心を抱く題材の提示や予想のずれを生む題材の構成によって、生徒の目的意識が醸成されるような単元構成
> ○予想とのずれから生じる疑問や生徒が見いだした規則について、解決したり仕組みを説明したりする活動の組織

第3章 「確かな学びを促す3つの重点」でつくる授業　97

4　単元の構想（全7時間）

学習活動	教師の支援・指導	
①　「The Flash Mind Reader」を体験する。 ○　2桁の整数を考え，その十の位の数と一の位の数の和を2桁の整数からひく。その差がどんなマークなのかを画面を見て心の中で唱える。唱えたマークを授業者が必ず当てる。 ②　「The Flash Mind Reader」の仕組みについて，説明する。 ○　9の倍数には同じマークがついていることに気付き，必ず9の倍数になることをどのように説明したらよいのかを考える。 課題：どのようにすれば，数の性質を説明することができるのだろうか。	○　「The Flash Mind Reader」を提示する。 ○　何人かを指名し，必ずマークを当てることができることを共有する。 ○　ワークシートを配布し，気付いたことを挙げさせる。 発問：いつでも9の倍数になるといえるのですか。	課題設定
③　2桁の整数の十の位の数と一の位の数を入れかえてできる数と，もとの数との和や差について，いつでもいえることについて説明する。	○　3桁の整数について，百の位の数と一の位の数を入れかえた場合についても考えさせる。	
④　「20段の数の列」に潜む規則について，気付いたことを挙げる。 ○　「17段目に同じ数が並ぶ」「6段目と15段目が同じ数が並ぶ」「11段目，14段目，20段目が同じ数が並ぶ」「5段目は奇数が並ぶ」など ⑤　17段目にいつでも5が並ぶことについて，文字を用いて説明する。	○　「20段の数の列」を提示する。 指示：数の列で，気付いたことを挙げなさい。 ○　17段目に5が並ぶことを，1段目の数をaとして説明させる。 発問：17段目の数が，いつでも5になるのはなぜですか。 ○　グループで考えの交流を促す。 ○　状況に応じて次の発問をする。 発問：1段目を表す文字aに1～9を代入しても一の位は必ず5になるということから，1段目と17段目の数の関係についてどんなことがいえますか。	対話 課題設定
⑥　2段目の数が3だと，17段目にはどんな数が並ぶか，確かめる。 ○　17段目の数には同じ数が並び，その数は2段目の数によって決まるということを確認する。 ⑦　2段目の数と17段目の数の関係について説明する。	○　17段目の数は，1段目の数によらず，2段目の数が影響していることを確認する。 指示：2段目の数が3ならば，17段目に揃う数は何だろうか。調べなさい。 ○　2段目と17段目の数を示した表を提示する。 発問：2段目の数と17段目の数にはどのような規則がありますか。 ○　グループで考えを交流する。	対話
⑧　学習活動④で挙がったその他の規則について，どうしてそうなるのかを説明する。 ⑨　偶数，奇数同士，偶数と奇数の和についての性質を説明する。	○　説明する中で「偶数＋奇数は奇数になる。」このような考えが出たら，いつでも偶＋奇＝奇になるといえるのか問うことで，偶数，奇数の一般性について確認する。	
⑩　単元の振り返り ○　単元の学習全体を振り返るシートである「学びの軌跡」を記入する。	発問：単元を振り返り，日々の振り返りシート，ワークシート，ノート等を基に「学びの軌跡」を記入しなさい。	再構成

98　実践編

5　授業の実際

1　意味ある文脈での課題設定

　生徒が疑問や関心をもつような数の性質を扱った2つの題材を提示し，その仕組みを追究する単元構成とする。

　授業者は学習活動①において，「The Flash Mind Reader」（図1）というWebサイト上の数当てソフトを提示した。

【図1　The Flash Mind Readerの説明】

　例えば，2桁の整数42を考えた場合，$42-(4+2)=36$ となり，36のマーク□を心の中で唱える。授業者がPC画面において水晶をクリックすると，水晶の中には□のマークが表示される。（図2）

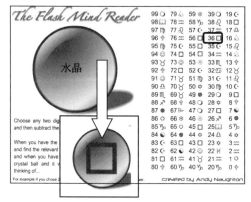

【図2　The Flash Mind Readerの説明】

　別の2桁の整数で考えてみても，同じように心の中で唱えたマークが水晶の中に表示されるのである（水晶をクリックするごとに，マークは更新される）。生徒は「どうして心の中で唱えたマークを当てることができるのだろうか」と不思議に思ったり，何度試しても当てられることの面白さを実感したりした。

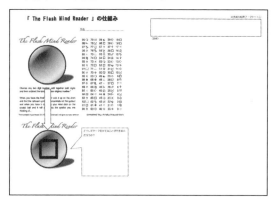

【図3　学習活動①ワークシート】

　生徒はいくつかの数で調べたことと，9の倍数に同じマークが記されているという事実（図4）を関係付けることで，「2桁の整数から，その十の位と一の位の数の和を引いた差が9の倍数になる。9の倍数には同じマークが記されている。だから，マークを当てることができたのではないか」と考えた。

【図4　The Flash Mind Readerの説明】

　そこで授業者は次の発問をした。

　2桁の整数から，その十の位の数と一の位の数の和を引いた差は，いつでも9の倍数になるといえるのですか。

第3章 「確かな学びを促す3つの重点」でつくる授業　99

これにより、生徒は以下の課題を見いだした。

> どのようにすれば、数の性質を説明することができるのだろうか。

この場合、2桁の整数は場合が限られていたため、場合を尽くして帰納的な推論を用いている生徒がいた。ただ、ほとんどの生徒は文字式を用いて解決しようとしていた。2桁の整数を文字を用いてどのように表せばよいのか困っている生徒も数名いたが、生徒の多くが演繹的な説明を考えることができた。最後に帰納的、演繹的な説明を全体で共有し、帰納的な推論、演繹的な推論という言葉、考え方について紹介した。

このように学習活動①において「The Flash Mind Reader」を提示し、その仕組みを追究する活動を組織することで、生徒は帰納的、演繹的な推論にふれることができた。また、以下の振り返りの内容(図5)からも、数の性質を説明することへの興味・関心をもたせたり、後の学習への意欲の醸成につなげたりすることができたことが分かる。

「The Flash Mind Reader」が印象的だった。これらのように、数学の学びを使うことで、「楽しむ」ことができると分かった（下線部）。

【図5　生徒の振り返りの一部】

次に学習活動③において、授業者は「20段の数の列」という題材を提示した。図6を拡大した用紙を黒板に貼り、「20段の数の列」について、学級全体で共有した。

【図6　「20段の数の列」黒板掲示用】

生徒には以下のワークシートを配布し、ルールに従って、表に数を埋めさせた。

【図7　学習活動ワークシート】

1段目から20段目には以下のように数が並ぶ。

1段目	7	1	8	4	3	5	2	6	9
2段目	5	5	5	5	5	5	5	5	5
3段目	2	6	3	9	8	0	7	1	4
4段目	7	1	8	4	3	5	2	6	9
5段目	9	7	1	3	1	5	9	7	3
6段目	6	8	9	7	4	0	1	3	2
7段目	5	5	0	0	5	5	0	0	5
8段目	1	3	9	7	9	5	1	3	7
9段目	6	8	9	7	4	0	1	3	2
10段目	7	1	8	4	3	5	2	6	9
11段目	3	9	7	1	7	5	3	9	1
12段目	0	0	5	5	0	0	5	5	0
13段目	3	9	2	6	7	5	8	4	1
14段目	3	9	7	1	7	5	3	9	1
15段目	6	8	9	7	4	0	1	3	2
16段目	9	7	6	8	1	5	4	2	3
17段目	5	5	5	5	5	5	5	5	5
18段目	4	2	1	3	6	0	9	7	8
19段目	9	7	6	8	1	5	4	2	3
20段目	3	9	7	1	7	5	3	9	1

表を埋め終えた生徒からは,「17段目が揃った」というつぶやきが聞こえた。授業者が「数の列から気付くことを挙げなさい」と働き掛けたところ,次の意見が出された。

・17段目が全て5になる
・16段目数と19段目の数が同じ
・4段目と10段目の数が1段目の数と同じ
・7段目の数は1段目の数が偶数なら5,奇数ならば0が並ぶ
・11段目,14段目,20段目の数が同じ

「17段目の数が5で揃う」という気付きは,全ての生徒がワークシートに記入していた。そこで,授業者は次の発問をした。

17段目の数がいつでも5になるのはなぜですか。

次は生徒のワークシートの実際である。

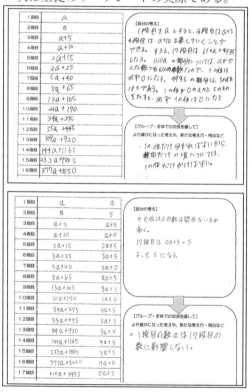

【図8 生徒のワークシートの一部】

その後,出た意見を全体で共有した。
学習活動⑤において,授業者は次の発問をした。

例えば,2段目の数が3だとすると,17段目に揃う数字は何だろうか。

【表1 生徒Aの発話記録】

A	3だと思います。
授業者	どうして3だと思うの?
A	2段目が5であった場合,17段目が5で揃ったので。

2段目が5であった場合,17段目の数は全て5になる。このことから,2段目の数が17段目の数になるのではないかと予想したのである。授業者は学級全体に対し,実際3になるのかどうかを,ワークシートを用いて調べるよう促した。

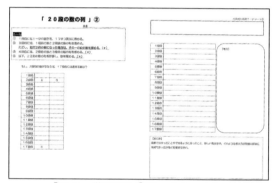

【図9 学習活動⑤ワークシート】

調べてみると予想に反して,17段目の数は3にはならず,1になること(図10①)を全体で共有した。

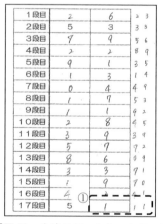

【図10 生徒のワークシートの一部】

授業者は,2段目の数と17段目の数を一覧にした表(表2)を提示し,次の発問をした。

第3章 「確かな学びを促す3つの重点」でつくる授業　101

2段目の数と17段目の数には，どのような規則があるだろうか。

【表2　2段目の数と17段目の数の一覧表】

1段目									
2段目	5	3	1	2	4	6	7	8	9
⋮	⋮	⋮	⋮	⋮	⋮	⋮	⋮	⋮	⋮
17段目	5	1	7	4	8	2	9	6	3

2　対話を促す工夫

表現した文字式とその解釈についてグループで交流する活動を組織する。

授業者は次の指示をした。

個人で考えたことを持ち寄り，グループで交流しなさい。自分たちの考えが模造紙にまとまるように協力して説明を仕上げなさい。

生徒Bと生徒Cは，次のように発話をした。

【表3　生徒B，Cの発話・行動記録】

B	分からないんだけど。(ワークシートの「2段目が5なら17段目は5，2段目が3なら17段目は1」を指さして)
C	①なんでこうなるんだろう。(ワークシートの「2段目の数と7の積を求めて，その一の位の数が17段目になっている」を指さして)規則は分かるんだけど，どう説明したらいいかが分からないないんだよね。
B	やり方なんて知らないよ。
C	あ～！かける…，②aとbにするか。
B	そうすればいいんでしょ。
C	③そうすればよかった！(考える)
B	④17段目が610a+987bになるんだけど，⑤これでどうなんだろう？
C	7bだよね。
B	7…だよね？
C	それで，7bだから(自分のワークシートを指さして)7b＝7の倍数，b＝2段目なので，2段目×7となるんじゃないの？
B	⑥あ，そういうこと！そういうことか。

生徒Bは表2や自身のワークシートから，2段目の数と17段目の数との関係性に気付くことができず(表3①)生徒Cに考えを求めた。生徒Cから1段目と2段目の数をaとbで表す考えが出され(表3②)，生徒Bはその考えに賛同

している(表3③)。その後，2人はaとbを用いて，説明を考えていった。しばらくして生徒Bは，17段目の数について，610a＋987bとまとめた(表3④)。しかしながら，まとめた文字式610a＋987bと「17段目の数が，2段目の数の7倍の一の位になっている」こととを結びつけられずにいた(表3⑤)。生徒Cと交流する中で，「7b＝7の倍数，b＝2段目なので，2段目×7となる」に目を通すことで，610a＋987bの解釈を得ることとなり(表3⑥)，その後，自分のワークシートに「610a＋987b→0a＋7b」と追記し(図11①)，考え方をまとめることができた(図11②)。

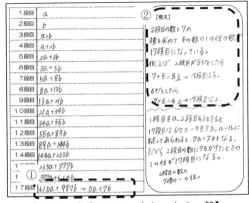

【図11　生徒Bのワークシートの一部】

生徒Dは個人追究で，2段目の数を文字で表しながらも，1段目の数を1～9までの数字で考え，帰納的に関係性を探ろうとしていた(図12)。

1段目	1～9
2段目	a (1～9のどれか)
3段目	a+1～a+9
4段目	a+2～a+18
5段目	
6段目	
7段目	

【考え】
2段目に入る数は，1～9で9パターン，1段目も同じなので，9²＝81
全部で81通りのパターンがある。

【図12　生徒Dのワークシートの一部】

しかしながら，「81通りのパターンがある」と記述するにとどまり，その先の見通しがもてない状態であった。

【表4　生徒Dのグループの発話・行動記録】

E	①それぞれ，2段目に入れた数かける7をした時の一の位が重要なの。
D	②一の，どういうこと？一の，何だって？
E	それぞれ，2段目に入れた数かける7
F	2段目に入れた数×7の一の位。
D	（ワークシートにメモを書き込みながら）
F	最終的に，＋7bとなるかな。
E	あ，簡単だね。
F	こう書いた方が楽な気がする。
E	また全部，足しちゃった。
F	全部，足さなくてもいいでしょ，一の位だけなんだから。
D	ひたすら一の位ばっかり足していくの？
E	全部足していくと，17段目が987bになって。987bは，（980＋7）×bじゃん。
D	うん。
F	③980は，一の位がゼロだから，そこに7bという7の倍数を加えることで，一の位は，7bの一の位のことになる。
D	④うん。
F	それってやっぱり7bって書いた方が簡単じゃない？
E	え，なんで？（しばしワークシートの「7b」を見てから）すごく簡単だね，いいな。
F	987って書かなくても7って書いた方が楽だよ。
E	何これ（Dのワークシートを見ながら）a＋2b，10になったらゼロになるってこと？
F	⑤10になったらなくなっちゃうの。
D	⑥1番簡単な式でまとめるとどんな式になるの？
F	1番簡単だと7b。
G	7b！
D	⑦7b…bが，2段目？
F	bが2段目で，7bの一の位。

【写真1　生徒の交流の様子】

　生徒Dは，生徒Eの発話(表4①)がはじめ理解できなかった(表4②)。しかしながら，グループでの交流において，「2段目の数と17段目の数にどのような規則があるのか」「どのようにすれば説明できるのか」を仲間の考えを聞いて理解しようとしていることが分かる(表4④)。一の位の数のみを考えればよいこと(表4③)や文字式をより簡潔に表現できること(表4⑤)を納得しようとしている(表4⑥)。そして，生徒Eの発話(表4①)にある，「2段目の数と17段目の数の規則」について自分なりに納得した様子が見られた(表4⑦)。その後，生徒Dはワークシートに説明を書くことができた(図13①，②)。

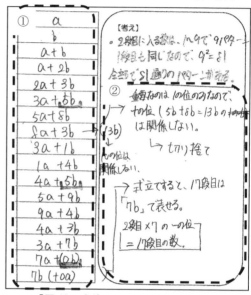

【図13　生徒Dワークシートの一部】

　生徒Dは「20段の数の列」の学習の後に，以下のような振り返りをしている。

- 具体的な数字では見えてこなかったことを，文字を用いて表すことできまりが見えてきた。
- 文字を用いて式を表すと，文字に何が入っても代入して答えを求めることができる。足し算を繰り返していくうちに数がとても大きくなってしまうが，文字に置きかえるととても楽になる。

【図14　生徒Dの振り返りの抜粋】

働かせた「見方・考え方」

　2桁の整数や数の並びについて，数の性質や規則などに着目し，帰納的，演繹的に推論すること

3　学びの再構成を促す工夫

　日々の授業の振り返りや，単元全体の振り返りを記述する活動を組織する。

　生徒は毎回の授業の最後に，「日々の振り返りシート」を記入している。振り返りには，そ

の日の授業の「感想(用いた思考，見方・考え方，感心したこと，分からなかったこと，これから学習したいことなど)」を簡潔に記入している。

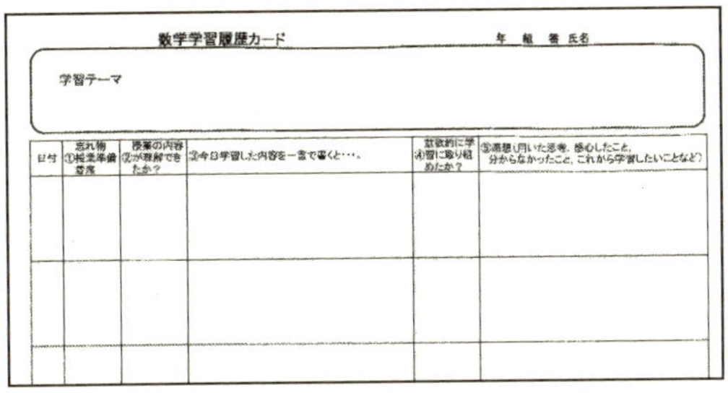

【図15　日々の振り返りシート】

このようにして，授業をその都度タイムリーに振り返り，その内容を蓄積していく。このことにより，生徒は単元を通して，学びのつながりを意識することができる。

この他に，生徒は単元の最後に単元全体を振り返る「学びの軌跡」を記入する。「日々の振り返りシート」やノート，ワークシート，教科書などを総動員し，本単元での自らの学びをまとめる活動を行う。記入する項目は次の通りである。

○本単元で学習した用語・性質・公式など
　　　　　　　　　　　　　知識・理解
○本単元で用いた見方・考え方，思考操作など
　　　　　　　　　　　思考・判断・表現
○その他（学習の感想，興味をもったこと，もっと学びたいこと）
　　　　　　　　　　　　　関心・意欲

以下は「学びの軌跡」の記述からの抜粋である。

・1段目はa，2段目は5として，どのように表されているかを考えて，きまりを見つける。
　　　　　　　　　　　　　　　　　(生徒B)
・繰り返し足していくと，文字を含む項も，そうでない項もものすごい大きな数になってしまう。式の中の必要なものだけを取り出すことが大切だった。
　　　　　　　　　　　　　　　　　(生徒D)
・この単元を通じての感想は，「なぜそうなるのか」わからなかった数の仕組みが，文字によって説明できてとても面白いと思った。整数が3の倍数かどうかは，全ての桁の数を足すと分かると聞いたことがある。その仕組みも文字を使って説明してみたい。
　　　　　　　　　　　　　　　　　(生徒H)
・説明が面白かった。今まで何気なくやっていた偶数＋奇数＝奇数というきまりも「20段の数の列」という不思議なきまりも，文字を使って説明すると，簡単にできたからです。論理的に説明する力をこれからに活かしていきたい。
　　　　　　　　　　　　　　　　　(生徒I)

文字式を用いて事象を考察していくことの有効性に気付いた記述(生徒B)や，数学を活用することの楽しさや学びを活用したいという記述(生徒H，I)が見られた。これからの学びの中で，その有用性を実感していくであろうし，その度に数学を学ぶことのよさも実感することができるであろう。こうしたことは，数学を学ぶ意欲を醸成し，生徒を主体的に数学を学ぶ姿へと導くのである。

6　単元のまとめ

本単元では，次の「見方・考え方」を働かせるために手だてを講じてきた。

○2桁の整数や数の並びについて，数の性質や規則などに着目し，帰納的，演繹的に推論すること

この「見方・考え方」を働かせることで，生徒の次の資質・能力を育成することができた。

文字式のよさや有用性を実感し，様々な事象の考察や問題解決に，文字式を用いて論理的に考察すること。また進んで，文字式を用いて考察しようとすること。

この実践は，新期学習指導要領の目標にある「数学を活用して事象を論理的に考察する力」「数学を生活や学習に活かそうとする態度」の育成の一助になるものである。

参考・引用文献
○本田千春『教科科学　数学教育　No.2017』明治図書 2017 p36～p39
○金山光宏『新たな数理を発見する授業』新潟大学教育人間科学部附属新潟中学校　研究実践集録 2005

実践：理科

力と水圧　〜水圧〜（1年）

庭田　茂範

1　目標
○基準水面よりも高い位置の水中の圧力を考える活動を通して，以下のことができる。
・水中では，水圧に加えて大気圧の影響を受けることを説明すること
・既習内容である基準水面よりも低い位置の水中の圧力や検証実験の結果を根拠にして，水中の圧力を説明すること
・既習内容や検証実験の結果を根拠に，水中の圧力を解明しようとすること

2　本単元で働かせる「見方・考え方」
○水中での圧力について，基準水面と基準水面からの距離の2つの観点に着目し，水圧と大気圧の量的な視点でとらえ，基準水面よりも低い位置の水中の圧力と高い位置にある水中の圧力とを比べたり，既習内容や検証実験の結果を根拠に考察したりするなど科学的に探究すること
○水圧と大気圧が関連付いた水中の圧力の働き方に着目し，現実の事象である水族館にあるふれあい水槽に当てはめて考えるなど科学的に探究すること

3　本単元の指導の構想
　水圧は，水中のすべての物体に働く水の重さによる圧力である。多くの生徒は，水中ではどんな場合も水圧のみでおされているという素朴概念をもっている。それは，水中の圧力は水の重さのみによって生じると考えていることが原因である。これまでに，生徒は，力と圧力の関係，圧力を生ずる原因となる水や空気についての理解をしてきているが，それらが別々の知識であって，相互に関係しているという，生きて働く知識になっていない。

　よって，本単元では，水中ではすべての物体は水圧に加えて大気圧の影響を受けていることをより深く理解するために，水族館にあるふれあい水槽などに見られる水槽の壁に横穴が空いているのに水があふれ出ないという不思議な現象を提示する。多くの生徒は，基準水面より高い位置に水がある状態（1気圧以下の状態）は体験したことがないこともあり，うまく説明できない。水圧がゼロである基準水面は，低い位置の場合では，空気と触れている水面であることは当たり前のことであるが，高い位置の場合を考えると，それで本当にいいのかと迷ってしまう。生徒は，水圧がゼロである基準水面の高さ，その基準水面からの距離の2つの観点に着目して，水中にかかる圧力を大気圧と水圧の量的な視点からとらえて考えることで，現象の仕組みを明らかにしていく。

単元を構想する上でのポイント
○仮説や観点のとらえのずれが生じるような教材の提示
○自分の考えの根拠や観点を可視化できるワークシートの提示
○学習した内容を再構成して考える現実の事象の提示

第3章 「確かな学びを促す3つの重点」でつくる授業　105

4　単元の構想（全8時間）

学習活動	教師の支援・指導	
① 大気圧について理解する。	○ 空気の重さによる圧力であることを理解させる。	課題設定
② 水中に働く圧力を体感する。 ○ ポリエチレンの袋に手を入れて水中に沈める実験，水の入ったペットボトルに穴を空ける実験を行う。	○ プールで体が圧迫されるなどの日常体験を想起させる。	課題設定
③ 基準水面よりも低い位置にある水中でのゴム膜の変化を予想し，検討する。 ○ ゴム膜の変化を予想する。 ○ 実験を行う。 ・ ゴム膜の上よりも下のへこみ方が大きい。 ○ 水圧に関する2つの定義を知る。 ・ 水深が大きいほど水圧も大きくなる。 ・ 水圧はあらゆる方向に働く。	発問：水中でのゴム膜はどうなりますか。 ○ 水や空気の格子状の塊がまわりに加えている力の図と力の矢印の両方を使って表現できるワークシートを提示する。 ○ 2つの観点（水圧がゼロである基準水面の高さ，その基準水面からの距離）から説明させる。 ○ 水中でゴム膜を上下させて，へこみ方の変化を観察させる。	課題設定
④ 基準水面よりも高い位置にある水中でのゴム膜の変化の仮説を立てる。 課題：水面よりも高い位置での水中の圧力はどのように働いているのだろうか。	発問：水面よりも高い位置にある水中でのゴム膜はどうなりますか。 ○ 基準水面よりも低い位置と高い位置にある水中でのゴム膜の変化を比べさせる。 ○ 日常体験や既習内容を根拠に考えさせる。	課題設定
⑤ 仮説をグループで検討・検証する。 ○ 必要に応じて，検証実験（ポリエチレンの袋に手を入れて水中に沈める実験，水の入ったペットボトルに穴を空ける実験）を行う。	指示：互いの違いを明らかにした上で，仮説を検討・検証する方法を決めなさい。 ○ 互いの観点のとらえの違いに着目させる。 ○ どのような検証実験を行えば課題が解決するのかが明確になるようにする。 指示：それぞれのグループで考えた通り，検討・検証を行いなさい。	対話
⑥ ゴム膜の実験を行い，結果を確かめる。	指示：ゴム膜の実験を行い，結果を確かめなさい。 ○ 基準水面よりも高い位置にある水中でのゴム膜の変化の実験を行わせる。	対話
⑦ 水中での圧力の働き方を学級で共有する。	○ 複数のグループの考えを意図的に指名する。	
⑧ ふれあい水槽で水があふれない理由を説明する。 ○ 画像では見えない天井はどうなっているのかを考える。	発問：ふれあい水槽はどのような仕組みになっているのですか。 ○ 現実の事象であるふれあい水槽の仕組みを考えさせる。	再構成

5 授業の実際

1 意味ある文脈での課題設定

基準水面よりも低い位置の水中のゴム膜の変化を基に，高い位置にある水中のゴム膜の変化を考えさせる教具を提示する。

学習活動②において，生徒は，水中に働く圧力を体感した。行った実験は，ポリエチレンの袋に手を入れて水中に沈める実験，水の入ったペットボトルに穴を空ける実験である。そして，学習活動③において，基準水面よりも低い位置にある水中でのゴム膜の変化を検討し，確認実験でそのへこみ方が確認できた。その上で，授業者は学習活動④において，「水中ではどんな場合も水圧でおされてつぶれてしまう」という素朴概念とのずれを生じさせるために，以下の写真1のような装置を提示し，「水面よりも高い位置にある水中でのゴム膜はどうなりますか。」と問うた。

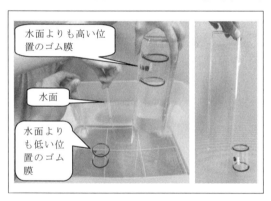

【写真1　提示した装置】

その後，授業者は以下の表1のような観点の可視化に用いる矢印と図1のワークシートを配布した。

【表1　観点の可視化に用いる矢印】

	観点	可視化に用いる矢印
観点①	水圧がゼロである基準水面の高さ	基準（水圧ゼロ） →
観点②	観点①の基準水面からの距離	↕

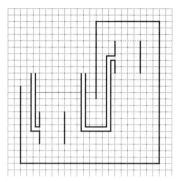

【図1　ワークシート（水や空気の格子状の塊がまわりに加えていることを可視化するための図）】

※　1気圧を1013という数字で圧力を表現する（1目盛りを何cmなどは決めずにイメージを記入していくために用いる。）

生徒は，今までの学習で得た知識，日常での体験を基に，以下の表2のように仮説を立てた。

【表2　生徒が立てた仮説とその人数】

仮　説	人数
上が小さくへこむ・下が大きくへこむ	13
上が大きくへこむ・下が小さくへこむ	7
上が小さく膨らむ・下が大きく膨らむ	0
上が大きく膨らむ・下が小さく膨らむ	15
どちらかが膨らみ・どちらかがへこむ	1
上下ともに同じくらいへこむ	1
上下ともに同じくらい膨らむ	2

※正解である「上が大きく膨らむ・下が小さく膨らむ」の15名のうち，観点のとらえ，水中の圧力のすべてにおいて，正しく説明されている生徒は，6名であった。

生徒は，素朴概念により，「水面と水の最高点のどちらを水圧がゼロである基準水面にすればいいのか」「1気圧よりも低い水圧はあり得るのか」などの疑問を抱き，水中ではどのように圧力が働いているのかを解明したいという目的意識が醸成され，以下のような課題を見いだした。

水面よりも高い位置での水中の圧力はどのように働いているのだろうか。

2 対話を促す工夫

Ⅰ 自分の考えの根拠や観点を可視化できるワークシートを提示する。
Ⅱ 仮説や観点のとらえが違う生徒同士のグループで検討する活動を組織する。

授業者は,仮説や観点のとらえが違う生徒同士の4人グループで検討する活動を組織した。そして,次のように指示した。

> 互いの違いを明らかにした上で,仮説を検討・検証する方法を決めなさい。

この働きかけによって生徒は,それぞれのグループにおいて,「グループのメンバーの考えは,自分と何が違っていて何が同じなのか」「その違いを埋めるために何を解決すればよいのか」「そのために,どのような検証実験を行えばよいのか」を明らかにしていった。

【表3 生徒Aのグループの発話・行動記録】

B	水圧は…?
C	水面から水の最高点までの水圧の変化はどうなの?
B	そう,近い所は。
D	①ペットボトル入れてテープをバッととる。
B	そうそう,それ。じゃあ,②一旦ポリエチレンの
A	実験をやって,そのあとに,ペットボトルをやる。(うなずき,ワークシートに実験方法を書き込む)

互いの考えがワークシートに可視化されていること,仮説や観点のとらえが違う生徒同士のグループを組織したことによって,互いの考えをより正確に理解できた。また,最高点に近いところと水面に近いところのどちらの圧力が大きいのかを調べるため,ポリエチレンとペットボトルの実験をすることが有効であることを考えることができた(表3①②)。このように,水中での圧力について,基準水面よりも低い位置と高い位置にある水中の圧力とを比べ,検証実験の方法を考える様相が見られた。

次に,授業者は,以下のように指示した。

> それぞれのグループで考えた通り,検討・検証を行いなさい。

この働きかけによって生徒Aのグループは,以下の写真2のような検証実験を行い,それを基に,検討をした。

穴の空いたペットボトルに水を満たし,穴をふさいでいるテープをとる

【写真2 ポリエチレンの袋に手を入れて水中に入れる実験(左)と,水の入ったペットボトルに穴を空ける実験(右)】

【表4 生徒Aのグループの発話・行動記録】

A	(ワークシートにペットボトル実験の結果を書きながら)外の。
B	大気圧に,水中の圧力が。
B	で,上から空気が入ってくるから,上の方が差が大きい。
A	上から空気が入ってくるから,上の方が差が大きい?
B	差が大きい。
A	①ゴム膜の中と比べて。
B,C	(うなずく)
D	それって,基準が水面ってこと?
A	基準は水面?
B	水面が基準。水面より上だと,膨らんで,下だと,へこむ。
A	あ~なるほど。(基準を水面に変える)

【写真3 検証実験を基に検討する生徒の様子】

また,次の図2,3は生徒Aのワークシート(検討前・検討後)である。

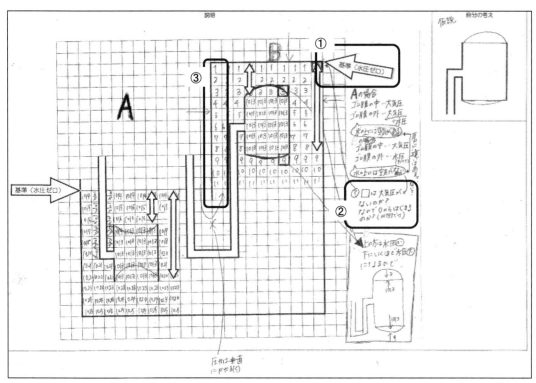

【図2　生徒Aのワークシート（検討前）の一部】

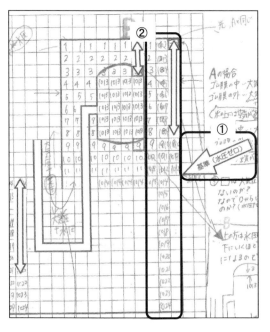

【図3　生徒Aのワークシート（検討後）の一部】

　生徒Aのグループは，ポリエチレンの袋の実験では，水面より下で貼り付き，水面より上にいくと膨らんでくることに驚いていた。また，ペットボトルの実験では，水が穴から出てくることを予想していたが，水が穴から出ず，下の口から出てくる結果になった。はじめは，実験の失敗ととらえ，もう一度確認し，「出ないという結果」であることに気づいた。その後，実験結果を書き込みながら，ゴム膜の中（空気中）と水中を比べることができている（表4①）。それを踏まえ，生徒Dが，基準が水面であると述べた後，生徒Aは納得してワークシートに貼っていた基準の矢印を水の最高点から，水面に移動させることができた（図2①から図3①に移動）。しかしながら，生徒Aは，この段階では，水面よりも高い位置には大気圧が加わっていないかもしれないと考えている（図2②）。

　さらに，生徒Aのグループは，水圧と大気圧の関係について，表5のように検討を行った。

第3章　「確かな学びを促す3つの重点」でつくる授業　109

【表5　生徒Aのグループの発話・行動記録】

A	（基準を水面に変えたあとすぐに，）①じゃあ，水面より上は，大気圧と…，水圧＋大気圧？
B	でも，下の方が強い。
C	待って。大気圧＋水圧だと，ゴム膜の中の大気圧の方が小さくなる？
A	そうだよね。
C	ということは，大気圧＋水圧じゃなくて…
B	水面より下が，大気圧＋水圧になって，実質，右側の水面よりも上にも四方八方で，大気圧＋水圧になる。
C	大気圧が小さかったら？
B	実験からしたら，大気圧はそういう動きでしょ。
A	でも，水圧＋大気圧としたら，水面より上が勝つんじゃない？水面より下側が最小になるんじゃない？
B	②マイナスになっちゃう？
D	水面より上がマイナス，水面より下がプラス。
A	こっちがマイナスで，こっちがプラス？
D	深い所が強くなっているから，基準がゼロ。
C	ということは，水圧がマイナス？ということは，上に行くほど，大気圧－水圧になる。
D	そういうことか。
A	大気圧が…
B	水圧はあるけど，それがマイナスだから，質的には，多くなったり，少なくなったり…だから，水圧だけ考えれば…
C	水面から，水面より上になると，大気圧が…
A	大気圧＋水圧？
C	③大気圧＋水圧ってのは，変わらないんだけど，水圧が水面より下に向けて，1，2，3だけど，水面より上に向かっては－1，－2，－3ってなって…
A	つまり，マイナスってこと？大気圧＋（－水圧）
B	だから，＋水圧なんだけど，上だと，マイナス水圧。
A	これであってんじゃん。（中略）
A	（ワークシートに数値を書き入れ）じゃあ，こっから，１１２になるってこと？ごめん，１０１２。
B	１２か？
A	１２？１３？
C	ここが，＋１で，ここが－１だから…1012
A	1012だ。
D	（格子状のシートを指しながら）それ書きやすい。
A	こっちの方がいいと思う。（数値を書いていく）

生徒Aは，基準を水面に変えた直後に，自分のワークシートを見て，水面よりも高い位置の水中の圧力に大気圧が加わっていない（1，2，3，…）こと（図2③）に気付き，「水面より上は，大気圧と…，水圧＋大気圧？」と発言し（表5①），水中にはどんな場合も大気圧が加わっていることを見いだした。さらに生徒Bは，水面を基準として，水面より上は，水圧が低くなっていき，数値が1013から少なくなっていくことを見いだし，伝えようとした（表5②）。加えて生徒Cが，水面をゼロとしたときに，水面より上は－1，－2・・・と上に上がるにつれて1013から少なくなり，水面より下は1，2と1013から水圧が増えていくことを説明し（表5③），生徒Aは「大気圧＋水圧」で数値を出すことを理解し，格子状に数値を書いていくことができた（図3②）。

> **働かせた「見方・考え方」**
>
> 水中での圧力について，基準水面と基準水面からの距離の2つの観点に着目し，水圧と大気圧の量的な視点でとらえ，基準水面よりも低い位置の水中の圧力と高い位置にある水中の圧力とを比べたり，既習内容や検証実験の結果を根拠に考察したりするなど科学的に探究すること

その後，確認実験（実際に基準水面よりも高い位置にゴム膜を入れる実験）を行い，「上が大きく膨らむ・下が小さく膨らむ」ことを確認した。

【写真4　確認実験をしている生徒の様子】

3　学びの再構成を促す工夫

水中の圧力についての正しい認識を基に，ふれあい水槽で水があふれない理由を説明させる活動を組織する。

水中での圧力の働き方について理解した上で，ふれあい水槽で水があふれない理由を説明する活動を行った。ふれあい水槽とは，次の図4のように，水族館などにある側面に空いた穴から魚に直接エサを与えることができる水槽のことである。大きな水槽の壁に横穴が空いているのに，水はあふれ出ない。

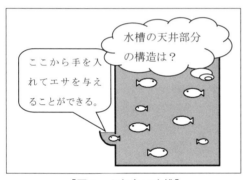

【図4　ふれあい水槽】

授業者が「提示された画像では見えない水槽の天井部分の構造はどうなっているのか」と問うことで，「なぜ，水槽の壁に穴が空いているのに水があふれないのだろう」という疑問に対して，生徒は「水中の圧力はどのようになっているのだろうか」と考え，表6のように追究をはじめた。

この検討をふまえて，生徒Aは，以下の図5のようにワークシート（ふれあい水槽）に自分の考えを記入した。

このように，はじめ生徒Aは，ペットボトルの実験の現象だけを基にふれあい水槽の仕組みを説明しようとしている（図5①）。グループでは，ふれあい水槽の上の部分は，空いているのか，閉まっているのかについて（表6①），基準水面よりも高い位置にある水中でのゴム膜の変化を根拠に，ふれあい水槽の構造と水中の圧力を検討している（表6②）。そして，基準水面

B	①ふれあい水槽の上の部分は，空いている？
A	空いている。
B	あ〜。空いていると，ここに大気圧がかかって，閉じていると，水面にならないから。
C	②ほら，前，完璧に水を入れて，その時と同じで，大気圧＋（−水圧）になる。
D	だから，基準もここ（水面）になる。
A，C	基準は水面でいいね。
C	（ワークシートのふれあい水槽の上の部分を示しながら）もし，ここに水面があったら，バーッとなってあふれてしまう。
A	基準水面よりも低い位置の水中の圧力と高い位置にあるゴム膜の変化のワークシートとちょっと違うよね。ふれあい水槽のワークシートは下まであるじゃん。
C	下まであるのとないので，何が違うのっていう話だよ。
	（どのように清掃するのかという話になる）
A	③閉じていたら，できないじゃん。
	④開けたら，出てくる…そうだ。開けたら，出てくるんだ。そうだよね。

【表6　生徒Aのグループの発話・行動記録】

よりも高い位置にある水中でのゴム膜の変化で考えたどのエリアが，ふれあい水槽のどのエリアに当たるのかを検討し，基準は，エサを与えることができる水面であることを見いだしている。生徒Aは，基準水面よりも高い位置にある水中でのゴム膜の変化を基に考えるべきであることに気付き（図5②），水中の圧力を修正することができた（図5③）。

その検討の中で，ふれあい水槽の上の部分が閉まっているとしたら，清掃はどのようにしているのだろうという疑問が出された。生徒Aは，「閉まっていたら，（清掃が）できない」（表6③）ことから「開けたら（水が）出てくる」ことに気づき，ふれあい水槽の上の部分は，空いていてはいけないことを見いだした（表6④）。このように，生徒Aのグループは，ふれあい水槽の構造を考えることを通して，ふれあい水槽の水中の圧力について説明することができた。

生徒Aは，単元の振り返りに図6のように記述している。

第3章 「確かな学びを促す3つの重点」でつくる授業　111

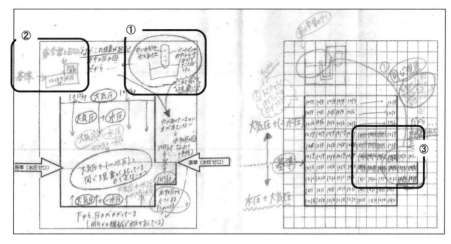

【図5　生徒Aのワークシート（ふれあい水槽）の一部】

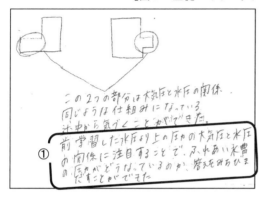

【図6　生徒Aの振り返りワークシートの一部】

生徒Aは，基準水面よりも高い位置にある水中でのゴム膜の変化を考えることを通して深まった水中の圧力の働き方の理解を基に，ふれあい水槽の仕組みを説明できたことを記述している（図6①）。これは，既習内容と現実の未知の現象（ふれあい水槽）とを比べ，必要な定義や検証実験の結果などを関係付け，説明できた姿である。

働かせた「見方・考え方」
水圧と大気圧が関連付いた水中の圧力の働き方に着目し，現実の事象である水族館にあるふれあい水槽に当てはめて考えるなど科学的に探究すること

この単元の学習を通して，水中の圧力を格子状の数字と力の矢印で可視化することによって，目には見えない対象世界を正しく深く理解することができた。

6　単元のまとめ

本単元では，次の「見方・考え方」を働かせる手だてを講じてきた。

○水中での圧力について，基準水面と基準水面からの距離の2つの観点に着目し，水圧と大気圧の量的な視点でとらえ，基準水面よりも低い位置の水中の圧力と高い位置にある水中の圧力とを比べたり，既習内容や検証実験の結果を根拠に考察したりするなど科学的に探究すること
○水圧と大気圧が関連付いた水中の圧力の働き方に着目し，現実の事象である水族館にあるふれあい水槽に当てはめて考えるなど科学的に探究すること

これらの「見方・考え方」を働かせることで，生徒の次の資質・能力を育成することができた。

・水中では，水圧に加えて大気圧の影響を受けることを説明するといった知識・理解
・既習内容である基準水面よりも低い位置の水中の圧力や検証実験の結果を根拠にして水中の圧力を説明するといった思考力
・既習内容や検証実験の結果を根拠に水中の圧力を解明しようとするといった学びに向かう力

参考・引用文献
○庭田茂範『平成28年度　研究紀要』新潟大学教育学部附属新潟中学校　2016

実践：理科

作用・反作用と慣性（3年）

齋藤　大紀

1　目標
○ペットボトルロケットが飛ぶ仕組みについて，条件の違いを比較しながら考える活動を通して，以下のことができる。
- ペットボトルロケットに働く力を矢印で書き表したり，地面や水，ペットボトルロケットがもつ慣性の大きさの違いを線の太さで書き表したりすること
- 条件の違いによる飛び方の違いを，作用・反作用の法則や慣性の法則，確認実験の結果を根拠にして説明すること
- 身の回りにある運動の様子を，加えた力の大きさとその物体の慣性の大きさの相互の関係によって，説明しようとすること

※本単元では，質量が大きく動きにくいことを「慣性が大きい」，質量が小さく動きやすいことを「慣性が小さい」という表現を用いることとする。

2　本単元で働かせる「見方・考え方」
○ペットボトルロケットが飛ぶ仕組みにおいて，「働く力の大きさ，作用点，向きの違い」と「慣性の大きさ」の量的関係性に着目して，条件を比較したり，確認実験の結果と関係付けたりして，科学的に探究すること

3　本単元の指導の構想
　反作用は作用に対して自然に生じる力のため，意図的に力を働かせて生じる運動に比べ，反作用による運動は理解しにくい学習内容であり，運動の仕組みを実感できない生徒もいる。そこで，台車に乗って壁を押し，押す力の大きさを変える実験を行う。この実験から，反作用による運動を体験し，作用の大きさで反作用の大きさが変わることを実感して，反作用による運動の仕組みを理解する。

　また，物体の運動は，質量の大きさによる動きにくさ（慣性の大きさ）によっても変化する。そこで，台車に乗った者同士で押し合う実験を行う。この実験から，互いの移動距離に差が生じる場合があることに疑問をもつ。疑問を解決するために，水の入ったポリバケツと空のポリバケツを乗せた台車を押し比べる実験を行う。これにより，同じ力で押しても，質量の違いによって動きにくさが違うことを理解する。

　その上で，ロケットが反作用によって飛ぶという教科書の記述に注目させ，生徒にとって簡単で身近に宇宙開発を感じることができるペットボトルロケットを提示し，条件を変えたときの飛び方の違いを予想させる。生徒は，条件ごとにペットボトルロケットが飛ぶか飛ばないかを検討する活動を通して，「作用・反作用による力の働き方」と「慣性と質量の関係」を相互に関連付けて物体の運動の仕組みを明らかにしていく。

単元を構想する上でのポイント
○自分の考えや根拠を可視化し，他者との予想や仮説のずれを明確にする教材やワークシートの提示
○既習事項をもとに，条件を変えた仕組みを予想し，説明する単元構成

第3章 「確かな学びを促す3つの重点」でつくる授業　113

4　単元の構想（全6時間）

学習活動	教師の支援・指導	
① 作用・反作用を理解する。 ○ 台車に乗って壁を押すと自身が後方に移動する実験を行う。 ○ 押しばねばかりで，台ばかりを押したときの目盛りの指す値が等しくなることを確認する。	○ ジャンプするとき，より強く地面を踏むことで，より高く跳び上がれる，机を強くたたくほど痛いなど日常体験を想起させる。 ○ グループごとに実験道具を準備し，全員が実験できるようにする。	課題設定
② 慣性による運動の違いを確認する。 ○ 台車に乗って壁を押したとき，なぜ自身が動いたのかを考える。 ○ 台車に乗った者同士で押し合う実験を行う。 ○ 水の入ったポリバケツと空の（空気の入った）ポリバケツを台車に乗せ，台車に乗ってそれぞれを押してみる。	○ ワークシートに働く力を記入させる。 ○ グループごとに実験道具を準備し，全員が実験できるようにする。 発問：台車に乗った者同士で押し合うと，移動距離に差が出るのはなぜですか。	
③ ロケットも反作用の利用であることを知り，ペットボトルロケットが飛ぶ仕組みを考える。 ○ 条件Aが飛ぶ様子を観察する。 ○ 条件Aが飛ぶ仕組みを考える。 課題：ペットボトルロケットは，どのような仕組みで飛ぶのだろうか。 　　　地面や水はどのような役割をするのだろうか。	発問：ペットボトルロケットが飛ぶのはなぜか。自分の考えをまとめなさい。 ○ 条件Aを飛ばす（演示）。 ・接地している。 ・水（100ml）が入っている。 ○ ワークシートに働く力を記入させる。 ○ 個人で条件Aが飛ぶ仕組みをワークシートに記述させる。	
④ 条件を変えたペットボトルロケットが飛ぶかどうかを考える。 ○ 条件B，条件Cが飛ぶかを予想する。 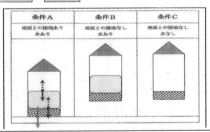	発問：条件を変えたペットボトルロケットは飛ぶでしょうか。 ○ 条件の違いを整理したワークシートと実物を用意する。 条件B ・接地していない。 ・水（100ml）が入っている。 条件C ・接地していない。 ・水が入っていない。	対話
⑤ 仮説を検討・検証する。 ○ 互いの仮説を比較し，検討する。 ○ 必要に応じて作用・反作用や慣性に関する検証実験を行う。	○ 異なる予想をした生徒でグループ編成する。 指示：考えの違いを明確にして，互いの仮説を検討しなさい。なお，必要に応じて検証実験を行いなさい。	
⑥ ＜条件B＞は飛び，＜条件C＞は飛ばないことを確認する。	○ 条件B，Cを飛ばして，飛び方の違いを観察させる（演示）。	再構成
⑦ ペットボトルロケットが飛ぶ仕組みを再検討する。 ○ 条件Dが飛ぶかを検討する。 ○ 条件Dの飛び方を確認する。	○ 条件A〜Dを飛ばして，飛び方の違いを観察させる（演示）。 条件D ・接地している。 ・水が入っていない。	

5 授業の実際

1 意味ある文脈での課題設定

ペットボトルロケットが飛ぶ仕組みを説明する中で生じた生徒の誤概念を表出し，生徒同士の予想の違いと仮説のずれを基に，地面や水の役割を考える教材構成にする。

学習活動①，②を通して，生徒は物体の運動の様子は，加えた力の大きさと慣性の大きさにより影響を受けることを理解した。

その上で，作用・反作用によって運動する身の回りの仕組みを教科書(図1)で改めて紹介した。そのひとつが，ロケットが飛ぶ仕組みである。

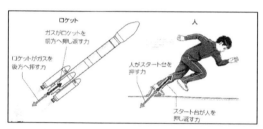

【図1 教科書(学校図書)「作用・反作用のいろいろな例」】

生徒は，この図からロケットがなぜ飛ぶのかを説明することは難しい。そこで，ペットボトルロケットを提示し，実際に飛ぶ様子を観察させた。

・500ml炭酸飲料用ペットボトル
・7号ゴム栓
・100gの油粘土（おもり）
・水 100ml
・ドライアイス 2～3g

【図2 本単元で使用したペットボトルロケット】

最初に，条件Aが飛ぶ様子から，ドライアイスによってボトル内の気圧が高まり，ゴム栓を押す作用が働くことを共通理解した。その上で，条件Aのペットボトルロケットが飛ぶのはなぜかをワークシートに自分の考えをまとめた。多くの生徒が，「地面を押す力の反作用が働くから」と説明しており，地面の慣性の大きさを根拠として挙げる者はほとんどいなかった。そこで，「地面を押す力の反作用のみを根拠に，地面がないと飛ばないであろう」という生徒の素朴概念を表出させるために，条件Bを提示し，さらに，水のはたらきに注目させるために条件Cを提示し，次の発問を行った。

発問：条件Bと条件Cのペットボトルロケットは飛ぶでしょうか。

ここで，条件を比較しながら自分の考えを可視化しやすくするワークシート(図3)を配布し，学級全体で働く力の表し方(図4)と慣性の大きさの表し方(図5)を共通理解した。

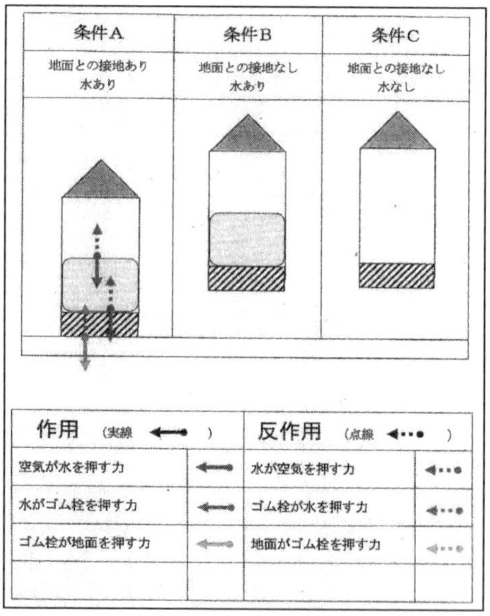

【図3 条件を比較して考えさせるワークシート】

【図4 働く力を可視化する方法】

第3章 「確かな学びを促す3つの重点」でつくる授業　115

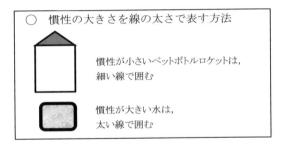

【図5　慣性の大きさを可視化する方法】

　生徒Aは，条件Aのペットボトルロケットが飛ぶ仕組みの解釈やこれまでの学習内容や知識，実験結果，生活体験などをもとに条件B，条件Cが飛ぶのか，仮説を立てた。

　※「予想」，「仮説」とは，以下のように授業において生徒と共通理解している。

| 「予想」…起こるであろう仕組み，未知の実験の結果 |
| 「仮説」…根拠に基づいて，「予想」が生じる理由を説明したもの |

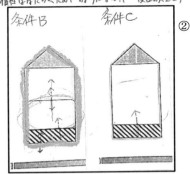

【図6　生徒Aの予想仮説ワークシート】

　生徒Aは，地面のように慣性が大きい物体に作用を働かせると反作用が大きくなるという素朴概念による考え（図6①）から，条件Bの水の存在に着目して，条件Cよりも慣性が大きいため，大きな反作用が生じて飛ぶのではないかと仮説をたてた。ただし，この時点では，「水」単体ではなく，「水の入ったペットボトル全体」の慣性としてとらえていた（図6②）。

　このように，生徒Aは，「地面と接しているかいないかで，飛ぶか飛ばないかが変わるのではないか」と考え，「水が入っていない条件Cは飛ばなそうだけど，水は飛ぶ飛ばないかに関係するのだろうか」という疑問をもった。そして，ペットボトルロケットが飛ぶ仕組みを解明したいという目的意識が醸成され，以下のような課題を見いだした。

| ペットボトルロケットが飛ぶ仕組みにおいて水はどのような役割をするのだろうか。 |

2　対話を促す工夫

| 異なる予想や仮説をたてた生徒同士で4人グループを作り，互いの仮説の違いを説明し，ペットボトルロケットが飛ぶ仕組みを検討する活動を組織する。 |

　その後，授業者は，予想が異なったり，予想は同じでも仮説が異なったりする者同士で4人グループを編成し，ペットボトルロケットが飛ぶ仕組みを検討する活動を組織し，次のように指示した。

| 指示：互いに自分の仮説を伝え合い，違いを明らかにした上で，仮説を検討しなさい。 |

【表1　生徒の予想の分布】

	飛ぶ	飛ぶかな	飛ばないかも	飛ばない
条件B	4名	15名	15名	4名
条件C	2名	2名	19名	15名

　表2，表3は，生徒Aのグループの発話記録である。

【表2　生徒Ａのグループの発話記録】

C	①条件Ａと条件Ｂの違いは接地しているか，接地していないか。条件Ｂと条件Ｃの違いは慣性の大きさ。だから，ロケットの飛ぶ条件に慣性は…。②慣性とロケットの飛ぶ条件の関係について分かれば，条件Ｃが飛ぶかどうかもわかる。
A	次，私の視点で。事実として慣性は条件Ｂの方が大きいと。
B	そうだね。
C	つまり静止しつづけようとしている。
A	うん。条件Ｃの方が小さい。
B	ちっちゃいね。
A	ということが分かる。③でも，条件Ａは慣性が大きいにもかかわらず，地面のおかげで，ロケットが飛ぶ。
C	地面の反作用が強いから，慣性にも耐えられる。

　生徒Ａは，グループ検討の中で，生徒Ｃの「条件Ａと条件Ｂの違いは接地しているか，接地していないか。条件Ｂと条件Ｃの違いは慣性の大きさ」（表２①）や「慣性とロケットの飛ぶ条件の関係について分かれば，条件Ｃが飛ぶかどうかもわかる」（表２②）という発言を受けて，慣性に着目している自分の仮説を発表した。

　しかしながら，ペットボトルロケット全体の慣性と地面からの反作用との関係で飛ぶか飛ばないかを説明していた（表１③）。

【写真１　互いの仮説を検討し合う生徒の様子】

【表3　生徒Ａのグループの発話・行動記録】

C	①逆に上向きの力と慣性の大きさがつり合うかつり合わないかで見れば条件Ｃが分かる。
A	②上にどれだけ行くかって考えなきゃいけなくて。慣性に対抗，足り得る力を秘めているかどうかが条件Ｂの一番の難点。
B	視点を変えると，飛ぶか飛ばないか変ってくるね。
A	そう。
C	③ゴム栓単体にも慣性があるし，ペットボトル単体にも慣性がある。
A	④ペットボトルロケットに対する慣性は全部変わらないでしょ。
B	そうだね。
A	⑤変わっているものと言えば，水の慣性とペットボトルロケットという存在の慣性。水が変わるからね。水にどれだけあるかによらない？
D	慣性が働いてるんだったら，水の量を変えれば，飛んだり飛ばなかったりするってことも，ありえる。
B	慣性で考えるならありえる。
A	ありえる。だから，⑥慣性で考えれば，ロケットが上に行くための力が結果的にどれだけあるか，で飛べるかどうかが決まるんじゃない。慣性で見ればだよ。

　その後，生徒Ｃの「逆に上向きの力と慣性の大きさがつり合うかつり合わないかで見れば条件Ｃが分かる」（表３①）という発言に対して，生徒Ａは「上にどれだけ行くかって考えなきゃいけなくて」（表３②）と物体の運動の方向に働く力に着目し始めた。

　さらに，生徒Ｃの「ゴム栓単体にも慣性があるし，ペットボトル単体にも慣性がある」（表３③）から生徒Ａは，ペットボトルの中の物体（水，空気，ゴム栓）をそれぞれ別個のものとしてとらえ，条件によって何が同じで何が違うかについても着目し始めた。そして，「水の慣性」と「ペットボトル単体の慣性」を分けてとらえることができるようになり（表３④⑤），条件Ｂと条件Ｃの違いであるペットボトル内の水の有無に着目し，「慣性の大きな水」と「慣性の小さな空気」の違いによって，上向きに働く力との関係で飛ぶ

か飛ばないかが決まるのではないかと考えた（表3⑥）。

これは、「働く力の大きさ，作用点，向きの違い」と「慣性の大きさ」の量的関係性に着目して，条件を比較して考えた姿である。

その後，グループでの検討を経て，予想が変わったかどうかを確認した。予想が変わった生徒から，その理由を発表させて，学級全体で共有した。

働かせた「見方・考え方」

「働く力の大きさ，作用点，向きの違い」と「慣性の大きさ」の量的関係性に着目して，条件と飛び方の違いを比較すること

【写真2　自分の考えの変容を説明する生徒の様子】

3　学びの再構成を促す工夫

グループでの検討後，条件Bと条件Cのペットボトルの飛び方を実際に観察し，その結果からペットボトルロケットが飛ぶ仕組みをワークシートにまとめる活動を組織する。

【写真3　＜条件B・C＞の確認実験の様子】

学習活動⑥で実際に実験結果を確認した上で，改めてペットボトルロケットが飛ぶ仕組みについて説明する活動を組織した。

生徒Aは，これまでの検討の内容と確認実験の結果を関係付けて，再度，グループのメンバーとペットボトルロケットが飛ぶ仕組みいついて検討し，解明していこうとした。

表4は，生徒Aのグループの発話記録である。

【表4　生徒Aのグループの発話記録】

A	①作用・反作用で考えるなら，水がゴム栓を押す力と空気が水を押す力が意外と大事だった。私が考えた通りっていうか，慣性で考えるなら，大きい分，下にいく分，吹っ飛んでくれる。慣性は意外と条件Bの水に関係があった。条件Cは慣性で考えると，ちっちゃい。
B	小さすぎる。
A	小さいってことだから，前にやった台車の実験で言うと，水の入っていないポリバケツの方で。
B	条件Bが，水の入ったポリバケツってこと？
A	だから，条件Cが空気バケツだと考えて…。ペットボトルが人間と考えて，条件Bは水バケツだと考えて…。②当然，水バケツの方が吹っ飛ぶよね。空バケツよりも。っていうことじゃない。
C	なるほど。
B	だから，あの空バケツの実験をしたって考えるといいんだね。

生徒Aは，実験結果を見て，ペットボトルロケットの飛び方の違い（条件Bは飛ぶ，条件Cは飛ばない）が分かった後に，その根拠を「作用・反作用で考えるなら，水がゴム栓を押す力と空気が水を押す力が意外と大事だった。私が考えた通りっていうか，慣性で考えるなら，大きい分，下にいく分，吹っ飛んでくれる。

慣性は意外と条件Bの水に関係があった。条件Cは慣性で考えると，ちっちゃい。（表4①）」と発言していた。

さらに，仲間にわかりやすく伝えるために，これまでの実験を想起し，台車の上に置いたポリバケツの図を示しながら（表4②および写真3），

台車の上の空のポリバケツと水の入ったポリバケツをペットボトル内の条件と一致させ，ペットボトルロケットを台車に乗った自分自身と一致させてその運動の様子の違いを説明した。

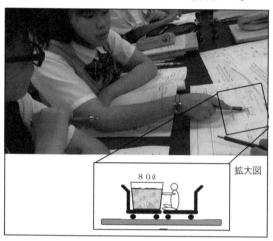

【写真3　実験結果やポリバケツの実験を示しながら考えを伝える生徒Aの様子】

その後，生徒Aは，再構成ワークシートに実験結果と検討内容をもとに変容した考えを記述した。(図7)

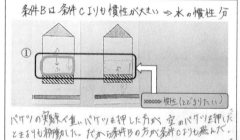

【図7　生徒Aの再構成ワークシート】

生徒Aは，仮説ではペットボトルロケット全体で慣性をとらえていた(図6②)が，ペットボトル内の水を太線で囲み，「慣性(とどまりたい)」と記し，空気よりも水の慣性が大きいことを図示し(図7①)，ペットボトルロケットが飛ぶ仕組みにおいて，他者とのかかわりの中で変容した自分の考えを，確認実験の結果と関連付けて再構成することができた。

働かせた「見方・考え方」

「働く力の大きさ，作用点，向きの違い」と「慣性の大きさ」の量的関係性に着目して，条件と飛び方の違いを基に，仮説と確認実験の結果と比較すること。

本単元における生徒自身の学びを振り返る活動を組織し，本単元において重要だと感じた視点や活動，考え方などを挙げさせた。

生徒Aは，「根拠をもとに予想すること(図8①)」，「先入観をなくすこと(図8②)」，「順序だてて考えること(図8③)」の3つを挙げ，それらを「論理的な考え方」とまとめていた。

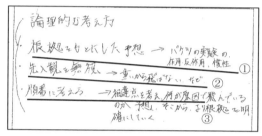

【図8　生徒Aの単元の振り返りワークシート】

また，〔確認したいこと(やってみたい実験)〕としてワークシートに，「地面に接した，水の入っていないペットボトルロケット(条件D)は飛ぶか」や「条件Aと条件Bは，飛ぶ高さが違うか」など，地面と水の慣性の大きさの違いに着目した比較実験をしたいという記述が多く見られた。(図9)

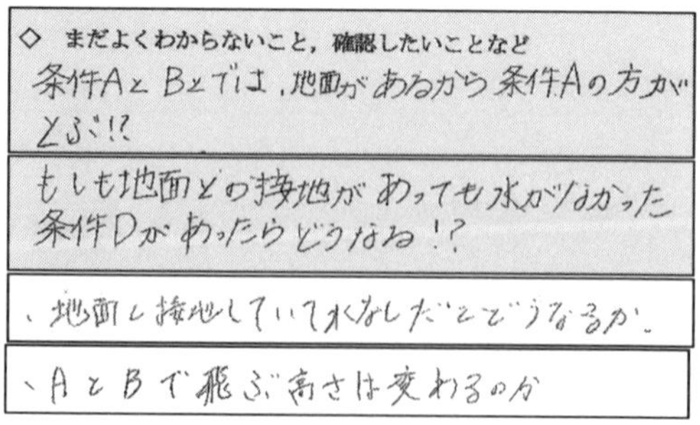

【図9　本時後のワークシートへの記述】

さらに，生徒の振り返りから，多くの生徒が〔本単元において有用だと感じた考え方〕として，「条件ごとに比較して，共通していることと違っ

第3章　「確かな学びを促す3つの重点」でつくる授業　119

ていることに注目する」,「これまでに習ったことややった実験を根拠に考える」,「違う考えの人と話し合い,なぜ違う考えなのかを理解する」,「図を用いて説明する」などと記述する生徒が多かった。(図10)

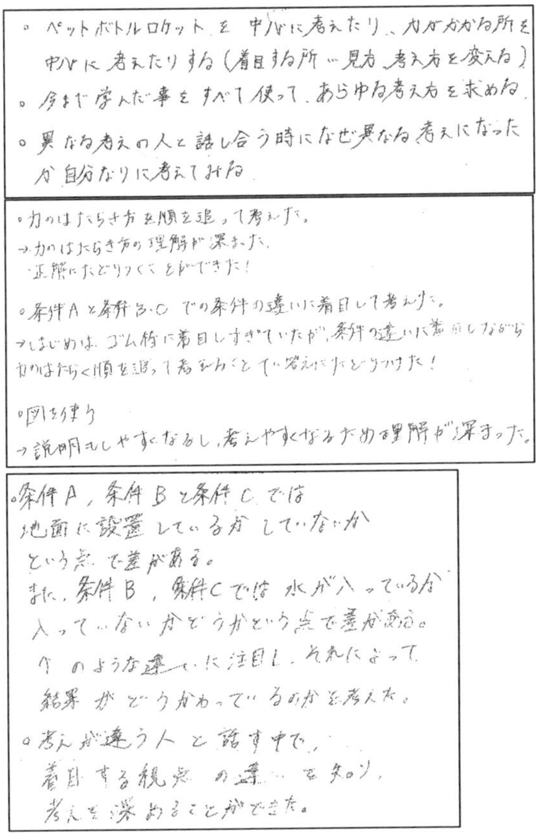

・ペットボトルロケットを 中心に考えたり、力がかかる所を
　中心に考えたりする（着目する所…見方、考え方を変える）
・今まで学んだ事をすべて使って、あらゆる考え方を求める。
・異なる考えの人と話し合う時になぜ異なる考えになった
　か自分なりに考えてみる。

・力のはたらき方を順を追って考えた。
→力のはたらき方の理解が深まった。
・正解にたどりつくことができた！
・条件Aと条件B、Cでの条件の違いに着目して考えた。
・はじめは、ゴム的に着目しすぎていたが、条件の違いに着目しながら
　力はたらく順を追って考えることで答えにたどりつけた！
・図を使う
→説明もしやすくなるし、考えやすくなるため理解が深まった。

・条件A，条件Bと条件Cでは
地面に設置している方 していない方
という点で差がある。
また、条件B，条件Cでは 水が入っている方
入っていない方どうかという点で差がある。
今のような違いに注目し、それによって
結果がどうかわっているのかを考えた。
・考えが違う人と話す中で、
着目する視点 の違い を知り、
考えを深めることができた。

【図10　単元の振り返りの記述】

6　単元のまとめ

　ペットボトルロケットという簡単で身近に宇宙開発を感じさせるものではあるが,なぜ飛ぶのかをうまく説明できない教材を生徒に提示した。

　本単元において,生徒は以下の「見方・考え方」を働かせて,ペットボトルロケットが飛ぶ仕組みを検討し,解明していこうとした。

○ペットボトルロケットが飛ぶ仕組みにおいて,「働く力の大きさ,作用点,向きの違い」と「慣性の大きさ」の量的関係性に着目して,条件を比較したり,確認実験の結果と関係付けたりして,科学的に探究すること

　これらにより,生徒の次の資質・能力を育成することができた。

<思考力・判断力・表現力等>
・条件の違いを比較した上で,これまでの学習内容や実験結果を根拠に事象を説明すること
・より確かな仮説を見出そうと,積極的に質問したり,検討のための批判的な意見を出したりして,互いの仮説を検討すること
<学びに向かう力等>
・物体の運動の仕組みを科学的に説明しようと,主体的に探求すること

実践：音楽

曲の雰囲気を感じ取ろう　魔王（1年）

和田　麻友美

1　目　標
○シューベルトとライヒャルトが作曲したそれぞれの「魔王」を、聴き比べたり、歌ったりすることを通して、以下のことができる。
・音楽を形づくっている要素（主に旋律、強弱）を観点に、2つの「魔王」の特徴をとらえること
・詩と音楽の特徴を関連付けて、「魔王」の世界がどのように表現されているのかについて説明すること
・仲間と考えを交流し、「魔王」に対する自分なりの解釈を深めようとすること

2　本題材で働かせる「見方・考え方」
○「魔王」の作曲の工夫を、音楽を形づくっている要素とその働きの視点でとらえ、詩の内容と関連付けること

3　本題材の指導の構想
シューベルトの「魔王」は、詩で表現されている世界と音楽の特徴を関わらせて聴き取りやすいため、1年生がはじめに鑑賞をする際、扱われることが多い曲である。また、詩は、会話調で展開されており、生徒は「魔王」の世界を容易にとらえることができる。

ゲーテが作った「魔王」の詩には、複数の作曲家が曲をつけている。代表的なものにシューベルトのものとライヒャルトのものがある。次々と旋律が変化するシューベルトの通作歌曲と、一定の旋律の繰り返しで構成されるライヒャルトの有節歌曲とでは、旋律の動きが異なる。そして、どちらも詩と旋律の流れを対応させて作曲し、「魔王」の世界を表現している。そこで、2つの曲を比較することで、それぞれの音楽の特徴とその働きをとらえて解釈を深め、自分なりの「魔王」のよさを見いだすことができるようにする。

本題材では、深い鑑賞ができるよう、ゲストティーチャー（以下GTと表記）による日本語と原語（ドイツ語）による演奏を聴いたり、「魔王」の一部分を抜き出してドイツ語で歌ったり、歌詞を読んだりする活動を加える。その体験を基に2曲を追求し、音楽を形づくっている要素を観点に特徴をとらえ、それらを仲間と伝え合う活動を通して、「魔王」についての理解をより深いものにしていくことを目指す。

題材を構想する上でのポイント
○同じ詩でつくられたシューベルトとライヒャルトの2曲を、観点を基に比較 ○GTによる演奏を参考に生徒自身が歌ったり、ドイツ語の歌詞を発音したりする体験を基にした追求活動

第3章 「確かな学びを促す3つの重点」でつくる授業 121

4 題材の構想（全4時間）

学習活動	教師の支援・指導	
① 「魔王」の日本語訳詩を読み，詩の世界を想像する。	○ 日本語訳詩を提示し，「魔王」の詩を読ませる。 ○ 登場人物，場面の情景など詩を読んで想像したことをワークシートに書かせる。	課題設定
	発問：「魔王」の詩からどのような情景を想像しますか。	
② 「魔王」の詩からどのような音楽か予想する。	○ 詩の世界から「魔王」がどのような曲か予想をさせる。	
	発問：この詩に音楽をつけるとしたら，どんな音楽にしますか。それはなぜですか。	
③ GTによる日本語の「魔王」を聴く。	○ ライヒャルト，シューベルトの順で聴かせる。 ○ 聴きながら，気付いたこと，感じたことを書かせる。	
課題：2人の作曲家は「魔王」をどのような工夫で表現しようとしたのだろうか。	発問：GTの演奏を聴いて，気付いたこと，感じたことは何ですか。	
④ 2曲を日本語でGTと一緒に歌う。 ⑤ GTのドイツ語版「魔王」を聴く。	○ 聴く時の観点は特に示さず広くとらえさせる。 ○ ③と同様，歌ったり，聴いたりして，気付いたこと，感じ取ったことを書かせる。	
⑥ ③〜⑤でメモしたことをグループで出して，まとめ，課題解決の手がかりを得る。	○ グループでワークシートに書いたものを発表し合い，模造紙の上で曲ごとにまとめさせる。 ○ 課題解決のために，着目するとよさそうな音楽を形づくっている要素をいくつか挙げさせる。	対話
⑦ ⑥で共有した音楽を形づくっている要素（旋律，強弱など）から1つ選び，それを観点にして追求する。 ○ タブレットに入っているGTの演奏を聴き返したり，GTと歌ったりして追求する。	○ 同じ観点を選択した生徒同士で，追求する活動を組織する。	
	指示：選択した観点を基に2曲の特徴とその働きについて，演奏を聴いたり，発音したりして追求しなさい。	
	○ 楽譜から読み取ったり，聴いたり，歌ったりして新たに気付いたことをワークシートに記入させる。 ○ GTの演奏をタブレットに入れておき，活用を促す。	
⑧ 異なる観点を追求した仲間とグループで意見を交流する。	指示：追求した内容を歌ったり，発音したり，聴かせながら発表し合いなさい。	
	○ 楽譜を貼った模造紙に，意見交流の内容を簡潔にまとめさせる。	再構成
⑨ 2曲の工夫している点をワークシートにまとめる。	○ 今までの活動で見いだした，作曲の工夫点を，ワークシートに書かせる。	
⑩ 本題材の学習を通して，自分が得た鑑賞の仕方についてまとめる。	○ 学習活動を振り返らせ，役に立った聴き方，聴くポイントについて記入させる。	

5 授業の実際

1 意味ある文脈での課題設定

シューベルトとライヒャルトが作曲したそれぞれの「魔王」を聴き比べて，作曲の工夫をとらえていく題材構成とする。

授業者は，「魔王」の日本語訳詩のみを提示した。そして，次の発問を行った。

発問：「魔王」の詩からどのような情景を想像しますか。

生徒は詩を読み，「魔王」とは何者なのか，どのような話で，どのような情景なのかを想像して全体で共有した。

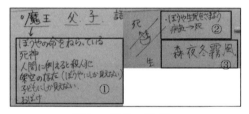

【図1　授業の板書】

魔王とは，死神のようなもの，子どもには見えるが父（大人）には見えないようなもの（図1①）や，生死の境目をさまよっている子どもを死の方へ誘っている（図1②）という考えが出た。情景としては，森の中，夜中で「枯れた柳の幹」と言っているところから，秋から冬にかけ風が吹いている中，馬を走らせている様子であること取り上げた（図1③）。

そして，これらの情景についてさらに想像を膨らませた上で，どのような曲かを予想させた。すると，次のような意見が出された。

・怖い話であるところから，強い，低い音
・生死のさまよいを表現するために，暗い曲調と明るい曲調を交互にする

その後，作詩はゲーテで，原語はドイツ語であること，この詩に曲をつけている人が複数いることを知らせ，GTからライヒャルト，シューベルトの順で2曲（日本語版）を演奏してもらった。生徒は聴く際には，「感じ取ったこと」「聴き取ったこと」をワークシートに記述した。

【写真1　GTの演奏の様子】

GTの演奏を聴いて，生徒は同じ歌詞であるのに，2曲がまるで違う曲のようにきこえたことに驚きを見せた。そして，「もっと学習を進めて，工夫がどんなものなのか，気付いていきたい」（図2①）という思いをもった。

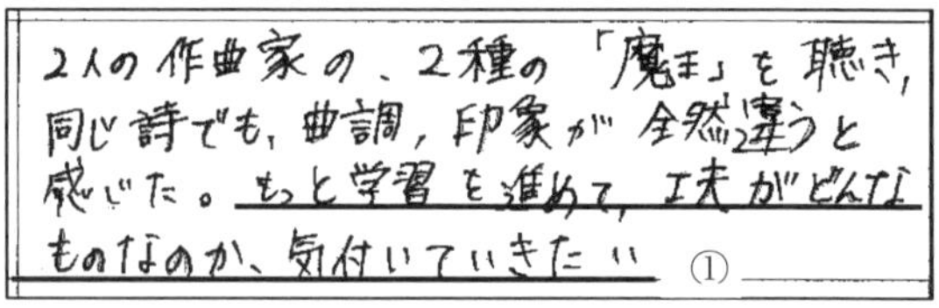

【図2　生徒のワークシート】

こうして，生徒は次の課題を見いだした。

2人の作曲家は「魔王」をどのような工夫で表現しようとしたのだろうか。

2 対話を促す工夫

聴き比べたり，歌ったりしてわかった音楽の特徴について，仲間と伝え合う活動を組織する。

課題解決に向けて，次の活動を組織した。

学習活動④　日本語版2曲をGTと一緒に歌う。
学習活動⑤　GTが演奏するドイツ語版を聴く。一部分抜き出した箇所のドイツ語歌詞を読んだり，歌ったりする。

第3章 「確かな学びを促す3つの重点」でつくる授業　123

【写真2　歌っている生徒の様子】

学習活動④⑤で，生徒ははじめに聴いた演奏を，日本語とドイツ語，シューベルトとライヒャルトで比較した。その後，聴いたり，一緒に歌ったりして気付いたことについて4人班でグルーピング，ラベリングするように促した(図3)。

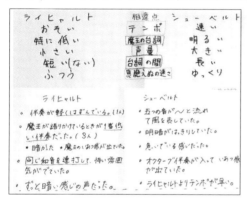

【図3　気付いたことをまとめた模造紙】

はじめに，1年生最初の鑑賞であることを考慮し，気付いたことをまとめさせた後，音楽を形づくっている要素についての基本的知識を全体で共有し，追求活動で活用できるようにした。

その後，追求する観点として音楽を形づくっている要素(音程，強弱，テンポなど)を全体で共有した。

その後，授業者は次の指示を行った。

> 指示：選択した観点を基に2曲の特徴とその働きについて，演奏を聴いたり，発音したりして追求しなさい。

生徒は同じ観点を選んだ仲間同士で，タブレットで聴き比べたり，GTと一緒に歌ったり，伴奏だけを弾いてもらったりしながら，それぞれの曲の音楽の特徴について追求した。

【写真3　GTに伴奏を弾いてもらう生徒の様子】

生徒Aは，追求する観点として「テンポ」を選んだ。そして，タブレットに入っているGTの演奏と楽譜を見聴きしながら追求活動を行った。「テンポ」という音楽を形づくっている要素から，ライヒャルトの方は，全体的に同じ速さで進むが，子が父と話している時などは少し速くなっているという特徴をとらえた(図4①)。

またシューベルトでは，全体的に速いが，最後に子が魔王に連れて行かれる所は更に速くなっていることを特徴としてとらえることができた(図4②)。

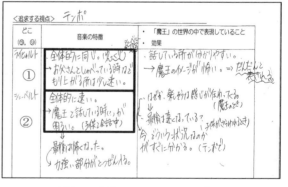

【図4　生徒Aのワークシート】

その後，違う観点で追求した生徒同士のグループを編成し，違う観点から追求した内容を関連付けて2曲の作曲の工夫について意見交流することとした。交流の際には，自分の意見を互いに述べ合うだけではなく，仲間の意見と関連付けて表現できるよう，次の点をふまえるように指示した。

○言葉で述べるだけでなく,自身が歌ったり,仲間にも歌ってもらったり,タブレットの演奏を聴かせたりして実感をもてるように発表の工夫をする
○交流して明らかになったことは,楽譜を貼った模造紙で可視化し,それぞれの観点をかかわらせて考える

【写真4 タブレットでGTの演奏を聴き返している生徒の様子】

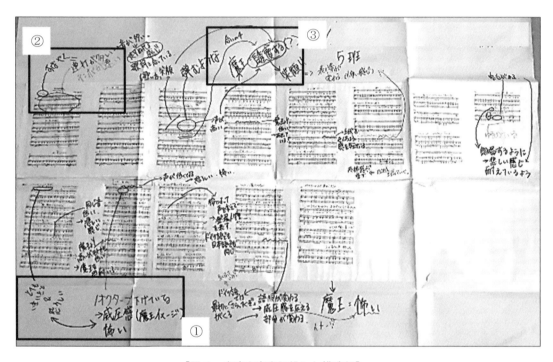

【図5 交流内容を記録した模造紙】

【表1　生徒Aのグループの発話・行動記録】	
A	ライヒャルトは,簡単にまとめて言うと,全体的にゆっくりで,魔王の部分で,魔王が話しかけている部分で,(その部分の楽譜に印を付けながら,)1オクターブ下がっている。・・・それで,魔王のイメージを怖く,威圧感を与えている。
B	聴いてみなくていい？そこのところ。
A	聴いてみる？
B	①(タブレットを操作する)
全員	(聴きながら,楽譜を指で追う)
C	わかる,わかる。すごく怖いよね。
A	ここで,魔王のイメージが,威圧感というか,怖いイメージを与えている。ライヒャルトの場合は,あんまりテンポが変わらないから,まとめて言うとこんな感じ。

　生徒は,出された意見を確認する方法として,タブレットにあらかじめ取り込んであるGTの演奏画像を繰り返し流したり(表1①),該当部分を抜き出して聴いたりした。すぐに確認をすることで,それぞれの意見がわかりやすくなり,

グループでの対話も促された(写真4)。

　追求の観点を「テンポ」にした生徒Aは，ライヒャルトの方は，全体的にゆっくりであること，曲のはじめの「Sehr lebhaft und schauerlich」は，「とてもいきいきと恐ろしい」ことを意味しているというテンポの特徴からも，魔王の威圧感・怖さを表現している働きがあるとしている(図5①)。

　一方，シューベルトの方では，曲の始まりで連打が多く，「Schnell (♩=152)」は「すばやく」を意味していることから，速いテンポであるという特徴をとらえている(図5②)。

　このように生徒Aは，楽譜を読み込み，速度標語に着目し，歌詞が同じ場所でも，ライヒャルトとシューベルトにはテンポに違いがあることに気付いた。

　また，同じ「かわいいぼうやおいでよ」の部分も，終始ゆっくりでテンポの変化がないという特徴から「魔王の威圧感・怖さ」を表現しているライヒャルトと，速く弾むような演奏で「魔王の誘惑」(図5③)を表現しているシューベルトとの違いに気付くことができた。生徒Aは，2曲を聴き比べたり，楽譜を見比べたりと比較したことでこのような音楽の特徴とその働きをとらえることができた。

働かせた「見方・考え方」
　音楽を形づくっている要素とその働きに着目すること

　授業者は，仲間の意見を関連付けて考えるために，次のように働きかけた。

> 発問：曲中で子どもの死への恐怖感が一番表れているのはどこですか。また，それはなぜですか。

　学級全体で，子どもの死への恐怖感が一番表れているのはどこかを共有し，子どもの最後のパート「お父さん　お父さん　魔王が今　坊やをつかんで連れていく」の部分であることを確

認した。そして，その根拠を班で考えた。すると，強弱を観点にして，「お父さん　お父さん…」と子どもの部分の強弱記号がシューベルトは ppp → f → f → fff と変化し，ライヒャルトは p → p → p → ff とだんだん強くなっているという意見が挙がった。その後，次の発話がなされた。

D	えっと，シューベルトなんですけど，この123小節のところから，伴奏が転調して，緊張感が増している感じになっていると思います。
授業者	転調している。転調ってわかりますか。Dさん，もうちょっと詳しく言えますか。教えてもらっていいですか。どういうふうに変わっているって？
D	①伴奏のメインの音。なんか，高くなっている。音が。
授業者	ちょっと，聴いてみましょうかね。 （曲を流す）
授業者	分かった？
A	②（首をかしげている。）
B	③（模造紙に貼ってある楽譜を指しながら，）ここから，下がって，ここから，上がっている。
仲間	へー，よくわかるね。
授業者	今，音がちょっと上がっているって言っていたんですけど。では，子どもの「お父さん」の出だしの音，シューベルトはどうですか？
A	④（右肩上がりの線を指で示しながら）お父さん，お父さん。こうなっているの？
授業者	（子の「お父さん　お父さん」の歌詞ところをピアノ伴奏しながら，歌ってみせる。）
E	変わってるよね？
A	⑤（再度，右肩上がりの線を指で示して）チャン，チャン，チャンだよ。
授業者	チャン，チャン，チャンって言った？
A	⑥（全体に向けた発表で）一番最後に比べて，一番最初から見ると，なんか，こうなっている。（再度，右肩上がりの線を指で示す）低いところから高いところへ。チャン，チャン，チャンってなっているかなって。
授業者	Aさんの言っていることが伝わる人？（多くの生徒が手を挙げる。）
授業者	じゃぁ，ライヒャルトは？
A	⑦一番最初の「お父さん」は？真ん中，下，下，上。

【表2　生徒Aを中心とした学級全体での発話・行動記録】

　授業者の発問に対して，生徒Dは，「伴奏のメインの音。なんか，高くなっている。音が」

(表2①)と全体の場で発言している。授業者は「わかった？」と問いかけるが、生徒Aは首をかしげている(表2②)。そして、生徒Bの「(指しながら、)ここから、下がって、ここから、上がっている」(表2③)を受けて、生徒Aは、「(右肩上がりの線を指で示しながら)お父さん、お父さん。こうなっているの？」(表2④)と生徒Cの発言の内容を理解した上で確認をした。そして、「(再度、右肩上がりの線を指で示す)チャン、チャン、チャンだよ」(表2⑤)と発言に自信をもっている。このことを、学級全体にも発表して(表2⑥)、多くの賛同を得た。さらに、授業者の「ライヒャルトは？」の問いかけに対して、すぐさま、「一番最初の『お父さん』は？真ん中、下、下、上」(表2⑦)のように、音程という観点で、シューベルトとライヒャルトを比較して考えることができた。そして、生徒Aは、シューベルトは、テンポや歌い方(音程)をだんだん変える(低い→高い)という特徴によって、魔王の問いかけ(誘惑)の仕方や子どもの恐怖心を表す働きをしていること、ライヒャルトは、低い音程を続けるという特徴によって、魔王の威圧感を表現している働きをとらえることができた(図5①②)。

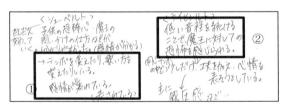

【図5 生徒Aのワークシート】

生徒Aは学習活動⑨のまとめの場面でも、「2人の作曲家は『魔王』を音程やテンポの工夫で表現しようとしたと思う」と記述した(図6①)。仲間との交流前には、ライヒャルトの曲を、テンポが同じという特徴だけしか、魔王の威圧感・怖さを表現していると理解できていなかった生徒が、仲間と伝え合う活動を通して、低い音程を続けているという音程を観点とした特徴からも魔王の威圧感・怖さ、子どもが感じている恐怖をとらえることができた。シューベルトの曲は、弾むようなリズムと速いテンポから魔王が誘惑している場面があることにしか注目できていなかったのが、3つの「お父さん、お父さん」の音程に違いに着目することで、魔王の誘いを受けている子どもの恐怖感をとらえることができた。このように、観点が「テンポ」だけでなく「音程」にまで広がったこと、魔王の側からだけではなく、子どもの側からも作曲の工夫について考えることができるようになった。

働かせた「見方・考え方」
2曲の「魔王」の作曲の工夫を、聴き比べたり、歌ったりしてわかった音楽の特徴と詩と関連付けて考えること

3　学びの再構成を促す工夫
課題解決過程を振り返り、自分なりの解釈や、鑑賞の方法についてまとめる活動を組織する。

本題材の課題解決過程を振り返り、学習活動⑨では、2人の作曲家の「魔王」は、どのような音楽の特徴があり、詩の内容とかかわらせて、どのような作曲の工夫で表現したかったのかを、ワークシートにまとめ、自分なりの2つの音楽のよさを見いだした。

また、鑑賞の方法について振り返ることで、音楽についてより深く聴くために、どのような音楽を形づくっている要素に着目したらよいか、どんな考え方をするとよいかの気付きを促すことができた。

第3章 「確かな学びを促す3つの重点」でつくる授業

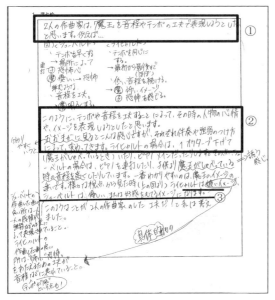

【図6 生徒Aのワークシート】

生徒Aは，音楽のよさについて，課題のまとめとして記述したワークシートでは，自身の追求の観点であるテンポに加えて，音程，伴奏や強弱にもかかわらせて作曲の工夫について記述した（図6②）。ライヒャルトは，ゆっくりのテンポ，他よりも1オクターブ低い音程を続けることで魔王の怖いイメージを表現していると記述した。また，シューベルトはテンポが速く，伴奏の連打でより速いテンポに感じさせ，魔王の所の音程を高くすることで誘うような感じを表現しているとした。加えて，魔王を「ライヒャルトは怖いイメージ」，「シューベルトは優しいまたは好感をもてるイメージ」（図6③）と表現しているところに違いを見いだすことができた。

鑑賞の方法については，「様々な観点から見る→何回もきく」，その上で「自分の聴き方だけではなく，仲間の観点にも注目する→交流が必要」と記述した。生徒Aは，仲間と交流したり，他の観点にも注目したりすることで，自分が気付かなかった作曲の工夫にも気付くことができ，鑑賞する時の観点が増えることに価値を見いだした（図7①）。加えて，「歌詞から意味を見いだす→自分で解釈する」とし，さらに深く聴き，解釈と照らし合わせるために，歌詞と音楽とを関連付けることの有用性をも見いだすことができた。

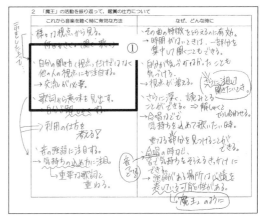

【図7 生徒Aのワークシート】

働かせた「見方・考え方」

2つの作品について音楽を形づくっている要素とその働きに着目し，「魔王」の詩の世界と関連付けること

6 題材のまとめ

本題材では，次の「見方・考え方」を働かせる手だてを講じてきた。

○「魔王」の作曲の工夫を，音楽を形づくっている要素とその働きの視点でとらえ，詩の内容と関連付けること

この「見方・考え方」を働かせることで，生徒の次の資質・能力を育成することができた。

音楽を形づくっている要素や要素同士の関連を知覚し，それらの働きが生み出す特質や雰囲気を感受しながら，音楽を自分なりに解釈し，よさや美しさを味わい，音楽の意味や価値を生み出すこと

実践：美術

浮世絵　～中学生が見た新潟百景～（2年）

田代　豪

1　目標

○モチーフ，構図，色彩などを観点に，浮世絵を鑑賞したり，表現したりすることを通して以下のことができる。
- 浮世絵が視覚伝達の役割を果たしていたことに気付き，創造的に表すこと
- 浮世絵の創造的な表現から着想を得て，自分の表現意図に合う表現方法を選択できること
- 日本の美術のよさや美しさを感じ取り，美術文化への理解を深めようとすること

2　本単元で働かせる「見方・考え方」

○浮世絵のモチーフ，構図，色彩など造形的な視点に着目し，自分の表現意図と浮世絵の創造的な表現とを関連付けて，作品を構想すること

3　本単元の指導の構想

本単元では，生徒が日本絵画のよさや美しさについて実感を伴って感じ取るとともに，日本絵画の表現方法を用いることで，自分にとって魅力ある情景を絵画として表現することをねらう。とりわけ，日本絵画の中でも浮世絵について取り上げる。なぜなら，浮世絵のもつ視覚伝達の役割に注目することで，社会的背景を踏まえて，作者の心情や表現意図，表現の工夫とを関連付けて考えることができる。

そこで，以下のように単元を構成する。①実物の浮世絵の鑑賞活動を組織し，モチーフ，構図，色彩などを観点に浮世絵の創造的な表現の特徴をとらえる。②浮世絵の社会的な背景を提示し，作者の心情や表現の意図と創造的な表現の工夫を関連付けて，作品に込められた作者の思いを読み解く。③鑑賞活動で見いだした浮世絵の創造的な表現を用いて，「中学生が見た新潟百景」をテーマに表現活動を組織する。

その際，不特定多数の人々に向けて作品を展示する環境を設定する。（生徒の作品を展示するにあたっては，「公益財団法人　日本美術院」が主催する「地域連携教育プログラム」を活用）生徒の作品が，日本美術院の作品と同じ会場で展示されることで，生徒は，創造的な表現を観点として，自分の作品と日本美術院の作品を関連付けて鑑賞することが可能となる。その結果，生徒は日本の美術作品で受け継がれてきた表現の特質を感じ取り，美術文化への理解を深めることができる。

単元を構想する上でのポイント

○江戸時代の社会的背景を提示し，作者の心情や表現意図と創造的な表現の工夫とを関連付けた鑑賞活動の組織
○鑑賞活動で見いだした創造的な表現から着想できる表現活動のテーマの設定

浮世絵をとりあげる理由

○浮世絵が本来もっている視覚伝達の役割に着目することで，作者の心情や表現意図と表現の工夫を関連付けられるため。
○浮世絵で用いられた表現方法を手掛かりに，過去と現代の日本絵画の表現の特質を関連付けて鑑賞することができるため。

第3章 「確かな学びを促す3つの重点」でつくる授業　129

4　単元の構想（全12時間）

学習活動	教師の支援・指導	
①　新潟市美術館で「原安三郎コレクション　広重ビビッド」展を鑑賞する。 ○　歌川広重の『六十予州名所図会』や『名所江戸百景』のシリーズを中心に鑑賞する。 ②　作者の表現意図と表現方法とを関連付ける ○　浮世絵の表現方法の特徴を見つける。 ・　構図：一部分を大きくクローズアップして描くと遠近感が強調される。 ○　浮世絵の視覚伝達の役割から浮世絵をとらえ直す。 ・　震災前の様子を描くことで，江戸の人々を元気づける内容が込められている。 課題：浮世絵の表現方法を使うと，新潟の魅力ある情景をどのように表現できるのだろうか。	○　日本美術院の依頼で，日本画により新潟の情景を表した作品を展示することを伝える。 発問：浮世絵はどのように風景を切り取っていますか。 発問：浮世絵には人を引き付けるどんな表現の工夫がありますか ○　美術館での鑑賞活動後，グループで浮世絵の表現の特徴について分類する。 ○　浮世絵が，版元や購買者のニーズに合わせてつくられたことを提示する。 ○　「名所江戸百景」が発売された時代背景を提示する。 発問：「名所江戸百景」が発売された当時の社会的背景を踏まえると，作品にはどのようなメッセージが込められていますか。 ○　伝えたいメッセージに応じて，実景のモチーフを加工したり修正したりした歌川広重の作品を提示する。	課題設定
③　イメージスケッチを構想する。 ○　描きたい新潟の情景について，写真を撮影・収集したり，スケッチしたりする。 ・　建造物の魅力を伝えたい。万代橋と朱鷺メッセを描いて過去と現代を象徴するような作品をつくりたい。 ④　イメージスケッチを検討する。 ・　視点を低くして描くのは見る人にインパクトを与えて効果的だ。	発問：あなたが見付けた新潟の魅力ある情景をどのように描いて伝いたいですか。 ○　写真を基にイメージを構想する場合は，自分の作品として何を伝えたいのか問う。 発問：どうしたら作品で伝えたい内容が，相手に伝わるのですか。 ○　イメージスケッチの批評会を組織する。	対話
⑤　本画を作成する。 ○　批評会で出された意見を基に，イメージスケッチを加筆・修正し，下絵を作成する。 ○　絵の具で彩色する。 ・　アクリル絵の具と違ってザラザラしている。 ⑧　成果を発表する。 ○　新潟三越で作品を展示する。	指示：批評会での意見を基に，イメージスケッチから下絵を作りなさい。 指示：自分のイメージに合った彩色方法を選んで，新潟の情景を表しなさい。 ○　新潟大学の日本画の先生による講義を設け，表現方法の獲得を促す。 ○　アクリル絵の具や水彩色鉛筆を使い，混合技法による彩色も可能とする。 ○　展示された作品を鑑賞する。 ○　自分たちの作品と日本美術院の作品とを鑑賞する。	再構成

5　授業の実際

1　意味ある文脈での課題設定

Ⅰ　作品を展示する環境を設定する。
Ⅱ　美術館での鑑賞活動を組織する。
Ⅲ　浮世絵の社会的背景を提示する。

Ⅰ　日本美術院の「地域連携教育プログラム」の協力を得て，次のような環境を設定した。

> 県外の人々に新潟のよさや魅力を伝えるため，また県内の人々に新潟の魅力に気付いてもらうために，魅力ある新潟の情景を，日本画の手法を用いて制作し，その作品を展示する。

このような環境を設定することにより，生徒は，自分の作品が展示される喜びや新潟のどのような情景を描けばよいのか，どうやって情景を描けばよいのかという期待や疑問をもった。そこで，生徒が新潟の魅力ある情景に気付き，作品として描くことができる手がかりを得るため，新潟市美術館で開催された「原安三郎コレクション　広重ビビッド　広重・北斎・国芳　至高の初摺」展を鑑賞した。

Ⅱ　美術館での鑑賞前に資料集で「構図とその効果」を提示し，鑑賞の視点を明確にした。さらに授業者は次の発問をした。

> ①　浮世絵はどのように風景を切り取っていますか。
> ②　展示作品であなたが気に入った作品とその理由は何ですか。

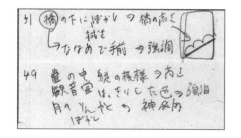

【図1　発問①に対する生徒Aのメモ（部分）】

発問①で生徒Aは，単純な線で作品を図示して使われている表現方法とその効果についてメモした。『51 六十余州名所図会　周防岩国錦帯橋』では，構図やモチーフの配置に着目し，高さが強調されること感じ取っている。また，『49 六十予州名所図会　備後阿武門観音堂』では，観音堂と月のモチーフの描き方に着目し，神秘的な雰囲気を感じ取っている。

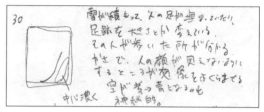

【図2　発問②に対する生徒のメモ（部分）】

発問②で生徒Aは，『30 名所江戸百景　愛宕下藪小路』を選んでいる。選んだ理由として，モチーフとして描かれた足跡や傘，空に使われた色彩を取り上げ，その効果について説明している。美術館での浮世絵の鑑賞活動後，個人で見いだした浮世絵の創造的な表現とその効果について班内で意見を共有した。その際，カタログから縮小印刷した作品のコピーを配布し，質問②で選んだ作品のコピーを模造紙に貼り付け，構図，色彩，モチーフなどを観点に作品同士を関連付けて，浮世絵の創造的な表現の特徴を分類した。

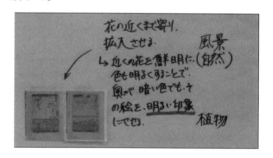

【図3　分類した模造紙の記録（部分）】

その後生徒は，各グループで見いだした表現の特徴について学級全体で意見交流し，自分が使えそうな浮世絵の創造的な表現を見いだした。

第3章 「確かな学びを促す3つの重点」でつくる授業　131

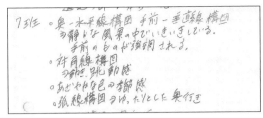

【図4　生徒Aが見いだした浮世絵の創造的な表現（部分）】

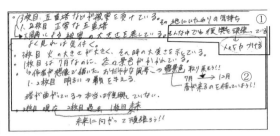

【図5　生徒Aのワークシート】

Ⅲ　授業者は，浮世絵の社会的背景を提示した。最初に，浮世絵が実用品であったことを示した。浮世絵は，現代の広告やポスター，情報紙などに相当する視覚伝達デザインにあたるため，飾る，伝える，使うなどの目的や条件があったことを説明した。続いて，『名所江戸百景』が発売された当時の社会的背景を提示した。

【表1　『名所江戸百景』刊行中の出来事】

1855（安政2）年10月	安政江戸地震
1856（安政3）年2月	「名所江戸百景」出版開始
8月	関東大風雨
1858（安政5）年6月	日米修好通商条約締結
8月	江戸にコレラ流行
9月	広重死去
1859（安政6）年4月	「名所江戸百景」終了

（出典：堀じゅん子　2016　『浮世絵版画と時事的情報―国芳と広重の場合―より）

授業者は，浅草を描いた作品を提示した。『名所江戸百景』から『浅草金龍山』（安政3年7月）と『吾妻橋金龍山遠望』（安政4年8月）を取り上げた。また，地震で被災した様子が描かれた『安政見聞誌』（安政3年6月）を提示した。また，近年の震災からの復興の様子を想起させ，被災前の状態に復興には時間がかかることを確認した上で，次の発問を行った。

　『名所江戸百景』が発売された当時の社会的背景を踏まえると『名所江戸百景』にはどのようなメッセージが込められているか。

この働き掛けによって生徒Aは，『名所江戸百景』と当時の社会的背景を関連付けて，『名所江戸百景』には庶民に向けたメッセージが込められていたことを感じ取った（図5①）。さらに，『浅草金龍山』が7月に刊行されたことに注目した。夏の刊行物で冬の様子を描いていることから，生徒Bは，『名所江戸百景』は，過去と未来が描かれ，「未来に向かって頑張ろう！！」というメッセージが込められているのではないかと読み取った（図5②）。

こうして浮世絵の鑑賞活動後に，新潟の魅力ある情景を描く表現活動を組織することで生徒は，新潟の情景をそのまま描くだけでは自分の伝えたい魅力が伝わらないことに気付と共に，浮世絵の創造的な表現を用いれば，うまく表現できるという思いをもち，新潟の魅力を表現したいという目的意識が醸成され，次の課題を見いだした。

　浮世絵の表現方法を使うと，新潟の魅力ある情景はどのように表現できるのだろう。

生徒Bは，「新潟市観光フォトライブラリー」のホームページから「間瀬海岸　白岩の夕日」の写真に注目した。この写真から発想を広げ，夕日の間瀬海岸に気球が飛んでいる情景を発想した。生徒Bは，これまでメモしたことを基にモチーフの構成や配色の構想を練った。

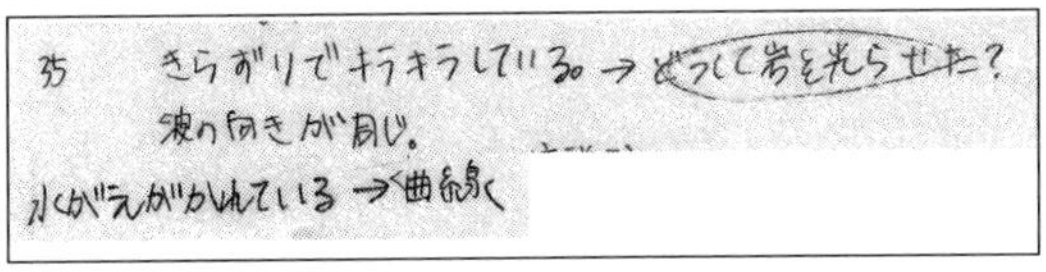

【図6　生徒Bの発問①に対するメモ】

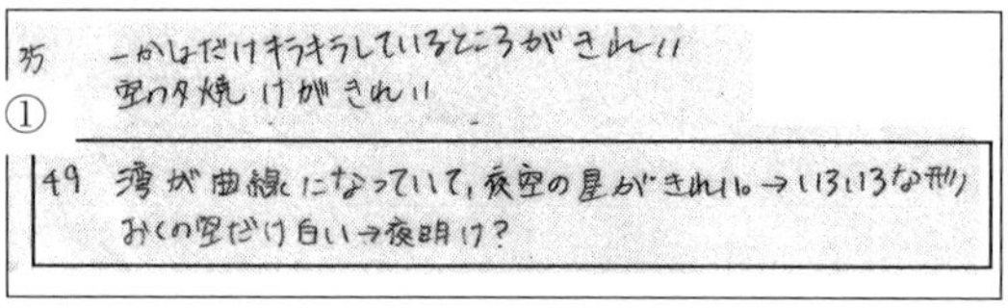

132　実践編

図7　生徒Bの発問②に対するメモ

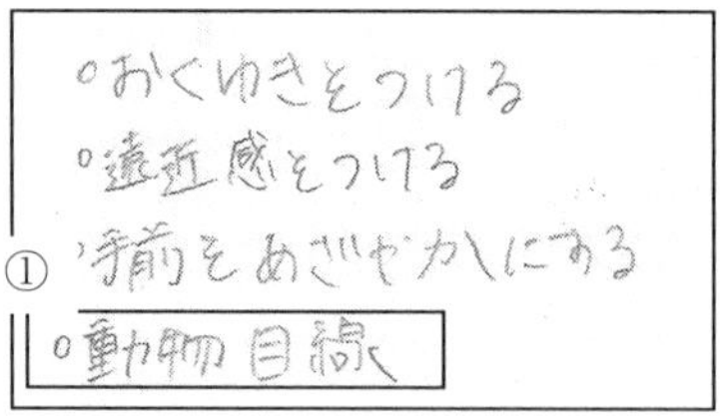

【図8　生徒Bが見いだした浮世絵の創造的な表現（部分）】

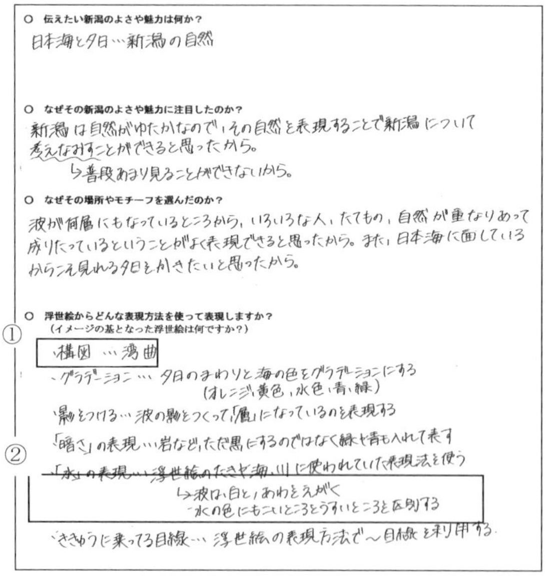

【図9　生徒Bのワークシート】

生徒Bは，事前の浮世絵の鑑賞活動で，「水が描かれている→曲線」（図6①），「湾が曲線になっている」（図7①）と自分が観た浮世絵の作品から海を描くための構図は，湾曲が有効だととらえている（図9①）。

また，他のグループから「動物目線」という表現方法を見いだしており（図8①），「動物目線」を「ききゅうに乗っている目線」（図9②）と置き換えることで，浮世絵の表現方法を自分なりに解釈して構図に活用している。

このようにして生徒Bは，自分が伝えたい新潟の魅力をイメージスケッチとして表した。

【図10　生徒Bのイメージスケッチ】

働かせた「見方・考え方」
　モチーフ，構図，色彩などの浮世絵の創造的な表現に着目すること

2　対話を促す工夫
　作品批評のやり方を提示し，批評会を組織する。

　生徒が，自分の作品を客観視し，自分の表現意図と浮世絵の表現方法とを関連付けて，自分の表現意図が相手に伝わる下絵を構想するために次のように問うた。

　どうしたら作品で伝えたい内容が相手に伝わるのですか。

　その上で，授業者は，批評会のやり方を提示した。

＜批評会のやり方＞
①制作者の説明なしで，作品で伝えたい内容を読み取る。
②制作者は次の点について説明する。
　・自分が伝えたい新潟のよさや魅力は何か。
　・なぜその場所やモチーフを選んだのか。
③グループで伝えたい内容に関連する表現方法について質問する。
④使おうとしている表現方法が効果的か検討する。

第3章 「確かな学びを促す3つの重点」でつくる授業　133

【表1　生徒B，C，Dの発話・行動記録】

B	（生徒Bは自分のイメージスケッチについて説明した）夕日の海で気球を組み合わせました。浮世絵で鳥の目線で描いていた作品があったから，気球に乗っているところから見ている夕日を描きました。構図は（資料集を示し）弧線構図。湾はないんだけど（中略）それで，気球には人を描かないで，なんでかっていうと，①夕日って寂しい感じがするから，人は乗ってない方がいいかな。気球から見ている感じと矛盾してるんだけど
C	遠くから見てるから，人はいいんじゃない。（中略）
B	迷っていること言ってもいい？気球に色を塗るかなんだけど。色つけると軽すぎる。②色つけるなら，目立つのはだめ？目立ちすぎない方がいい？（Bの反応見ながら）だったらさ，周りの色と同化しないで，目立ちすぎないように，背景の色との間をうまくとってちょうどいい色。
C	あとは，個人的な意見なんだけど…。夕日があるから，③周りを金にした方がきらきらきれいかも。
B	あー（アイデアスケッチにメモ書きする）
C	あんまり，たくさん金にしなくて。黄色とうまくやれば変わんないじゃん。
B	あー（共感している）
C	なんかあったじゃん，下から見ると…
B	④雲母摺り。※1
C	⑤そうそう。あれみたいにちょっとした感じできらきらさせる。
B	やるとしたら，空のところ
C	あー。空でもいいんじゃない
B	海？（スケッチを差しながら）
C	あー，そうだね。海の方が見ていてきらきら光りとかね
B	どっちがいいと思う。空にするか海にするか（Dに意見を求める）
D	海だとすれば？（3人で元になった間瀬海岸の写真を見ながら）
D	（海面に反射された夕日を指して）⑥ここ，きらきらしてるよね（中略）
C	（Dを見ながら）なんかありますか。
D	俺，別なこと考えると，海だけど。⑦基本的に雲をつけた方がいい。
B	あーあー（納得している）
D	（アイデアスケッチを指しながら）⑧気球が飛んでる高さにもよるけれど，高いと雲あるじゃん。だから，夕日の近くに雲とか。沈んでいる感じなら，雲でちょっと夕日を隠して。
B	⑨（イメージスケッチにメモをとる）

※1　摺りの技法の1つ。光沢をもった鉱物の粉末を，画面に振りかけて光沢を出す。

　検討時，生徒Bは，自分の悩みである気球の配色について相談した。生徒Cは，参考にした気球の写真を見ながら，生徒Bの気球の作品には異なる色の方がよいと考えていた。しかしながら，配色や彩色方法が具体で示すことができず，アドバイスができずにいた（表1②）。

　次に生徒Cは，夕日の光を金色を使って表現することを提案した（表1③）。生徒Bとのやりとりで，生徒Cは，大げさに金をつけるのでなく，浮世絵の雲母摺りを想起して，さりげなく使うことを提案している（表1④⑤）。生徒Cの意見に生徒Bは，どこに雲母刷りの効果を使うのか決めかねていたが，生徒Cはイメージの基となった「間瀬海岸　白岩の夕日」の夕日が海面に反射しているのを見て，「きらきらしているね」（表1⑥）と示した。

　終盤，司会の生徒Cが生徒Dに声をかけると，生徒Dが，雲を加筆することを提案した（表1⑦⑧）。生徒Bは，生徒Cの意見を取り入れることで，気球に乗っている目線が雲を使うことで表現できると考えて，イメージスケッチの枠外メモをとった（表1⑨，図13①）。

　このように生徒Bのグループは，生徒Bが伝えたい「新潟の夕日の美しさ」が相手に伝わる作品となるよう，モチーフ，構図，色彩を観点に，最適な表現方法について検討を進めた。その結果，生徒Bは，検討の最初に発言した「夕日は寂しい感じがするから人は描きたくない。でも人を描かないと気球に乗っている感じがしない」（表1①）という不安を解消することができ

た。「夕日の寂しい感じ」を解消するには，水面に反射した光を雲母摺りで彩色すれば夕日の美しさが強調されること，また，「気球に乗っている感じ」を表すには，雲を加筆すれば，気球に乗った高度を表すことができることに気付いた。

働かせた「見方・考え方」

浮世絵のモチーフ，構図，色彩などの創造的な表現とその効果に着目して，表したい新潟の魅力を明確にすること

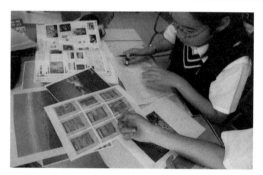

【写真１　グループ内での批評会の様子】

生徒Ｂは批評会で出された意見から，イメージスケッチのモチーフ，構図，色彩について再検討し，加筆・修正点をワークシートにまとめた。

３　学びの再構成を促す工夫

批評会で出された意見を基に，イメージスケッチの加筆・修正点をまとめ，下絵を作成する活動を組織する。

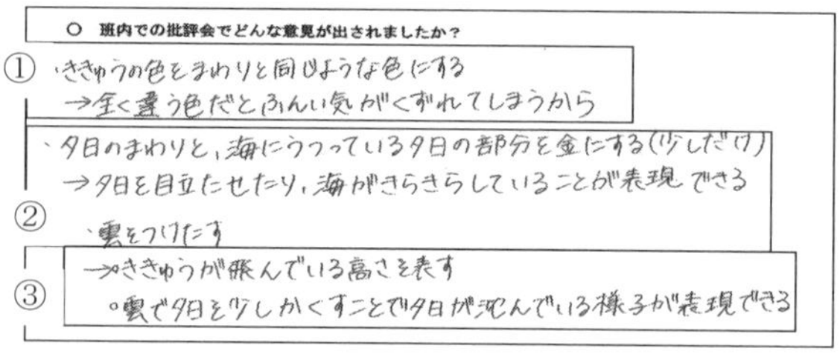

○　班内での批評会でどんな意見が出されましたか？
① ・ききゅうの色をまわりと同じような色にする
→全く違う色だとふんい気がくずれてしまうから
・夕日のまわりと，海にうつっている夕日の部分を金にする（少しだけ）
→夕日を目立たせたり，海がきらきらしていることが表現できる
② ・雲をつけたす
③ →ききゅうが飛んでいる高さを表す
・雲で夕日を少しかくすことで夕日が沈んでいる様子が表現できる

【図 10　生徒Ｂのワークシート　上段】

○　班内での批評会でどんな意見が出されましたか？
① ・ききゅうの色をまわりと同じような色にする
→全く違う色だとふんい気がくずれてしまうから
・夕日のまわりと，海にうつっている夕日の部分を金にする（少しだけ）
→夕日を目立たせたり，海がきらきらしていることが表現できる
② ・雲をつけたす
③ →ききゅうが飛んでいる高さを表す
・雲で夕日を少しかくすことで夕日が沈んでいる様子が表現できる

【図 11　生徒Ｂのワークシート　中段】

生徒Ｂは，グループ内で検討された表現方法とその効果についてまとめた（図 10 ①②③）。グループ内での意見を基に，生徒Ｂは，イメージスケッチをそのまま活かす箇所と加筆・修正点を次のようにまとめた。

生徒Ｂは，自身が最初に構想した，モチーフ，構図，アングル，グラデーションは，新潟の自然の豊かさを表すのに効果的だと判断した（図 11 ①）。その上で新潟の自然の美しさと静けさを伝えるために以下の２点について加筆・修正しようとした。

「雲をつける」（図 11 ②）

生徒Ｂは，トレーシングペーパーに雲を描き，イメージスケッチの上に貼り重ねて，気球の高さが表れることを確認した（図 12 ①）。また，雲で太陽の一部分を隠し，気球の背後に配置させることにより，気球の高さが強調された（図 11 ③）。さらに，気球，雲，太陽の遠近感も強調され，空間の広がりが感じられる修正案となった。

【図 12　生徒Ｂのイメージスケッチの変容　雲の加筆】

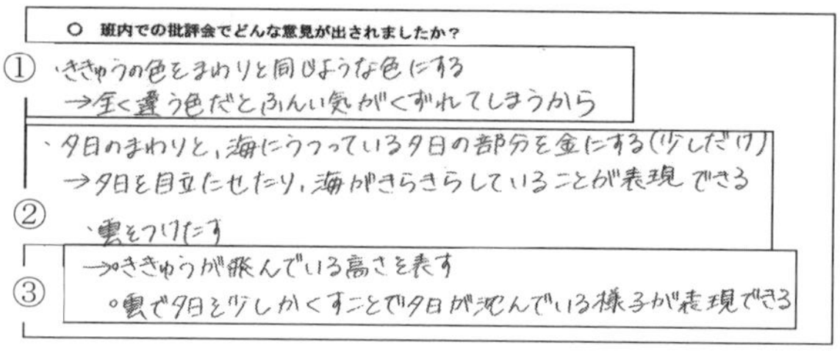

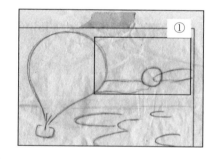

第3章 「確かな学びを促す3つの重点」でつくる授業　135

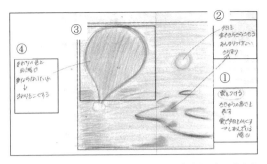

【図13　生徒Bのイメージスケッチの変容気球の彩色】

　生徒Bは，「金色で光らせると海がきらきらしていることが分かって，自然の美しさがより伝わると思った」（図11⑤）と記述している。また，イメージスケッチの枠外に「夕日を金色できらきらさせる　あまりつけない　きらずり」とメモし（図13②），美術館で観た浮世絵の雲母摺りの作品を想起し，自分の作品の彩色を想像していることが伺える。

　「ききゅうの色をまわりをこくして中をうすくする」（図11⑥）

　生徒Bは，イメージスケッチの気球を色鉛筆で着色した（図13③）。輪郭線を橙色と山吹色で縁取り，中心部を黄色，橙色，水色，黄緑色で塗り重ねた。生徒Bは，空と海の色彩と気球の色彩が馴染みつつも，気球の形が分かるように配色を工夫した（図11⑦）。また，黄色や橙色の暖色系の色彩を主調色としながらも，対照色となる水色や黄緑色を加えている。これは，周囲の色と重ならないように配色を工夫した（図13④）ことである。

働かせた「見方・考え方」

　浮世絵のモチーフ，構図，色彩などの創造的な表現とその効果に着目して，表したい新潟の魅力を明確にすること

6　単元のまとめ

　本題では，次の「見方・考え方」を働かせる手だてを講じてきた。

　「美術館での鑑賞活動を組織すること」「浮世絵の社会的背景を提示すること」により，モチーフ，構図，色彩などの浮世絵の創造的な表現に着目し，作品のイメージを構想した。また，「作品批評のやり方を提示し，批評会を組織すること」により，浮世絵のモチーフ，構図，色彩などの創造的な表現とその効果に着目して，伝えたい内容に適した表現方法を検討することができた。そして，「批評会で出された意見を基に，イメージスケッチの加筆・修正点をまとめ，下絵を作成する活動を組織すること」により，自分が表したい新潟のよさや魅力と浮世絵の表現の工夫とを関連付けて，創造的に下絵を構想することができた。これらにより，生徒の次の資質・能力を育成することができた。

○浮世絵の絵師や版元の心情や表現意図と創造的な工夫とを関連付けて，視覚伝達のデザインが社会に果たす役割を理解すること
○浮世絵の創造的な表現から着想を得て，モチーフを生み出し，自己の意図に合う表現方法を取捨選択して浮世絵を描くこと
○美術文化が生活や社会と密接に関わっていることを理解すること

参考・引用文献

○市川信也　小池満紀子　池田芙美　2016　『原三郎コレクション　広重ビビッド』　TBSテレビ
○稲垣進一　2011　『知識ゼロからの浮世絵入門』　幻冬舎
○アーロン・イリザリー，アダム・コナー　2016　『みんなではじめるデザイン批評　目的達成のためのコラボレーション＆コミュニケーション改善ガイド』　BNN出版
○堀じゅん子　2016　『浮世絵版画と時事的情報―国芳と広重の場合―』　札幌大谷大学札幌大谷大学短期大学部紀要

実践：保健体育

球技　ネット型　バレーボール（1年）

倉嶋　昭久

1　目　標
○ルール等を工夫したゲームの中で，観点を基に動きの分析を繰り返し行う活動を通して，以下のことができる。
- 定位置に戻る動きや準備姿勢をとる動きを身に付けること
- 自チームの仲間と連携した動きの修正方法を考えること
- 動いている中で気付いた味方の動きの修正点を言葉掛けによって伝え合い，チームを向上させようとすること

2　本単元で働かせる「見方・考え方」
○ネット型球技のゲームの展開の中で，ポジションやスペースの関係に着目し，「定位置に戻る動き」「準備姿勢をとる動き」「個人の技能を生かせるポジショニング」という3つの観点を基に，自チームの特徴と個人の役割とを関連付けること

3　本単元の指導の構想
　バレーボールは，ボールを弾くという技術が難しく，特に中学校1年生の段階では，「ボールをいかに相手コートに落とすか」「自コートに落とされないか」というバレーボールの本来の楽しさを感じにくくさせてしまう可能性がある。そこで，1年生のネット型球技の導入段階で扱うバレーボールの単元では，使用するボールやルールを工夫し，前述の楽しさを見いだせるような単元構成にする。
　また，その中でポジションやスペースの関係に着目し，相手コートの空いたスペースを狙って打ったり，自分のコートに空いたスペースを作らないように定位置を保つ動きや準備姿勢をとったりすることを身に付ける。これによって，「空いたスペースをめぐる攻防を展開」できるようにする。さらに，言葉を掛け合ってプレーしたり，お互いに教え合って練習したりするなど，仲間とかかわることにも重点を置く。これらのことを通して，生徒同士が積極的にかかわり，動いている中でも自分たちで言葉を掛け合って，動きの修正を図ることができるようにする。
　そのため，まず初めに，モデル映像を視聴し，そこから「定位置に戻る動き」と「準備姿勢をとる動き」の観点を見いだせるようにする。さらに，タブレットを使用し，自分たちの試合映像を適宜振り返り，自己分析をする中で，「個人の技能を生かせるポジショニング」の観点を見いだせるようにする。その後，ルールを工夫したタスクゲームを行い，3つの観点で個人や自チームの動きを振り返る活動を組織する。前半はタブレットを使用し，その映像を基に動きの分析活動を繰り返し行う中で，3つの観点を着実に身に付けるようにする。そして，後半はタブレットは使用せず，目の前で起きたゲームの展開を3つの観点を基に分析し，動きの修正を図っていけるようにする。

単元を構想する上でのポイント
○バレーボールの楽しさを見いだすことができる，ルールや教具の工夫
○タブレットを使った動きの分析を繰り返し，その後タブレットを使わずに動きの分析をするといった教材構成

第3章 「確かな学びを促す3つの重点」でつくる授業　137

4　単元の構想（全12時間）

学習活動	教師の支援・指導	
①　オーバーハンドパスやアンダーハンドパスの練習をする。	○　オーバーハンドパスやアンダーハンドパスの練習を段階的に行う。	
基本的技能のドリル練習（帯活動として，毎時間継続して行う） ①ボールリフティング（利き手・非利き手・両手） ②パス練習【オーバーハンドパス・アンダーハンドパス】		
②　ネットの高さやボールを変えゲームを行う。 ○　ゲームⅠ（185cm，ソフトバレー，4対4） ○　ゲームⅡ（200cm，ソフトバレー，4対4） ○　ゲームⅢ（185cm，レクボール，4対4） ○　通常ゲーム（200cm，レクボール，4対4） 課題：どうしたらボールを落とさずに相手コートに返球できるのだろうか。	○　ネットの高さやボールなど，諸条件を変えたゲームを組織する。 発問：条件が変わったことにより，ゲームでうまくいったこと，うまくいかなかったことはどんなことですか。また，これから解決していきたいことはどんなことですか。	課題設定
③　日本代表女子バレーボールチームの対韓国戦のゲーム（2015年ワールドカップバレーボール）を視聴し，動き方を分析する。	発問：なぜボールを落とさずにプレーできるのでしょうか。 ○　ラリーが長く続いているゲームの映像を提示する。 ○　「定位置に戻る動き」「準備姿勢をとる動き」の観点を共有する。	
④　自分たちのゲームでの動きを振り返る。 　　　　　　　　　　　＜タブレットあり＞ ○　タブレットでゲームを撮影し，動きの分析を行う。 ○　ゲーム映像を基に，ボールを落とさずに返球するにはどういうポジショニングをとればよいのかを考える。	発問：相手コートにボールをうまく返すには，一人一人がどのようなポジションをとればよいですか。 ○　ゲームをタブレットで撮影し，「定位置に戻る動き」「準備姿勢をとる動き」の観点を基に動きの分析を行う活動を組織する。 ○「個人の技能を生かせるポジショニング」の観点を共有する。	
⑤　兄弟チームで様々な練習をする。 ラリー練習：ネットを挟んで相手コートに返球する。相手がつなぎやすいボールで返球をする。 1往復練習：Aが投げ入れ，Bはつないで返球。Aは返球をつなぐまで行う。 ゲーム練習：ゲーム形式で練習を行う。		
⑥　自分たちのゲームでの動きを振り返り，必要な練習を選択する。　　　　＜タブレットあり＞ ○　タスクゲーム（200cm，レクボール，4対4，キャッチ＆トス）をタブレットで撮影し，1本決まるごとに自分たちの動きの分析を行う。 ○　自分たちに必要な練習を選択し，実行する。	○　ゲームをタブレットで撮影し，1本決まるごとに3つの観点を基に，自チームの動きの分析を行う活動を組織する。その後，課題を解決するために必要な練習を選択して実行する活動を組織する。	対話
⑦　自分たちで動きを修正しながらゲームを行う。 　　　　　　　　　　　＜タブレットなし＞ ○　タスクゲームでラリーが終わるたびにチームで集まり，動きの確認をしながらゲームを進める。	指示：ラリーが終わったら，その都度，タブレットを使わずに3つの観点を基に，自チームの動きの課題を確認しなさい。	
⑧　兄弟チームの動きを修正する。 ○　一方の試合の様子を観察し，兄弟チームの動きがよくなるようなアドバイスを送る。	○　兄弟チームでお互いの試合の様子を観察し，3つの観点に照らし合わせて，動きの修正点を伝え合う活動を組織する。	再構成
⑨　リーグ戦を行う。 ○　兄弟チームとの合計得失点差で勝敗を決定する。	○　高まった技能で，兄弟チーム以外のチームとのゲームを組織する。	

5　授業の実際

1　意味ある文脈での課題設定
使用するボールやネットの高さを変えながら，漸進的にゲームを行う活動を組織する。

単元導入時において，ソフトバレーボールを使用し，ネットの高さを185cmに設定して（表1ゲームⅠ），ゲームを行った。ネットの高さは，通常，中学生男子230cm，中学生女子215cmであるが，男女混合チームであることや中学1年生で初めてのバレーボール授業であることなど，取り組み易さを考慮し，今回は低めに設定した。また，コートはバドミントンコートを使用し，プレーヤーは4人とした。ゲームⅠ後，以下の表のような条件でゲームを進めた。

【表1　ゲームの段階と使用するネット，ボール】

段階	ネット	ボール
ゲームⅠ	185 cm	ソフトバレーボール
ゲームⅡ	200 cm	ソフトバレーボール
ゲームⅢ	185 cm	レクリエーションバレーボール
通常ゲーム	200 cm	レクリエーションバレーボール
タスクゲーム	200 cm	レクリエーションバレーボール

【写真1　ソフトバレーボール（左），レクリエーションボール（中），バレーボール（右）】

※　ソフトバレーボール
（材質：ゴム，重量：200〜220ｇ，円周：77〜79 cm）
※　レクリエーションバレーボール
（材質：人工皮革，重量：150〜170ｇ，円周：62〜64 cm）
※　バレーボール（4号球）
（材質：人工皮革，重量：240〜260ｇ，円周：62〜64 cm）

レクリエーションバレーボールは，4号球バレーボール相当の大きさだが，軽量で材質が柔らかいことから，ボールの操作がしやすくなったり，打つ際の痛みが軽減されたりするという特長がある。

このように，使用するボールやネットの高さを変えながらゲームを進めた。

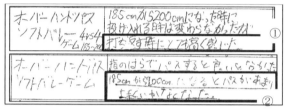

【図1　生徒のワークシートの一部】

その中で生徒は，条件が変わったことによる難しさを感じながら，ゲームを行った（図1①②）。

そして，通常ゲームが終わった後，次のように発問を行った。

> 条件が変わったことにより，ゲームでうまくいったこと，うまくいかなかったことはどんなことですか。また，これから解決していきたいことはどんなことですか。

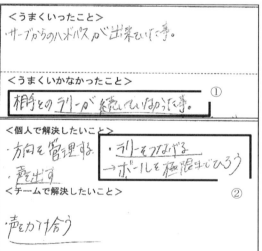

【図2　生徒Aのワークシートの一部】

生徒Aは，うまくいかなかったことを「相手とのラリーが続いていなかったこと」（図2①）とし，そこから，ラリーをつなげられるように

第3章 「確かな学びを促す3つの重点」でつくる授業　139

したいと考えた(図2②)。また，他の生徒も，「協力して打ち返したい」「声掛けを大切にする」「役割を決めてプレーする」「パスを続けるためにはどうすればよいのか」などと考え，次の課題を見いだした。

> どうしたらボールを落とさずに相手コートに返球することができるのだろうか。

生徒は，この課題をもって，この後のタスクゲームに取り組んだ。

2　対話を促す工夫
> タスクゲームとチーム練習を往還しながら，観点を基に動きを振り返る活動を組織する。

学習活動③，④で，チームの動きを振り返るための3つの観点(定位置に戻る動き，準備姿勢をとる動き，個人の技能を生かせるポジショニング)を見いだす活動を組織した。その後，学習活動⑥，⑦でその3つの観点を基に，チームで動きの分析をし，さらに動きの修正を行う活動を組織した。また，今回は以下のようなチーム設定，ルールでタスクゲームを行った。

> 【チーム編成】
> ○男女混合の5人チーム
> ○コート上は4人(一人はタブレット撮影等，サポート役)
> ○選手交代は自由
> 【タスクゲームのルール】
> ○必ず3打，違う3人で返球
> ○2打目はキャッチし，ボールを持った状態で，1歩動くことが可能
> ○サーブは下投げ

学習活動⑥において，授業者は，次の指示を行った。

> ゲームをタブレットで撮影し，1本決まったら，その都度，3つの観点を基に，自チームの動きを分析しなさい。

この働き掛けにより，生徒は，ゲームとタブレットを使った動きの分析を繰り返し行った。その中で生徒Aは，チームで3つの観点を基に動きの分析をし，「前に行きすぎてボールが取れていない」「準備姿勢をとる」「全体に広がる」という修正点を挙げた(図3①②③)。

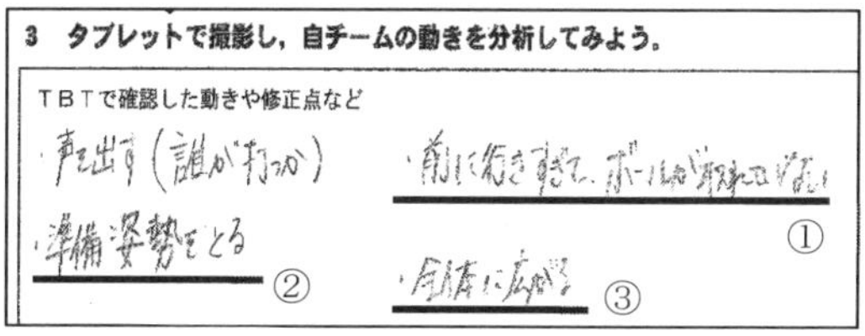

【図3　生徒Aのワークシートの一部】

【写真2　タブレットでゲームを撮影する生徒の様子】

【写真3　タブレットを使って動きの分析をする生徒の様子】

また，他の生徒も生徒Aと同様に，タブレットで撮影したゲーム映像と3つの観点に合わせて，客観的に自分たちの動きを分析し，修正点を見いだすことができた。その後，この活動を繰り返し行う中で，生徒は3つの観点を身に付け，タブレットで撮影しなくても，実践の中で観点を基にした動きの分析ができるようになっていった。

そして、次時の学習活動⑦において、授業者は、次の指示を行った。

> ラリーが終わったら、その都度、タブレットを使わずに3つの観点を基に、自チームの動きの課題を確認しなさい。

この働き掛けにより、生徒は、表2のようにゲームと動きの分析を繰り返し行った。

【表2　生徒Aのチームの発話・行動記録1】

A	（やや高い位置に構えていたが、相手からの返球に合わせ、後方のボールの落下地点まで移動して、アンダーハンドで返球。）
B	①準備姿勢。
A	（②Aはやや高い位置で構えていたが、Bの声掛けにより低く構えて前傾姿勢になる。）
A	③準備姿勢とって。
C	最初から準備姿勢をとって。
A	はい。（最初から低く構えて前傾姿勢で相手からのボールを待つ。）

学習活動⑦のタスクゲームにおいて、生徒Aは、やや高い位置で構えていたが、生徒Bの言葉掛けによって（表2①）、低く体を構えて、前傾姿勢で相手からのボールを待てるようになった（表2②）。このことは、図3のように前時までの授業において、タブレットで撮影して分析したことで、準備姿勢の必要性を認識していたことが考えられる。このほか、チームのメンバーに対して自らも準備姿勢を促す言葉掛けを行っている（表2③）。また、授業後の振り返りには、「腰を落として」「声を出して」という記述がある（図4）。これらのことは、自分や仲間の動きを「準備姿勢をとる動き」を観点に分析する活動を通して、タスクゲームにおいて自チームの仲間と連携した動きの修正方法を見いだすことができた姿である。

【図4　生徒Aのワークシートの一部】

【写真4　ゲーム中の生徒の様子】

【表3　生徒Aのチームの発話・行動記録2】

C	①相手からのボールを受けるときは、前に行ったり、後ろに行ったりしよう。
D	②レシーブはちょっと後ろに離れて打った方がいいよ。
E	打つ時は、ひじを伸ばして。
E以外の全員	はい。
A	（③相手からの返球を待っている際に、立っていたポジションより少し後方に下がるようにして構えた。）
A	（その後、ボールがつながり、Eが投げ上げたボールをAが打ち、その後、Aは自分のポジションに戻って、再度構えた。④）

さらに、生徒Aは、「相手からのボールを受けるときは、前に行ったり、後ろに行ったりしよう。」「レシーブはちょっと後ろに離れて打った方がいいよ。」というアドバイスをもらった（表3①②）後、相手からの返球を待っている際、立っていたポジションよりも少し後方に下がる

第3章 「確かな学びを促す3つの重点」でつくる授業　141

ようにして構えた（表2③）。また，前時の授業において，「前に行きすぎてボールが取れていない」（図3①）という修正点を挙げている。この前時における振り返りと今回のチームメンバーからのアドバイスが，立っていたポジションよりもやや後方に移動して相手からの返球を待つことに繋がった。

そして，打った後に定位置に戻って，次のプレーに備える姿が見られた（表3④）。これは前時までに3つの観点を基に動きを分析してきたことにより，観点の一つである「定位置に戻る動き」が技能として身に付いた姿である。

働かせた「見方・考え方」
ポジションやスペースの関係に着目し，「定位置に戻る動き」「準備姿勢をとる動き」という観点を基に個人の役割を考えること

【表4　生徒Fのチームの発話・コート内の行動記録】

	（ポジションを前方1人，真ん中2人，後方1人にしてゲームを始める。）
I	前3人にして，後ろ1人でよくない？
F	せめて前2人じゃない？多すぎでしょ。だって後ろ狙われるじゃん。
I	①あっちのチームさ，高いボールの方が得意だからさ，後ろはそんなに狙われないとは思うんだけど。
G	でもKさんとLさんは後ろに返してくるよ。
I	でもKさんとLさんは，コントロールできていなくて，アウトボールが多くない？
F	②じゃあ，前1人，真ん中1人，後ろ2人でよくない？それで，後ろの人は前出てもいいことにして，端をカバーしてあげる。
J	③一番拾うのが多いのは，真ん中でしょ。
H	じゃあ俺，真ん中やるわ。
	（ポジションを前方1人，真ん中1人，後方2人に変更して始める。）
	（ゲーム終了）
	中略
	（兄弟チームとのゲーム練習に入る前）
I	④でもやっぱり，個人個人で得意なのがあるわけでしょ。Fさんだったら，上げるのがうまいしさ。Hさんは，何が得意？上げる，キャッチする，アタック。
J	Hさんは，キャッチでしょ。
	中略
	（みんなでそれぞれ得意なプレーを確認した後，兄弟チームとゲーム練習開始。）
	（ゲーム練習の中で，様々なポジションを試す）
I	⑤Hさんは前に上げることが得意だよね。だから，後ろの方がいいと思う。
	中略
F	⑥真ん中は一番大変なんだよ。
H	⑦真ん中は拾わないといけないし。
G	じゃあ，私，前やる。
J	じゃあ僕は外で観てるよ。
	（ゲーム開始）
	（ゲーム中，なかなかうまく上げることができない）
J	⑧やっぱり厳しいよ。このポジションでは。
F	⑨どうする？121に戻す？
I	⑩121に戻そう。
	（ポジションを前方1人，真ん中2人，後方1人に変更して再開する。）

【写真5　ゲーム中にチームミーティングをしている生徒の様子】

生徒Fのグループは，前半のタスクゲームにおいて，ポジションをネット側から，前方1人，真ん中2人，後方1人とした。しかし，その中で，相手チームがどのように攻めてくるのか，どうすればそのボールを拾うことができるのかをチームで確認し，ポジションを前方1人，真ん中1人，後方2人に変更した（表4①②）。

その後，兄弟チームとの練習に入る前にそれぞれ得意なプレーを全員で確認したり，練習中に仲間の得意なプレーを見いだし，適性に合ったポジションに配置したりした（表4④⑤）。また，タスクゲームを進めていく中で，真ん中の役割が重要であるとともに，大変さも理解していた（表4③⑥⑦）。その後，タスクゲームを行う中で，前方1人，真ん中2人，後方1人に変更した（表4⑧⑨⑩）。この場面においては，ゲームを観察していた仲間が，うまくボールを拾えずミスが多いと，チームの状況を分析したことから，ポジションを変更することに繋がった。このことから，それぞれコート上におけるポジションの役割を踏まえながら，お互いの技能を生かすためのポジショニングを検討していたことがわかる。

したがって，生徒Fのグループは，「個人の技能を生かせるポジショニング」を観点に自チームの動きを捉えて，さらに相手の状況に合わせて，自チームの動きの修正を行っていた。

働かせた「見方・考え方」
ポジションやスペースの関係に着目し，「個人の技能を生かせるポジショニング」という観点を基に，自チームの特徴と個人の役割とを関連付けること

3　学びの再構成を促す工夫
兄弟チームで，互いにアドバイスする活動を組織する。

本単元では，2チームを一つに合わせて兄弟チームとし，チーム練習を行う際は，共に協力しながら練習を行った。そして，学習活動⑧において，兄弟チームのゲームを観察しながら，これまでの学習で見いだした3つの観点に照らし合わせて，動きの修正点を伝え合う活動を組織した。これは，観点を基に他のチームを分析することで，観点を再確認したり，自チームに生かせることを再確認したりするために行った。そして，授業者は次の指示を行った。

> 兄弟チームのプレーを3つの観点に照らし合わせて分析し，修正点を伝えなさい。

生徒は，この活動を終え，次のような振り返りをワークシートに記入した。

【写真6　授業の振り返りを記入している生徒の様子】

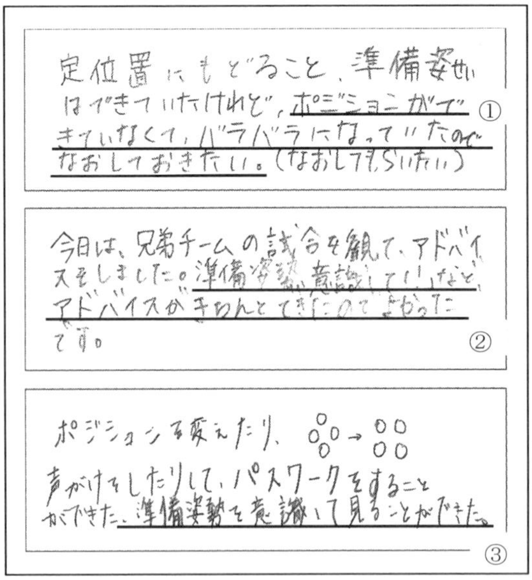

【図5　生徒のワークシートの一部】

この3人の生徒は，ワークシートに「定位置にもどること，準備姿勢はできていたけれど，ポジションができていなくて，バラバラになっていたのでなおしておきたい」「準備姿勢，意識して！！などアドバイスがきちんとできたのでよかった」「準備姿勢を意識して見ることができた」（図5①②③）と記述した。これらのことは，生徒が3つの観点を確実に身に付け，それらの

観点を基に，兄弟チームのプレーを分析し，具体的に修正点を見いだすことができた姿である。

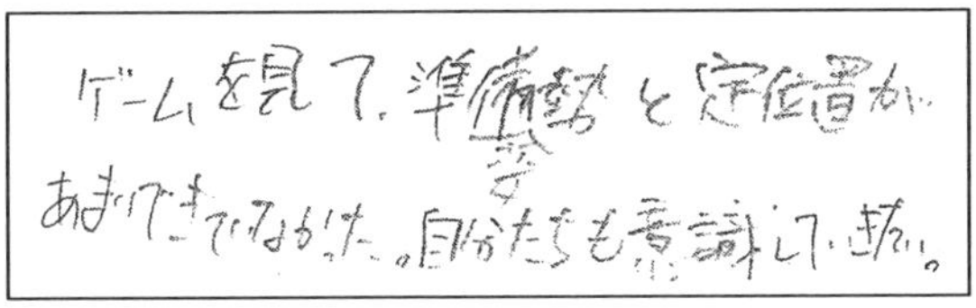

【図6　生徒のワークシートの一部】

この生徒は，ワークシートに「ゲームを見て，準備姿勢と定位置があまりできていなかった。自分たちも意識していきたい」（図6）と記述した。これは，兄弟チームの動きを分析することで，自チームの動きも再確認するという，自分事としてゲーム中における自分の役割を考えるようになっている姿である。

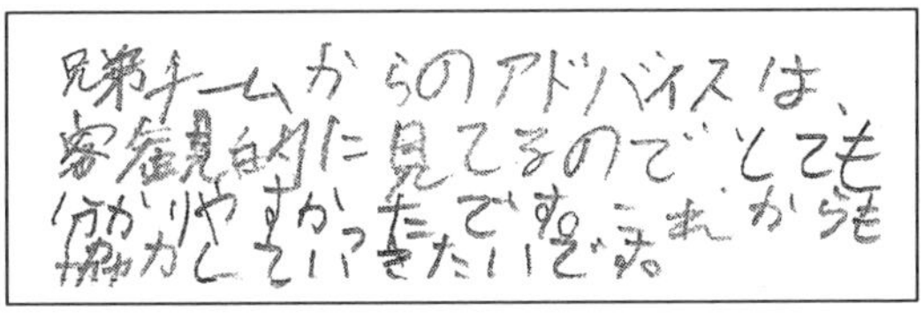

【図7　生徒のワークシートの一部】

この生徒は，ワークシートに「兄弟チームからのアドバイスは，客観的に見ているので，とても分かりやすかったです。これからも協力していきたい」（図7）と記述した。これは，お互いに動きを見合って，アドバイスし合うことで，物事をよい方向に向かわせることができるという価値を見いだしている姿である。

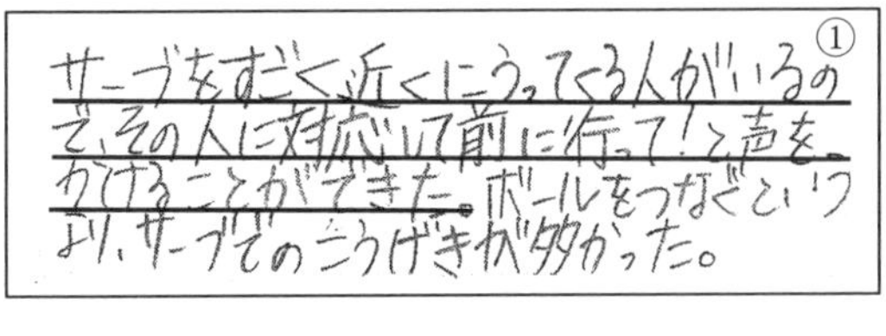

【図8　生徒のワークシートの一部】

この生徒は，ワークシートに「サーブをすごく近くに打ってくる人がいるので，その人に対応して前に行って！と声をかけることができた」（図8①）と記述した。これは，試合に勝つためには，自分たちの動きの分析と修正だけでは足りず，相手チームの攻め方を即座に分析し，それに対応していく必要性があることを見いだしている姿である。

6　単元のまとめ

本単元では，次の「見方・考え方」を働かせる手だてを講じてきた。

○ネット型球技のゲームの展開の中，ポジションやスペースの関係に着目し，「定位置に戻る動き」「準備姿勢をとる動き」「個人の技能を生かせるポジショニング」という観点を基に，自チームの特徴と個人の役割とを関連付けること

これらの「見方・考え方」を働かせることで，生徒の次の資質・能力を育成することができた。

○定位置に戻る動きや準備姿勢をとる動きを身に付けるといった知識・技能
○自チームの仲間と連携した動きの修正方法を考えるといった思考力
○動いている中で気付いた味方の動きの修正点を言葉掛けによって伝え合い，チームを向上させようとするといった学びに向かう力

【写真7　ゲーム中の生徒の様子】

参考・引用文献

○早川信哉『運動の特性を視点に，動きと作戦の関係を分析することを通して，より有効な動きへ改善・向上を図っていく授業』　新潟大学教育学部附属新潟中学校研究実践集録　2016
○勝本真『中学校保健体育　バレーボールの効果的指導をめざして』　大日本図書　2014

実践：技術・家庭科技術分野

技術ってどんな教科（1年）
〜エアプレーンづくりから技術分野の学習を見通そう〜

永井 歓

1 目　標
○エアプレーンをより遠くまで，より長時間，飛行させるために，機体形状の改変や機首・尾翼の調整を繰り返す活動を通して，以下のことができる。
・飛行性能を向上させる技術を理解すること
・改変や調整する事項をポイントに沿って説明すること
・改変や調整の過程をポートフォリオにまとめ，その過程を振り返って，さらなる修正を施そうとすること

2　本題材で働かせる「見方・考え方」
○飛行性能を向上させるために，施した技術と実際の飛行の様子の変化に着目し，「製作ポイント」と「調整ポイント」に基づいて，改変や調整を施そうとすること

3　本題材の指導の構想
本題材は，新学習指導要領に示されている「ガイダンス的な内容」に加えて，「A材料と加工の技術」，「Cエネルギー変換の技術」そして「D情報の技術」という，複数の学習内容を横断して導入的，体験的に学習する題材である。技術・家庭科技術分野の学習は，中学校から始まる新たな教科であり，さらには「材料と加工」「エネルギー変換」「情報」などといった多岐にわたる内容を学ぶ。そのため，それらが断片的な学習とならないように，生徒の学びの文脈を大切にしながら，体験的に学習する題材の構成が求められている。

そこで，本題材ではエアプレーンの製作と飛行を中心とした体験活動を展開していく。生徒は，紙飛行機をうまく飛ばそうと工夫した過去の体験を基に，思考し改良を重ねていく。小学校図画工作科で学習したカッターナイフ等の文房具の利用方法が，両刃のこぎり等といった木工用手工具の基本となっていることを理解したり，小学校理科で触れた電気二重層コンデンサ等をさらに活用したりすることで，既習内容とのかかわりを実感する。さらに，バルサ木材といった初めて触れる素材や超小型モータ等の先端素材，揚力を生み出す翼形状といった未知の技術を活用しながら，技術分野の意義や面白さを実感していく。

さらに，飛行性能の向上を追究する活動においては，技術のもたらす効果の予想，改変や調整，試行，評価というサイクルを繰り返すことで，効果の充実を実感する。施した技術と飛行性能の向上とを常に確認する活動を組織することで，施した技術の効果を明確にし，その評価を適切に行って，技術向上へとつなげることができる。

題材を構想する上でのポイント
○小学校での学びが，今後の技術分野の学習につながっていることを実感する題材構想
○「施した技術とその効果とを関係付けること」等の「見方・考え方」を働かせる題材構成

エアプレーンである理由
○技術分野の学習内容とかかわって，様々な技術を実感しやすいため
○技術の根拠となる資料が豊富なため
○失敗し大破しても比較的簡単に製作し直すことができる（失敗から学べる）ため
○飛ぶという夢を実現させた先人の知恵と思考の変遷を追体験できるため

第3章 「確かな学びを促す3つの重点」でつくる授業 145

4 題材の構想（全8時間）

学習活動【学習内容】	教師の支援・指導	
① ものづくりの過程で様々な知恵や創造により人々の暮らしが豊かになった事実を知る。【ものづくりの歴史や伝統技術への理解】 ② 紙飛行機に新たに技術を施すことで飛行性能を向上させた例を体感する。【既習内容との関連】 ③ エアプレーン（見本）の飛行を実際に体験し，機体に施されている技術とその効果を予想する。【材料と加工の技術，先端技術の活用，循環型社会】 ④ 飛行性能を向上させる技術を「製作ポイント」と「調整ポイント」にまとめる。【技術の評価】 課題：より遠くまで，より長時間，飛行し続けるには，どうしたらよいのだろうか。	○ 図画工作科等で使用した機器を提示する。 ○ 道具や材料等について，自転車や航空機の開発史からその変遷や意義等を再考させる。 ○ 工業技術の他にも，伝統産業の継承やリサイクル，省エネにも視野が広がる資料を提示する。 ○ 超小型モータ，電気二重層コンデンサ，バルサ木材等の素材の特徴と効果を予想させる。 ○ 長時間旋回し続ける機体を提示する。 発問：旋回し続けられるために施された技術は何か。 ○ 挙げられた技術を，機体形状に関わるものと調整に関わるものとに分類し，自分たちの言葉でまとめさせる。その全てを向上させることはできず，軽重をつけて選択することを確認する。	課題設定
⑤ 文具・工具の基本的な使用法について知る。【既習内容との関連，工具の利用】	○ カッターナイフ，瞬間接着剤，さしがねといった文具・工具の適切な使用法と保守点検方法，そして垂直度等の検査方法を確認する。	
⑥ 設計を基に，グループでエアプレーン1号機を製作する。【材料と加工の技術】	○ 2号機以降において，追究する機体が類似する者同士でグループをつくる。	対話
⑦ モータ無回転での試行飛行を行う。「製作ポイント」と「調整ポイント」を基に，飛行性能を向上させるように改変と調整を繰り返す。【情報の蓄積，技術の効果の予想，技術の評価・活用】 ⑧ モータを回した状態での試行飛行を行い，改変と調整を繰り返す。【技術の適切な評価・活用】	○ 機体を改変する場合はその前後を写真に，機首や尾翼を調整する場合は飛行の様子の変化を動画に，それぞれタブレット端末へ記録させる。 ○ 破損しても接着し直すことで強度が向上することを確認し，挑戦意欲を持続させる。 発問：現在の飛行の問題は何か。どのような調調を行うとその問題は解決されるのか。調整ポイントから解決策を導き出しなさい。	
⑨ ワークシートとポートフォリオを俯瞰する。 ⑩ 1号機での学びを活かして，2号機について設計・製作する。【設計・製作，適切な技術の選択】	○ 1号機の製作，改変，調整の過程を振り返る活動を組織する。 ○ 設計の変更がどのような効果をもたらすのかを，資料や1号機での経験を基に根拠をもって予測し，2号機の設計に活用させる。	再構成
⑪ 1号機と同様に，2号機において，モータを回さない状態と回した状態での試行飛行を行い，改変と調整を繰り返す。【技術の適切な評価・活用】	○ 他グループと比較するのではなく，自グループの飛行性能がどれほど改良されたのかに注目させる。施した技術とその効果を基に改変と調整を繰り返すよう支援する。	対話
⑫ ワークシートとポートフォリオを俯瞰し，最終的に，どの技術によって，どれほど飛行性能を向上させることができたのか，評価する。 ⑬ 飛行性能を向上させるために行った取組が，今後の技術分野の学習や社会とどのようにかかわるのか，まとめる。【技術の適切な評価・活用】	○ 題材全体を振り返る活動を組織する。 ○ 日常生活の様々な事象を技術とのかかわりの視点でとらえ直す活動を組織する。その際，社会とのかかわり，安全性，環境負荷，経済性等に着目して技術を最適化していくことの自分なりの意義を見いだせるよう支援する。	再構成

5　授業の実際

1　意味ある文脈での課題設定

生徒の既有体験や知識を，新たな技術や材料につなげる題材構成とする。

生徒は次のように活動を展開した。

①和凧等の伝統的ものづくりから航空機等に施された先端技術にまで触れ，夢が現実のものとなってきた過程において，技術が大きく寄与している事実を学んだ。

②紙飛行機をより遠くまで飛ばそうとした体験を想起し，その機体にゴム動力やモータといった技術を追加することで（写真1），飛行性能が向上することを実感した。

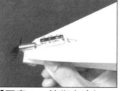

【写真１　技術を追加された紙飛行機】

③実際に長時間旋回し続ける理想的なエアプレーンの機体に触れ，「旋回し続けられるために施された技術は何か」と授業者が問うことで，その機体に施されている技術を見いだそうとした。

④機体から見いだした技術と，その技術によって生じたであろう効果について交流した。

＜生徒が見いだした技術とその効果＞

・小学校理科で触れた電気二重層コンデンサと，スマートフォン等に振動用として内蔵されている超小型モータ，そして超小型プロペラによって，機体に推進力が生み出されていること

・軽量で加工しやすく，スチロール素材と違って繊維組織の方向性をもつバルサ木材を効果的に利用することで，強度が向上されていること

・機体に施された唯一の曲線面に着目し，湾曲した形状が揚力を発生させていること

⑤飛行性能を向上させるであろう技術について，それらを分類し，自分たちの言葉でまとめる活動を行った。そして，次に挙げる「製作ポイント」と「調整ポイント」に整理した。

「製作ポイント」
ア）揚力もしくは推進力の向上
イ）機体の軽量化
ウ）機体主翼と尾翼の面積の変更
エ）機体の強度の向上
オ）機体の前後左右バランスの均等化

これらは，イを向上させるとエが低下する，というように互いに関連している。例えば，機体軽量化のために胴体を細くすれば，強度が落ちて機体がゆがみ失速してしまう。以下は製作ポイントにかかわる生徒の振り返りである。

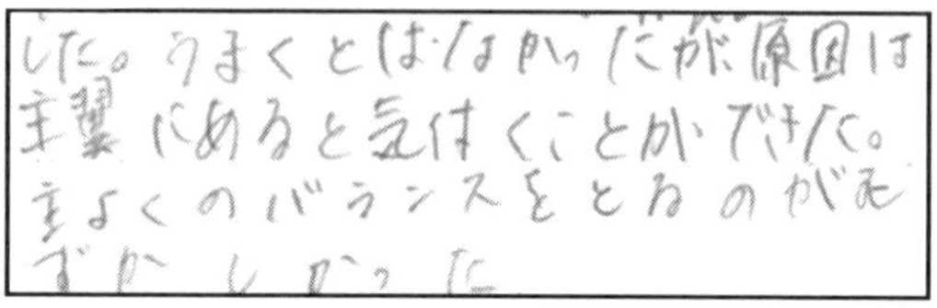
した。うまくとばなかった原因は
主翼にあると気付くことができた。
主よくのバランスをとるのがむ
ずかしかった

【図１　製作ポイントと飛行との関連】

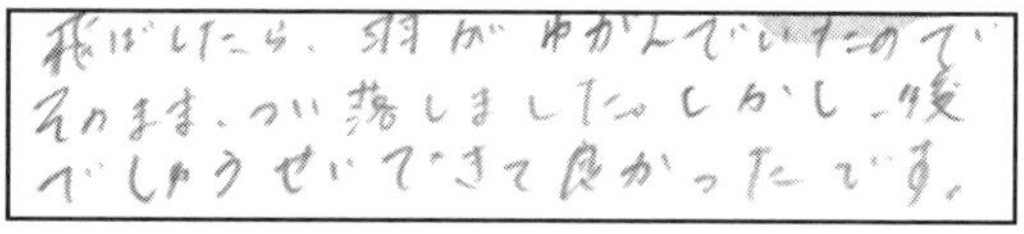
飛ばしたら，羽がゆがんでいたので
そのまま，つい落しました。しかし，後
でしゅうせいできて良かったです。

【図２　製作ポイントと飛行との関連】

生徒は，これらのポイントを基に，バランスよく製作したり，いずれかを重視したりしなければならないことを認識した。

「調整ポイント」
カ）機首位置の前後の変更
キ）水平尾翼・垂直尾翼後方角度の変更

これらの調整を施すことで，飛行の様子を変化させることができる。例えば，放った直後に急激に上昇し，その後急降下する機体は，機首を少し前方へ移動させるか，水平尾翼後方を少し下げるかのいずれかの調整を施せば，機体は平行に飛行する。飛行の問題とその解決策を問う発問を行うことで，現状を把握し，その改善に適している方策との関連を意識しようとする姿勢につながった。このような授業展開とすることで，生徒は機体への強い関心を抱くと同時に，製作への見通しをもつこととなり，自分でも製作できるのではないかと予測し，次の課題を見いだした。

> より遠くまで，より長時間，飛行し続けるには，どうしたらよいのだろうか。

働かせた「見方・考え方」
扱う素材の特徴と，機体の形状や飛行の様子とを関係付けること

2　対話を促す工夫
Ⅰ　追究する機体の特徴が類似した者同士でのペア活動を組織する。
Ⅱ　施した技術と実際の飛行の様子の変化に着目し，飛行性能の向上につながる技術を適切に選択できる学習環境を整備する。

＜Ⅰについて＞

ものづくり経験の乏しい段階において，正確な加工と飛行性能向上のための設計活動は容易なことではない。しかしながら，追究する目的を同じくする者同士で常に互いの技能を評価し合ったり，教え合ったりすることで，短時間での技能の向上が可能となる。また，資料から必要となる根拠を見いだしたり，技術と効果を適切に関係付けたりといった活動が行われやすくなる。

ここで重要なのは，追究する目的が同じ者同士だからこそ，互いの視点が焦点化され，対話が促されることである。本題材においては，全員が同じ設計の1号機(図3)製作の後，2号機の設計・製作へと進み，飛行性能の向上を目指して設計を改良する。その際の改良策を共通の目的としてペアを編成した。目的として次のものが挙げられた。
○揚力向上を狙い，翼面積を拡大させること
○揚力向上を狙い，主翼等を二枚翼にすること
○機体軽量化を狙い，機体全体を縮小すること
○推進力向上を狙い，コンデンサ容量を増大すること

＜Ⅱについて＞

製作する1号機は，改変や調整といった技術を施しやすく，その効果が明確に表出されることが求められる。さらに，複数回の飛行や墜落等の破損に耐えうる機体強度と再現性を有す必要がある。そこで，これらに応える機体を提示した(図3)。

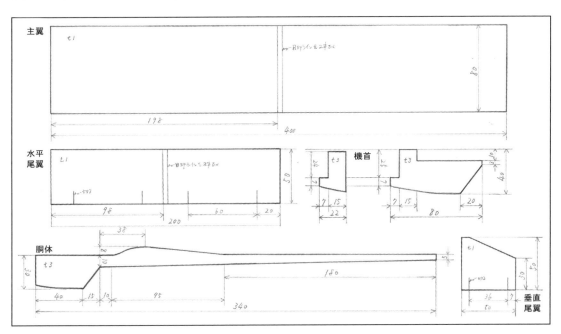

【図3　授業者が開発したエアプレーン1号機の設計図】

機体は胴体，主翼，水平・垂直尾翼，といった航空機の基本構造のみの構成とし，必要最小限の部品数によるものとした。また，機体の形状は加工しやすい長方形を多用し，胴体(主翼との接合面)に揚力を発生させる湾曲加工を施した。

機体の調整については，胴体に対して機首の位置を前後させることで，機体の重心を変更することができる。また，左右2枚の水平尾翼と1枚の垂直尾翼の後方の角度をそれぞれ僅かだけ変更させることで，飛行の様子(進行方向や回転等)を変化させることができる。

学習活動⑦以降において，生徒Aはタブレット端末を活用して，機体のどの部分に，どのような形状の改変を加えたのかを「製作ポイント」と関係付けながら説明し，機体の前後の様子を静止画に収めた。その際，その改変の理由として，その時点で問題ととらえる内容とその改善策としてどのような技術を施すのかを明確に記録した。続いて，機体のどの部分にどのような調整を加えたのかを「調整ポイント(図4)」と関係付けながら説明し，その様子を動画や静止画に収めた。そして，調整がどのような効果として現れたのかを飛行の具体として動画に収めていった。その際，静止画は「1」から，動画は「A」から，整理して記録した。

次の資料は生徒Aのワークシートの記録(図4)と，図5の⑤，⑥，⑦のそれぞれの実際の写真(写真2，3，4)，そして発話・行動記録である。

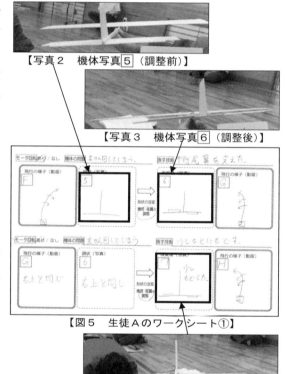

【写真2　機体写真⑤（調整前）】

【写真3　機体写真⑥（調整後）】

【図5　生徒Aのワークシート①】

【写真4　機体写真⑦（さらに調整）】

【図4　生徒Aが調整の際の根拠とした資料（抜粋）】

【表1　生徒Aと生徒Bの発話・行動記録】

モータを回転させた最初の飛行として，付せんに F を記入し，体育館ステージから，機体を飛行させた。タブレットで動画 F を撮影した。
機体はまっすぐ飛び，体育館中央で上昇した①後，右旋回した。
A 「旋回したよね②」
B 「すごい曲がった」
二人でタブレット動画を確認する。
A 「右が重いね，たぶん③」
B 「右が重いから…」
A 「あと，機首が…たぶん④。まず，右旋回を解消しよう」
タブレットで機体写真⑤を撮る。
B 「左旋回だから」
A 「左旋回だから，左を上げて…」
ファイルを開いて，資料（左図4）で確認した。⑤
A 「こうかな？」

左の水平尾翼を上げて，右をさげた。そして瞬間接着剤を染み込ませて硬化させた。⑥
ワークシートに記入。
タブレットで機体写真⑥を撮り，ステージから機体を飛行させる。
タブレットで動画Gを撮影する。
機体はまっすぐ飛び，体育館中央で上昇した後，左旋回した。
二人で，動画Gを見る。
A「左の方に伸びたね」
B「左旋回っぽい？⑦ もうちょい。こっち（水平尾翼左側を指しながら）が行き過ぎてるんじゃない？⑧」
水平尾翼左側を上げた部分を少し下げた。⑨
A「いいと思う」
タブレットで機体写真⑦を撮る。
ワークシートに記入する。
二人で，動画Gを再度，見る。⑩
ステージから機体を飛行させる。
タブレットで動画Hを撮影する。
機体はまっすぐに飛んだものの，まだ少し左旋回した。
A「いいけど⑪…もう一回かな」
B「もう一回，じゃあやってみる？⑫」

　生徒Aは，モータを回転させての初めての飛行Fについて，飛行の様子から問題を「(右)旋回したよね（表1②）」と分析し，その原因として「(機体の)右が重い（表1③）」と推測した。その後，資料を根拠に（表1⑤），水平尾翼の左側の後方角度を上げ，右を下げるという技術を施した（表1⑥）。その効果を「左旋回っぽい（表1⑦）」と評価し，「水平尾翼左側が行き過ぎている（表1⑧）」と推測して，先程，施した水平尾翼左側後方角度にさらなる調整を加えた（表1⑨）。そして，飛行の様子を動画で確認しながら（表1⑩），さらに試行飛行を行った（動画H）。その評価として「いいけど（表1⑪）」としながらも，「もう一回，じゃあやってみる？（表1⑫）」と，さらなる調整を施していった。

　その後，生徒Aは，機体の抱えるもう1つの問題である「機首の位置（表1④）」の解決に取り組んでいった。これは，「上昇した（表1①）」という事実からとらえたものであった。

　次の資料は，生徒Aのワークシートの記録（図6）と図6⑩ ⑪のタブレット端末で撮影した実際の写真である（写真5，6）。

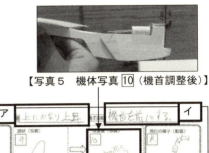

【写真5　機体写真⑩（機首調整後）】

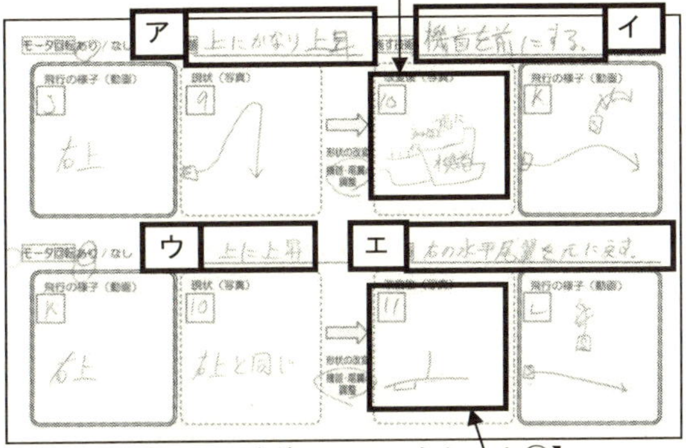

【図6　生徒Aのワークシート②】

【写真6　機体写真⑪（水平尾翼調整後）】

　生徒Aと生徒Bは，問題「かなり上昇（図6ア）」を解決するために「機首を前にする（図6イ）」という技術を施した。それでもまだ「上昇（図6ウ）」と分析し，それまでやや上げていた「右側水平尾翼後方角度を元に戻した（図6エ）」。

　このように，生徒Aと生徒Bは「施した技術と実際の飛行の様子の変化に着目し，『製作ポイント』と『調整ポイント』に基づいて改変や調整を施そうとすること」という「見方・考え方」を働かせた。そして「飛行性能を向上させること」「施した技術がもたらした効果を根拠に基づいて説明すること」「さらなる向上のための技術を施そうとすること」という資質・能力を育むことにつながった。

働かせた「見方・考え方」
　施した技術と，それによりもたらされた効果（実際の飛行の様子の変化）とを関係付けること

3　学びの再構成を促す工夫

施した技術とその効果の蓄積を俯瞰し、評価する活動を組織する。

学習活動⑨において、1号機の製作から、モータ無回転での試行飛行と、モータ回転での試行飛行について、その改変と調整を振り返る活動を組織した。また、学習活動⑫と⑬において、題材全体を振り返る活動を組織した。

タブレット端末に蓄積された映像(動画と静止画)、前時までのワークシート、そして活動全体を振り返るためのワークシートを提示した。ワークシートの項目は次の通りである。

1. 効果的だと思われる技術は何か
2. 今後、活かしたい技術は何か
3. 授業での学びの価値は何か
4. 技術分野とはどのような教科か

その後、次の発問を行った。

発問：これまでの学習には、どのような価値があったのか。タブレット端末の映像や前時までのワークシートから答えなさい。

次の資料は、生徒Cの前時までのワークシートの記録と、発問の後の発話・行動記録である。

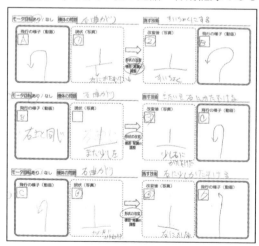

【図7　生徒Cのワークシート】

【表2　生徒Cと生徒Dの発話・行動記録】

	生徒CとD、2人で動画Aから見返す。
C	「これ、すご〜い」
D	「今のすごくよかった」
C	「すごいよ、これほんとにすごかったよ①」
	動画A・B・Cを見終わったところで
D	「ここまでは、全部、左旋回だったんだよね。これ今Cでしょ。で、これがBで。さらに傾けて、D。これDだよね。」
C	「これ、すごいよ、きれい②」
D	「すごい③」
C	「これ、ワークシートの絵より、もうちょっと右に行ってたよ。」
	ワークシートの動画Dの飛行の様子(絵)の描きぶりに少し修正を施した。
C	「だから、尾翼をすっごい右に傾けたけど、さらにもう少し傾けておけば、ちゃんと体育館の壁まで行ったんだよ。⑤」
D	「左にもうちょい傾けようぜ。」
C	「うん…、左？」
D	「うん、だって、これ右に傾けすぎたから」
C	「え、そうなの？だけどさ、ずっとこうやって傾けて、右に傾けてやっとこう飛んだから」
D	「まだ左か」
C	「右でしょ⑥」
D	「そうか右か」
	ワークシートを記入する。
	2人で動画Dを見ながら。
C	「すっごい、きれいに飛んだね〜。飛ばし方のコツがわかったよ」
C	「Dさんがすっごい曲げたことが、意外とよかった」
D	「あれ、とっても曲げてたよね」
	2人で再度、動画Dを見ながら。
C	「これはうれしいぞ④」

生徒Cと生徒Dの機体は、動画AからCの段階で、体育館中央を大きく超え、あと少しで体育館逆側の壁面まで届くという程に飛行するものであった。2人はこの前段階のモータ無回転での試行飛行の段階から丁寧な技術の施行と評価を継続させていたため、動画Aにおいてモータの回転が加わったことで、機体の飛行性能を飛躍的に向上させたのである。そして、その後も適切な技術を施したことで、2人にとって理想に近い飛行(動画D)を実現させることとなった。2人にとってタブレット端末の映像を見返す活動は、飛行性能を向上させることができた

という充実感につながった（表２①～④）。

さらに２人は「さらにもう少し傾けておけば，ちゃんとあそこまで行った（表２⑤）」という仮説をたて，今後，施す技術として「右でしょ（表２⑥）」を導き出した。これは，施した技術とその効果の蓄積を俯瞰し評価することで，新たな学びへと思いを紡いだものである。

他生徒の振り返りの記載を下（図８～11）に示す。生徒は，本題材での学びを「今後の他教科・他領域での学びの場で活用したい（図８ア，図９イ）」や「生活の中の様々な場面で使うことができる（図11ウ）」と価値付けていた。

6　題材のまとめ

本題材において，生徒は次の「見方・考え方」を働かせて，より遠くまで，より長時間，飛行し続ける機体を模索した。

○木材やコンデンサ等の素材の特徴と機体の形状や飛行の様子とを関係付けること
○施した製作・調整の技術とその効果（実際の飛行の様子の変化）とを関係付けること

これらにより，生徒の次の資質・能力を育成することができた。

○性能を向上させる技術を理解すること
○技術のもたらす効果を根拠に基づいて説明すること
○さらなる修正を施そうとすること

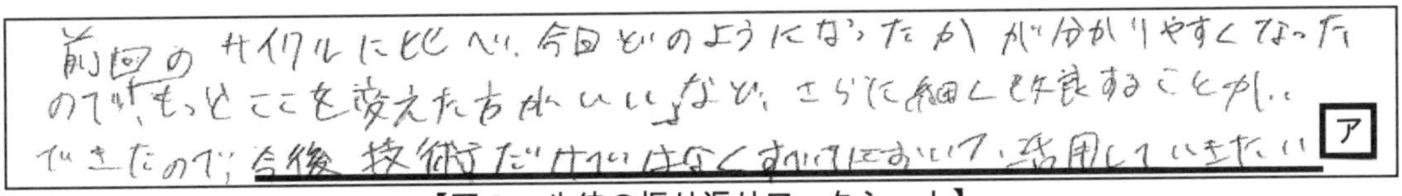
前回のサイクルに比べ、今回どのようになったかが分かりやすくなったので、もっとここを変えた方がいいなど、さらに細く改良することができたので、今後技術だけではなくすべてにおいて活用していきたい　ア

【図８　生徒の振り返りワークシート】

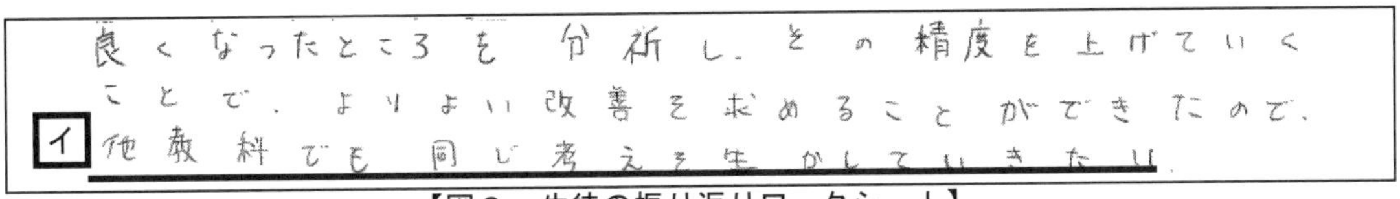
良くなったところを分析し、その精度を上げていくことで、よりよい改善を求めることができたので、他教科でも同じ考えを生かしていきたい　イ

【図９　生徒の振り返りワークシート】

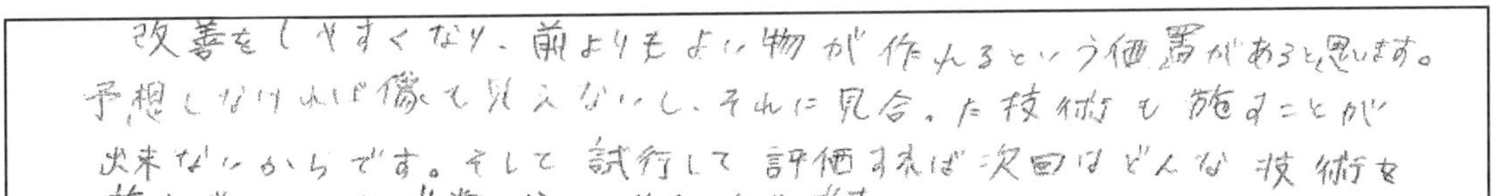
改善をしやすくなり、前よりもよい物が作れるという価値があると思います。予想しなければ像も見えないし、それに見合った技術も施すことが出来ないからです。そして試行して評価すれば次回はどんな技術を施せばいいかが非常に分かりやすいからです。

【図10　生徒の振り返りワークシート】

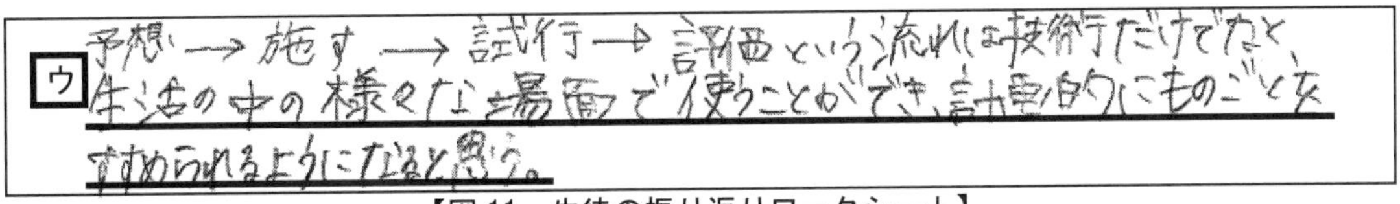
ウ　予想→施す→試行→評価という流れは技術だけでなく、生活の中の様々な場面で使うことができ、計画的にものごとをすすめられるようになると思う。

【図11　生徒の振り返りワークシート】

参考・引用文献
永井　歓（2015）「技術ってどんな教科～エアプレーンづくりから技術分野の授業を見通そう～」新潟大学教育学部附属新潟中学校

実践：技術・家庭科家庭分野

災害時における食事をプロデュースしよう（2年）

古山　祐子

1　目標
○災害時という制限された情況で，限られた食品を活用した調理を行うことを通して，次のことができる。
- 食品の特徴をとらえた適切な調理の仕方を知ること
- 調理の過程を評価・改善し，加工食品のよりよい活用の仕方をまとめること
- 自分や家族の生活と関係付けた調理を工夫して行おうとすること

2　本題材で働かせる「見方・考え方」
○目的と条件をふまえて，調理を効率性や環境への配慮などの視点でとらえ，調理時間や水の量，ゴミの量などを観点に，加工食品の活用の仕方を工夫すること

3　本題材の指導の構想
　本題材では，災害時を想定して制限された情況での食事のあり方について扱う。
　制限された情況とは，次の通りである。
- 電気・ガス・水道の利用制限により，調理の仕方が制限されること。
- 物流の制限により，食品が限られること
- 不安や悲しみといった心情がみられること

　生徒はこのような中で食べ物を摂らざるを得ない情況だからこそ，使用できる食品の特徴を活かしたい，そして，よりおいしいものを食べたいと願うものである。また，加工食品に注目させることで，食品の特徴や，調理の工夫を見いだしたりすることをねらいとしている。

　加工食品は，多くの家庭で備蓄されている。しかしながら，生徒にとっては，家にあっても食べたことがない，または普段食べ慣れていないなどの理由から，いざというときに選択できるものになっていないといった実態がある。そこで，まずは複数の加工食品を提示し，試食する活動を組織する。生徒は，保存が利くといった加工食品の特徴をとらえつつも，味気ないなど物足りなさを感じ，どうしたらよりよく調理ができ，加工食品のよさを引き出せるかと考える。

　加工食品を提示する際には，あらかじめ自分の家庭で保存してある食品にはどのようなものがあるのか調べさせ，生徒が自身の生活とのつながりを意識できるようにする。

　調理の仕方については，災害時を想定することで，切る，和える，焼く，ゆでるなどの基本的な技能に絞ることとなる。基本が大切であること，そして簡単な調理でも工夫ができるといったことにも気付かせる。また災害時を想定した情況だからこそ効率性や環境への配慮に着目することになる。調理の過程における記録を基に，調理にかかった時間，使用した水の量やゴミの量などを観点にしてグループで検討を行い，よりよい調理の仕方を工夫していく。そうすることで，家庭で保存してある加工食品について見直し，加工食品といった保存の利く食品の活用の仕方を広げることができる。

題材を構想する上でのポイント
- ○　災害時といった制限された情況での「調理の仕方」について考える題材の提案
- ○　家庭で保存してある食品の特徴をふまえ，新たな活用方法を見いだすこと

第3章　「確かな学びを促す3つの重点」でつくる授業　153

4　題材の構想（全8時間）

学習活動	教師の支援・指導	
①　災害時を想定して，ごはん（ビニル袋に米と水を入れて湯せんする）を実際に作る。 ・　この情況でごはんが炊けるのだろうか。 ・　実際に食べてみたら，意外と普通だ。	○　災害を想起させる制限された情況下で調理を体験させる。	課題設定
②　家庭にある「いざというときに活用できる食品」（備蓄食品）を調べる。 ・　普段は食べていないものもあって，味がよくわからない。	発問：米以外に，いざというときに活用できる食品にはどのようなものがありますか。 発問：家庭にある備蓄食品を調べて，どんなことに気付きましたか。	
③　加工食品（サバ缶）を試食する。 ・　冷たくて，あまりおいしくないな。	○　加工食品を複数提示し，アレルギー等に配慮して試食させる。	
④　加工食品（サバ缶）を加熱したものを試食する。 ・　温度を変えただけでも，おいしくなるな。 課題：制限された情況で，よりおいしく，より環境に配慮するには，どの食品を活用して，どのように調理したらよいだろうか。	○　缶詰を加熱するといった簡単な調理の仕方で，よりおいしく食べられることを実感させる。	
⑤　限られた食品や調理法を活用した食事をグループごとに考える。 ・　サバ缶を使って何かできないかな。	○　同じ目的の者同士のグループを組織する。 発問：限られた食品を活用し，よりおいしい食事にするために，どのような工夫を行いますか。	対話
⑥　グループごとに調理計画を立てる。	指示：考えた食事のレシピを基に，調理計画を立てなさい。	
⑦　グループごとに調理をして，試食する。 ・　うまくできたが，もう少し工夫ができそうだ。	○　調理の振り返りで活用させるための記録写真（準備した食品，調理過程の様子，できあがりなど）を撮る。	
⑧　調理計画の立案から試食までを観点を基に振り返り，よさや問題を見いだす。	発問：これまでの調理計画の立案から試食までを，観点を基に振り返りなさい。 ○　観点：調理時間（加熱時間），水の量，ゴミの量，おいしさ	
⑨　調理の工夫を仲間と伝え合う。	発問：グループの目的を果たすための調理にはどんな工夫がありましたか。	
⑩　学習のまとめをする。 ・　家にある食品は，定期的に食べて味に慣れ，賞味期限が切れないようにしたい。	発問：今後のあなたの生活で大切にしたいこと，生かせることは何ですか，まとめなさい。	再構成

5 授業の実際

1 意味ある文脈での課題設定

制限された情況で調理し，試食する活動を通して，食品の特徴をとらえ，それらをふまえた調理の仕方を工夫することができる題材構成とする。

災害時の情況で，制限されるものを挙げつくし，電気・ガス・水道や物流が制限されることによって，使用できる食品や調理の仕方にも限りがあることを共有した。

調理の導入として，災害時を想定し制限された情況で，主食であるごはんを作る活動を行った。

1 ビニル袋を使って米をゆでる

＜準備物／班＞
- 米（1／2合）
- 水（100cc）
- 輪ゴム
- 鍋
- 紙皿 ・割り箸

【写真1 米をゆでる様子】

＜調理方法＞
ビニル袋に米と水を入れ，輪ゴムでしばる。鍋で20〜25分ゆで，5分程度蒸らす。

水やゆでる際のお湯は配給制とし，これらの材料を用いて米を炊いた。活動後，生徒は「ゆでる，という方法だけで，炊飯器を使わなくてもごはんが炊けることがわかった」「意外とおいしかった」などの感想をもった。

【写真2 水道の表示】

1の調理をする際には，食べるために紙皿と割り箸を用意した。食後に，それらを班ごとにひと袋にまとめ，生徒は使った全てがゴミになってしまうことに気付いた。さらに，授業者が紙皿と割り箸の数も「配給されているのはこれだけ」と限定すると，生徒はアルミホイルでお皿を作ったり，繰り返し使うためにお皿に食品用ラップをかけたりする工夫を行った。

さらに，授業者は次のように働き掛けた。

米以外に，いざというときに活用できる食品にはどのようなものがありますか。

生徒は，家庭にある食品の中で，加工食品など，災害時という制限された情況で活用できそうな食品を調べた。生徒が挙げていた食品には次のようなものがあった。

ごはん（レトルトパックされた物）
缶詰（魚・肉・果物・乾パンなど）
インスタントスープ（味噌汁，野菜スープなど）
ペットボトルの水　レトルト食品

次に，多くの生徒が活用できそうな食品として挙げていた，加工食品（サバ缶）を試食した。

2 そのまま試食する

＜準備したもの＞
- サバ缶
- アルミホイル
- 食品用ラップ

【写真3 試食した缶詰】

缶詰を開け，そのまま試食する。

続けて，次のように加熱した缶詰の試食をした。

3 加熱し，試食する
2と同じ缶詰を，お湯で15分程度温めた。

2と3の試食の後，生徒は「食べ比べてみて，やはり温かさがおいしさの決め手になることがわかった。災害時でもおいしいものを食べると安心するのでもっと工夫してみたい」などの感想をもった。その後，缶詰以外の加工食品を提示すると，生徒は他の食品は，どのような工夫ができるだろうか，という疑問をもち，次の課題を見いだした。

制限された情況で，よりおいしく，より環境に配慮するには，どの食品を活用して，どのように調理したらよいだろうか。

> **2　対話を促す工夫**
>
> Ⅰ　同じ目的（テーマ）をもったグループの仲間と協働して，観点を基に，立案・調理・試食・振り返りの活動を組織する。
>
> Ⅱ　調理の過程を記録し，振り返りができる環境を整備する。

制限された情況について再度整理するために次の資料を生徒に提示した。

被災者の情況・求める食事

2年　組　番　班 名前

いつ，どんな栄養，食生活支援を行うか

段階１）　おおむね２４時間以内
- 被災地への食糧供給
- エネルギー及び水分の確保
- 備蓄食品の放出，救援物資の供給，不足食料の要請，炊き出し計画

段階２）　おおむね７２時間以内
- 段階１）の継続活動
- 水分摂取への注意（脱水，＿熱中症＿，＿エコノミークラス＿症候群）

段階３）　おおむね４日～１ヶ月　（今回，想定する段階）
- 食事内容が体調を決める時期
- 肥満と運動不足
- 炭水化物（おにぎり，パン等）過多への対応
- 野菜，タンパク質不足への対応
- ＿あたたかい＿食事

段階４）　おおむね１ヶ月以降
- 簡単な食事（出来合いの食事，＿レトルト＿食品，＿カップラーメン＿等）による脂肪過多，＿塩分＿過多等の問題

＜被災者のストレス＞
① 生活環境の悪化
② 生計の不安
③ 避難生活の不便
④ 健康状態
⑤ 家族の不安
⑥ 地域全体の不安

＜ストレスを和らげるための食事＞
① おいしい食べ物
② 毎日＿違う＿食べ物
③ 日頃＿食べ慣れた＿，または＿あたたかい＿食べ物
④ いつもたべる食べ物（例えば，ごはんと味噌汁）
⑤ ＿落ち着いた＿雰囲気
⑥ 朝・昼・晩という個々人の時間性をもった食べ物

参考文献：「災害時の栄養・食糧問題」建帛社 日本栄養・食糧学会監修

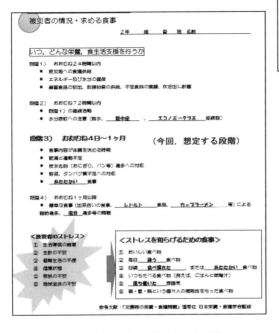

【図１　制限された情況を示す資料】

さらに，非常食として常備されている乾パンがどのようなものか，試食する活動を取り入れた。

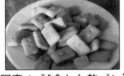

【写真４　試食した乾パン】

目的を達成するために，どのような調理を考えたいかをグループで検討した。その後，各グループで調理テーマに向かって，調理計画を立てた。調理の条件として，非常時を踏まえ用意したのは，カセットコンロを想定したガスコンロ１台と水２リットルである。また，調理時間は30分間（準備，試食も含めて50分間）で行うこととした。

生徒Ａのグループは，「米を使った腹もちがいい食事をつくろう」という調理テーマを基に，炊き込みご飯を作る計画を立てた。米は，災害時に配給されるおにぎりを活用するというアイデアを取り入れた。

生徒Ａのグループでの調理の実際は次の通りである。

＜食品＞
- 配給されたおにぎり
- 焼き鳥の缶詰
- ひじきの缶詰
- 切り干し大根

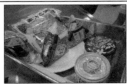

【写真５　Ａのグループの食品】

これらの材料を用いて，右のような炊き込み風混ぜごはんを調理した。

【写真６　Ａのグループの調理後】

生徒Ａは調理の過程における「調理総時間」「加熱時間」「使った水の量」についてワークシートに記述した。（図２①）

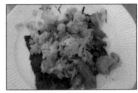

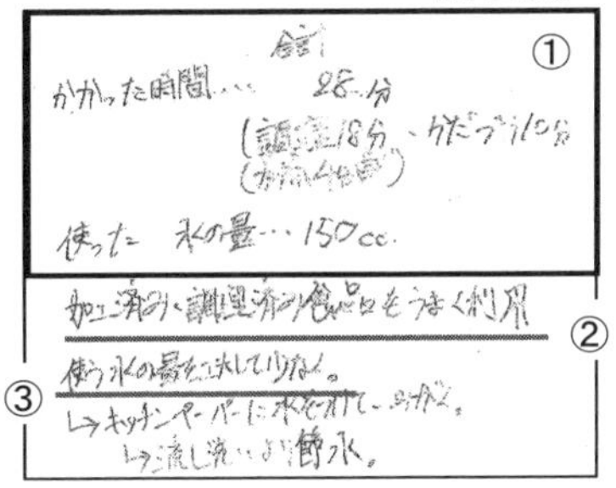

【図２　生徒Ａのワークシート】

さらに，「加工済み・調理済み食品をうまく利用」「使う水の量を工夫して少なく」といった記述（図２②③）から，生徒Ａは，おにぎりや缶詰の特徴をとらえ，水の使い方にも触れながら効率性を考えた調理の仕方を見いだした。

> **働かせた「見方・考え方」**
>
> 目的を踏まえ，食品の特徴や調理時間，使用した水の量に着目し，効率性や環境への配慮の視点からとらえること

156 実践編

実習後,授業者は次のワークシートを提示した。

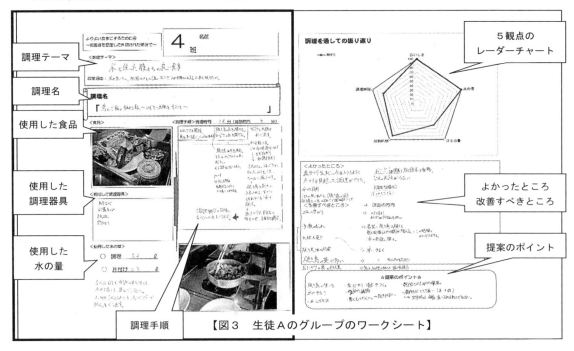

【図3 生徒Aのグループのワークシート】

まずは左側半分を提示し,生徒Aのグループでは調理の過程をワークシートに記述した(図3)。調理活動を振り返る際には,次の2つを提示した。

1 各班の5つの観点の実際

【図4 各班の5つの観点をまとめた模造紙】

制限された情況での調理において気付かせたい「調理総時間」「加熱時間」「水の量」「ゴミの量」「おいしさの変化」の5つの観点について,実際の数値を書き込んだ。「おいしさの変化」は,調理する前と後での比較を行い,◎○△の3段階で評価した。

2 使用した水の量とゴミの量を可視化

【写真7 水とゴミの提示の実際】

調理の際には,各班に水の入った2リットルのペットボトルを配給し,調理で使用した水の量と,片付けで使用した水の量がわかるよう,調理が完了した時点で,ペットボトルに線を入れた(写真8)。

【写真8 4班の使用した水の実際】

このような提示の後,授業者は次のように働き掛けた。

＜これまでの調理計画から試食までを観点を基に振り返りなさい。

第3章 「確かな学びを促す3つの重点」でつくる授業　157

生徒は班ごとにワークシート(図3)の右側のレーダーチャートなどに記入しながら振り返った。

【表1　生徒Aのグループの発話・行動記録】

B	良かったことは
A	①水の量？
D	②片付けのときに，鍋に水を入れていた
A	片付けを考えた調理ができていた。他に？
D	油の使い回し
一同	あぁ～
授業者	ちなみに何の油？
A	焼き鳥缶の中に入っていた油
C	そしたら，調味料いらなくない
D	あー
A	③焼き鳥缶使ったおかげで調味料がいらない。おにぎりはどうする。
C	④おにぎりを使うことで炊くとかがいらない
D	手間が省ける
A	加工してあるから大失敗がない
B	味の失敗がない
A	ゴミの量
B	⑤何でゴミ増えたんだ
A	缶がかさばる
B	仕方ない
C	ひじきいる？
B	しょうがない。包まれて売ってるわけだから。加工してあるものを使うから仕方ない。
A	⑥おにぎりのフィルムを皿がわりにできない？
B	上手にむいて
C	⑦缶をお皿にしても良かったんじゃない
A	缶をお皿にする？
D	⑧でも缶をお皿にすると水の量増える

節約することに効果があった。さらに，ゴミの量に着目した検討が見られた(表1⑤⑥)。缶詰を使うと，缶がゴミとして出てしまうことを危惧し，缶を皿に代用できないかという考えを生徒Cが提案した(表1⑦)。しかしながら，その缶を洗うために水の使用量が増えることへの指摘を生徒Dがしている(表1⑧)。

生徒Aのグループでは交流の際に，ゴミの量，水の量，おいしさの観点に着目した調理の過程の振り返りを行っていた。さらに，おにぎりを活用することで，加熱方法や時間を節約することができ，調味料を使わずとも味付けができる加工食品のよさを生かした調理の仕方に気付くことができた(表1③④)。

> **働かせた「見方・考え方」**
> 環境に配慮した視点に着目し，食品の特徴と5つの観点とを関係付けること

また，生徒Eのグループでは，缶詰を調理のバリエーションを増やし，できるだけおいしく食べたいという思いから，調理テーマを「缶詰のフルコース」に設定し，乾パンピザを作った。

調理・試食後の振り返りの際，レーダーチャートに次のように記入し，交流を行った。

【写真9　グループで交流している生徒の様子】

生徒Aのグループは，調理の良かったこととして，使用した水の量を挙げている(表1①②)。他の班と比べても少なく，調理の過程で片付けを意識し，炒めたごはんがついた鍋に水を浸しておくことで，片付けの際の使用する水の量を

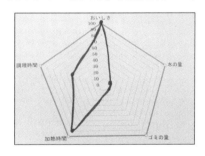

【図5　生徒Eのグループのレーダーチャート】

158　実践編

【表2　生徒Eのグループの発話記録】

G	ゴミの量，シーチキンだけでよくない？
H	ゴミの量，シーチキンと薄力粉。
E	カンパンとトマト缶と，じゃがりこ。
H	じゃがりことカンパンはいらない。じゃがりことトマトソースは基本的にいらない。
F	でもトマトソース使ったよ。
H	①でも使ったとしても使わなくてもよかったじゃん。なくてもいいじゃん。
E	コーンもいらない。
G	カニ入れた？
E	カニもいらない。
H	カンパン，薄力粉，シーチキンで済む。
G	②無駄にいろいろ入れちゃったから，ゴミが多くなった。
	（中　略）
E	③アルミホイルに油をしいて，やればよかった。
H	そうすればよかったね。
E	④洗わなくてよかった。
G	（洗う時に）油が落としにくい。
	（中　略）
E	⑤ボウルを3つ使ったのがおかしい。
F	洗い物が多くなるからさ。何を分けたんだっけ。
E	コーン，トマトソース，ツナでそれぞれボウルを使った。
F	じゃあさ，トマトとコーンを一緒にすればよかった。
G	そっちの方がよかった。
F	どっちにしても一緒にするんだから。トマトはボウルにあける必要はなかったよ。

生徒Eのグループではレーダーチャートに表されているようにゴミが多いこと，使った水の量が多かったことについて振り返った。水は，調理が完了した時点で，1リットル以上残っていたが（写

【写真10：1班の使用した水の実際】

真10の⑤の線），片付ける際に使い切ってしまった。このことがグループで問題視された。また，調理前，生徒Eのグループでは缶詰の調理方法のバリエーションを増やすため，多様な缶詰の活用を画策していた。しかし，調理後の振り返りの際，味を大きく変えずに，どの缶詰を使うべきかを再考する場面で，使わなくても済む缶詰も使用したことでゴミの量が増えたと振り返っていた（表2①②）。

さらに，調理の過程では「（フライパンに）アルミをしく」や「使用するボウルの数を最小限にする」といった調理器具を洗う段階で，使用する水の量を節約できたと反省する姿があった（表2③④⑤）。

> **働かせた「見方・考え方」**
> 調理時間やゴミの量，水の量などを観点に加工食品の活用の仕方を工夫すること

> **3　学びの再構成を促す工夫**
> Ⅰ　題材の最初と最後で，自分の考え方の変容に気付くような「題材振り返りシート」を活用する。
> Ⅱ　家庭との連携を図ることを通して，自分自身の生活を振り返り，自己の食生活を見直す活動を組織する。

生徒は日々の授業の最後に，「題材振り返りシート」を用いて学びを記入した。そこには，その授業での「大切だと感じたことや自分の生活に生かしたいこと」を記入した。このようにして，日々の授業での取組を振り返り，自分にとっての学びを記してそれを蓄積した。このことにより，生徒は題材を通して，自分の学びのつながりを意識することができた。

また，授業者が「題材振り返りシート」を点検することによって，生徒の学びととらえていることを把握したり，授業で残った疑問などに答えたりすることができた。

【図6　生徒Aの「題材振り返りシート」】

第3章 「確かな学びを促す3つの重点」でつくる授業　159

この他に，題材の最初と最後に，本題材で身に付けて欲しい事項に関する，生徒自身の考えを次のように記述させた。

> 制限された情況において，食生活を維持するために，必要なことは何だと思いますか。また，それはなぜですか。

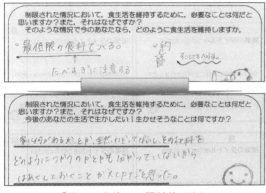

【図7　生徒Eの題材前（上）・題材後（下）の振り返りシート】

生徒Eは，題材前は「最低限の食料で作る」といった食品が限られていることのみに着目しており，何をどのように食べるのか，については考えられていない。しかしながら題材後には，「家に何があるか，ということを全然分かっていないから，把握しておくことが大切」と，記述している（図7下線部）。授業を通して，缶詰などの加工食品の特徴から保存性があることに気付き，さらに身近な家庭生活での実践事項として，「まず家庭にどんな食品があるのか把握する」ということを挙げている。導入時での家庭食品調べとその食品の活用方法について関係付けながら考えていこうとする姿である。

また，題材後に他の生徒は次のように記述した。

> ・自然災害が起こった場合に今ある食材の中でどのように活用していけばいいのかが分かった。栄養バランスやおいしさを考えて作っていくことが大切だと思う。水を少なくしたり，ゴミを減らすことによって地球の環境にも優しくなると思う。今後は缶詰を生かしてもっとおいしいものを調理したい。

> ・制限される情況下では，「健康・安全」に過ごさなければならない。だから，あるものでバリエーション豊かな食をつくる。毎日の食事でもできそう。
> ・今, 用意できそうな食品を予め把握しておく。また非常用のレシピを考えておいたりする。そのためにも非常時に活用できる食品を貯めておく。
> ・制限された情況で, あるものを使ってバランスよく食べることが必要だった。缶詰などを生かしながら，アレンジしていくことが大切だった。また，あたたかいものを食べることで災害時でも落ち着くことができそうだ。まずは，家に缶詰など日持ちするものを用意しようと思う。

6　題材のまとめ

本題材では，次の「見方・考え方」を働かせるため，災害時という制限された情況を設定し，観点を明確に調理・振り返り活動を組織するなどの手だてを講じてきた。

> 目的と条件をふまえて災害時における食事を立案するために，効率性や環境への配慮などの視点に着目し，調理実習での評価を基に，加工食品の活用の仕方を考えること

これらの「見方・考え方」を働かせることで，生徒の次の資質・能力を育成することができた。

> 食品の特徴を応じて，効率，環境への配慮などを視点としたよりよい調理の仕方を工夫すること

どんな情況でも，おいしいものを食べたいという願いを叶えるためにも，一工夫できることに気付くことができた。

そのためにも，まずはそういった食品を家庭に保存しておくことや，普段の食事でも取り入れながら生活することの重要性を感じる生徒もいた。

授業で学習したことが生徒自らの生活とつながり，生かされたと実感されたときに，さらなる学ぶ意欲へとつながっていくのである。

参考・引用文献
日本栄養・食糧学会監修　2011　建帛社　「災害時の栄養・食糧問題」

実践：英語

Lesson 5 Places to Go, Things to Do （3年）

上村　慎吾

NEW CROWN ENGLISH SERIES 3（三省堂）

1　目標

○ALTに「新潟市の観光スポットガイドコース」を提案するために，グループで内容を議論する編集会議を通して，以下のことができる。
・観光スポットの特徴を，関係代名詞（主格・目的格）を用いて，説明すること
・ALTのニーズを視点に，関係代名詞と議論の表現方法とを関係付けて，観光スポットのお薦め理由を伝え合うこと
・ALTのニーズを視点に，ガイドコースをまとまりのある内容で書くこと
・仲間とお互いの考えについて伝え合い，互いの考えの理解を深めようとすること

2　本単元で働かせる「見方・考え方」

○観光スポットの特徴を伝え合うため，関係代名詞や「主張」「意見」「再主張」「決定」という議論の表現方法を，ALTのニーズに着目してとらえ，自分の考えを形成，整理，再構築すること

3　本単元の指導の構想

本単元では，身近な場所や世界的に有名な場所などを相手にお薦めするために，「有名なものは何であるか」「どのようなことで有名であるか」など様々な内容を組み合わせ，具体的に場所の特徴を表現することを学習する。お薦めしたい場所の特徴を説明できるように，本単元で新たに学習する関係代名詞（主格・目的格）を活用し，具体的に表現することを目指す。

関係代名詞を用いて，生徒がお薦めしたい場所の特徴を英語で表現できた成就感をより高めるために，本単元ではALTに「観光スポットガイドコース」を提案することを目的に，主としてグループで内容を議論する言語活動を行う。観光スポットをALTに伝えるという明確な目的をもつことで，ALTのニーズに合わせ，観光スポットの特徴をより具体的に伝え合うようになる。本単元を通して，仲間と考えを伝え合いよりよいガイドコースを合意して作成できたことや，外国人の方に地元である新潟市の観光スポットを伝えることができた経験が，相手の考えを的確に理解し適切に伝え合うコミュニケーション能力の育成につながる。

単元を構想する上でのポイント

○教科書の題材（世界的に有名な場所）を，生徒の生活に関係した題材（観光スポット案内）にアレンジ
○観光スポットガイドコースをALTのために作成することを目的に，編集会議でどこの観光スポットをお薦めするかを議論するという言語活動の組織

第3章 「確かな学びを促す3つの重点」でつくる授業　161

4　単元の構想（全 13 時間）

学習活動	授業者の支援・指導	
① **日本の建築物に関するものを紹介する** ○　関係代名詞・主格の that, which を用いて，日本の住まいで特有のもの(コタツ，すだれ，タタミ，障子など)を ALT に説明	○　関係代名詞・主格の that, which の肯定文を導入，およびドリル活動の組織	課題設定
② **新潟出身で有名な人物などを紹介する** ○　関係代名詞・主格の who を用いて，新潟出身で有名な人物をグループで ALT に説明	○　関係代名詞・主格の who の肯定文を導入，およびドリル活動の組織	
③ **新潟の観光スポットを紹介する** ○　関係代名詞・目的格 which, that を用いて，新潟市の観光スポットで ALT にお薦めしたいものの説明文の作成	○　生徒に「観光ガイド」を提示 ○　関係代名詞・目的格の which, that の肯定文の導入，およびドリル活動の組織	
④ **編集会議Ⅰ－「ALT が家族で巡る観光スポットガイドコース」の検討** ○　各グループで観光スポットのリストの中から，ALT にどこをお薦めするか議論 課題：ALT の先生のニーズに合った観光スポットはどこだろう。そのために，グループで内容を議論し，提案しよう。	○　ALT から生徒たちへ「観光スポットガイドコース」の作成の依頼 ○　生徒が ALT に質問する場の設定 ○　編集会議という環境整備 ○　観光スポットリストを作成する活動の組織 ○　事前に編集会議の様子の録画	
⑤ **モデルから議論の表現方法を考える活動** ○　編集会議Ⅰのモデルから，「主張」「意見」「再主張」「決定」という議論の表現方法を見いだす ○　議論における役割に応じた定型表現の練習	○　司会者，記録者，発言者のそれぞれの役割に応じた表現集を配布，およびドリル活動の組織 ○　編集会議という環境整備	
⑥ **モデルを参考に，編集会議を試行する** ○　編集会議Ⅰ「ALT が家族で巡る観光スポットガイドコース」の追試行 ○　Mini-discussion の活動	○　Mini-discussion の帯活動の組織 ・　あるトピックについて賛成・反対の役割分担をし，ペアで互いに自分の主張・理由を述べ合う活動を行う。	
⑦ **編集会議Ⅱ－「ALT が新潟に来たアメリカの両親と巡る観光スポットガイドコース」** ○　グループで ALT が両親と巡る観光スポットのリストを複数作成 ○　編集会議Ⅱ「ALT が新潟に来たアメリカの両親と巡る観光スポットガイドコース」の実施	○　観光スポットのリストの作成の活動の組織 ○　生徒が ALT に質問する場の設定 ○　編集会議という環境整備（ホワイトボード，マーカー，IC レコーダー等）	対話
⑧ **今までの議論の内容を踏まえて，グループで「観光スポットガイドコース」をまとめる活動** ○　グループで「家族と巡る」と「両親と巡る」のいずれかのガイドコースを提案 ○　ALT からのガイドコースに対するコメントの全体共有	○　授業者がガイドコースの書式データを用意し，生徒に提示 ○　ALT に「観光スポットガイドコース」を提案	再構成
⑨ **単元の振り返り** ○　編集会議の発話記録，提案したガイドコースなどを基に，単元の振り返りシートの作成	○　プログレスカードに蓄積した議論の記録，ワークシートを基に，単元の振り返りの活動の組織	

5　授業の実際

1　意味ある文脈での課題設定

ALTに「観光スポットガイドコース」を提案するために，モデルの分析で明らかになった議論の表現方法を編集会議に活かしていく教材構成とする。

ALTから生徒に家族が楽しむために巡るに新潟市の古町・万代・鳥屋野潟エリア内の観光スポットやコースは，どのようなものがいいのか教えてほしいという依頼をした。生徒は，ALTの家族がどのようなスポットを訪れたいのか質問し，以下のようなALTのニーズを把握した。

○海の生き物や乗り物が好きな息子さんを楽しませたい。
○音楽・芸術，自然が好きな奥さんを楽しませたい。

その後，ALTのニーズに合った観光スポットリストを作成していった。生徒は関係代名詞を用いながら，観光スポットの特徴を表現していった。

【写真１　観光スポットリストを作成する生徒の様子】

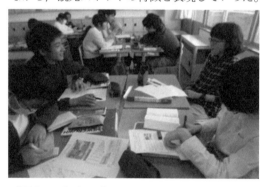

a sightseeing spot	information
Shinano River・Water shuttle	We can give food to birds. view ↳ Niigata city Water shuttle of Shinano River. Furusato-muro to Minatopia

up 4

【図１　観光スポットリストの一部】

【図２　授業者が提示した不十分なモデルに対して生徒が代案として出した観光スポット】

授業者が，ALTのニーズに合っていない不十分な内容の「観光スポットガイドコース」を提示した(図２)。そして，授業者が司会役となり，数名の生徒が提案した観光スポットをALTのニーズに合っているかどうか学級全体で編集会議Ⅰ「ALTが家族で巡る観光スポットガイドコース」を行った。授業者は，生徒の薦める観光スポット，そのお薦め理由，そして相手の主張に対して，プラスの意見を伝え合うことを促し，ホワイトボードにまとめた(写真２)。プラスの意見を挙げることで，観光スポットの新たな特徴が明らかになり，生徒はどちらの観光スポットにすればよいか明確な根拠を見いだすことができた。生徒は，ただ反論するのではなく，建設的に議論することのおもしろさを実感していった(図３)。

【写真２　授業者がまとめた議論の記録】

相手の意見に反論するだけでなく，いいところも言うことで，交流が深まることがわかりました。

【図３　生徒の授業の感想の記録】

学級全体の議論で導いた「観光スポットガイドコース」を次時でALTに提案した。その後，

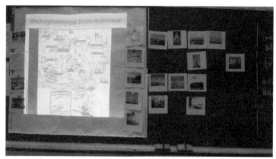

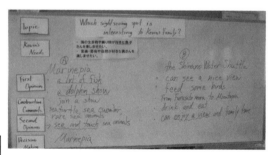

第3章 「確かな学びを促す3つの重点」でつくる授業　163

ALTから「他の点からも『観光スポットガイドコース』を作成してほしい」と依頼を受け，ALTにガイドコースを提案しようとする目的意識が醸成され，生徒は次の課題を見いだした。

> ALTの先生のニーズに合った観光スポットはどこだろう。そのために，グループで内容を議論し，提案しよう。

次時で授業者は，生徒に編集会議Ⅰでの発言を基にまとめたモデルシートやモデル映像を提示し，生徒とともに編集会議の表現方法の分析を行った。生徒は関係代名詞や「主張」「意見」「再主張」「決定」という議論の表現方法を見いだすことができた。

さらに，生徒に編集会議における司会者，記録者，発言者のそれぞれの役割に応じた表現集を配付し，ドリル活動を通して習熟を図った。

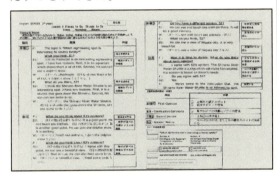

【図5　議論の定型表現ワークシートの一部】

【図4　議論の流れをまとめたモデルシート】

【表1　編集会議における議論の表現方法】

構成	内容・言語
主張① First Opinion	□ お薦めの観光スポット I think ○○ is an interesting sightseeing spot. □ 観光スポットの特徴 It is a ○○ that[which]〜
意見 Constructive Comments	□ 相手が述べた特徴にプラスの意見 It is a good point. I agree with this point.など
再主張 Second Opinion	□ 主張①に付け足し It is a ○○ that[which]〜.
決定 Decision Making	□ ニーズに合わせ，どちらかの観光スポットに賛成する I agree with ○○ because △△. It is based on □□.

2　対話を促す工夫

Ⅰ　モデルから明らかになった議論の表現方法の習熟を図るために，観光スポットの特徴を即興的に述べる帯活動を組織する。

Ⅱ　観光スポットを薦める理由を即興的に伝え合ったり，理由をホワイトボードに構造的にまとめたりする編集会議Ⅰ・Ⅱを組織する。

Ⅰ　帯活動の組織

モデルから明らかになった表現方法として，「観光スポットの特徴」「相手が述べた特徴にプラスの意見」の内容は，生徒が特に即興的に表現することが求められる。そのため，帯活動を通して，新潟市の様々な観光スポットの特徴を即興的に表現できるようにした。具体的には，様々な観光スポットのリストを文単位ではなく，単語，句，節単位のメモを基に学級全体で作成させた。作成したものを一覧表にまとめ，生徒

に配布した。相手に即興的に観光スポットの特徴を，単語，句，節単位のメモを基に説明する帯活動を組織した。

【図6　観光スポットリストの一部】

Ⅱ　編集会議の組織「ALTが新潟に来たアメリカの両親と巡る観光スポットガイドコース」の検討

編集会議の前に，ALTのニーズを聞いたり，配慮すべき事柄を聞いたりする活動を設定した。授業者は，ALTのニーズをスライドで示し，生徒が議論の視点として意識するようにした。

【写真3　ALTのニーズの提示】

生徒は，前時までに観光スポットの特徴を即興的に述べる帯活動に取り組んできた。事前にまとめた「観光スポット」のリストから，ALTのニーズにあったものを選び，その理由をある程度即興的に述べられるようになっていた。授業者は，以下のように，指示を出した。

> Let's start a discussion about "Which sightseeing spot is interesting for Kevin's parents?"

生徒は，ALTのニーズを議論の視点にし，互いの考えに対して，賛成するコメントを述べたり，反対するコメントを述べたりすることができた。生徒Aと生徒Bの編集会議における4人1組のグループでの発話内容は以下の通りである。(生徒A,B＝話し手，生徒C＝司会，生徒D＝記録)

【表2　生徒A，B，C，Dの発話・行動記録】

C	The Topic is "Which is a more interesting sightseeing spot to Kevin's parents? ① What do you think, B-san?
A	I think the Bandai Bridge is a good sightseeing spot. I have two reasons. ② First, the Bandai Bridge has a long history. So Kevin's father can learn the history of Niigata. Second, the Bandai Bridge is over the Shinano river. So Kevin's father can see the Shinano river. That's all.
C	What do you think, B-san?
B	I think the Toyano Lagoon is a more interesting sightseeing spot. I have two reasons. ③ First, we can see many flowers there. And this is the lagoon which gives us time to see good view. Second, it is a lagoon which gives us comfortable time.
D	COMFORTABLE. OK?
C	④ What do you think about Ms. B-san's opinion?
A	⑤ To see good view is a good point. But the Toyano Lagoon doesn't give, no give…doesn't tell us Niigata history.
B	⑥ It is a good point. Long history, the Bandai Bridge has long history. We can learn the Niigata culture. But the Toyano Lagoon is a more beautiful view. So…There are more enjoyable than the Bandai Bridge. I think the Toyano Lagoon is a more interesting sightseeing spot.
C	⑦ Do you have a different opinion, A-san?
A	⑧ The Bandai Bridge is a symbol of Niigata. SYMBOL. OK.
C	B-san?
B	⑨ We can, the Toyano Lagoon is a lagoon which gives us time to relax.
C	We'll deicide. Which?
B	⑩ I agree with A-san's opinion because we can learn a long history. The Bandai Bridge is a good symbol.

相手の意見に賛同を示す表現を提示したり，ホワイトボードに話し手A,Bそれぞれの考えの相違点を可視化したりすることで，対話が促され，話し手の考えに広がりと深まりが見られた。授業者は対話が促された様相を，「自分の考えが相手に理解されない際に，自分の考えを言い換えて表現すること」「相手の考えが理解でき

ない際に，相手の考えを引き出したり，表現の言い換えを促したりすること」「相手の考えを大切にし，自分の考えと相手の考えを比べたり，関係付けたりしてよりよい表現をすること」と考えた。

【写真4　編集会議Ⅱの様子】

　司会である生徒Cから議論特有の表現方法である「観光スポットの特徴を述べる」（表2①）という促しがあった際に，生徒A，生徒Bともに即興的に観光スポットの特徴を理由として述べることができている（表2②③）前時にまとめた「観光スポットリスト」で習熟を図った関係代名詞の表現を上手く用いることができていた。

　生徒Cから，議論特有の表現方法である「相手が述べた観光スポットの特徴にプラスの意見を述べる」という促し（表2④）があった際に，生徒Aと生徒Bはそれぞれ仲間の考えと観光スポットに関する情報を関係付けて発話する姿が見られた。生徒Aは，"To see good view is a good point. But the Toyano Lagoon doesn't give , no give …doesn't tell us Niigata history."（表2⑤）と述べている。生徒Aの考えに肯定的な意見を述べつつも，ALTの父親のニーズを基に自分の考えを述べている。生徒Bも生徒Aの考えに肯定的な考えを述べながら，母親のニーズを大切にし，新たな考えを述べている（表2⑥）。また，このように生徒Aと生徒Bが互いの考えを理解し，意見を述べることができたことは，記録役である生徒Dがホワイトボードに議論のやりとりの内容を可視化していたことも理由の1つである。生徒Dは，肯定的な意見と否定的な意見の両方を可視化した（図7①②③）。

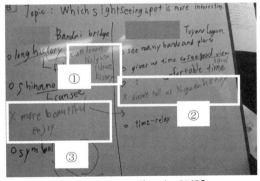

【図7　ホワイトボードの記録】

　司会の生徒Cから，議論特有の表現方法である「自分の主張に付け足し」という促し（表2⑦）があった際に，生徒Aは自分の考えと観光スポットに関する情報を関係付けて，"The Bandai Bridge is a symbol of Niigata."（表2⑧）と新たな特徴を述べることができた。また，生徒Bも，"We can, the Toyano Lagoon is a lagoon which gives us time to relax."（表2⑨）と関係代名詞を用いて，新たな特徴を述べている。そして，議論の最終場面においても，生徒Bは生徒Aの考えに賛同し，議論の結論を導き出すことができた（表2⑩）。司会が意見の具体を述べることを促したり，記録役が議論のやりとりの過程を可視化したりすることによって，生徒は，関係代名詞や「主張」「意見」「再主張」「決定」という議論の表現方法を，ALTのニーズに着目して捉え，自分の考えを形成，整理，再構築するという「見方・考え方」を働かせて，観光スポットの特徴とお薦めする理由を伝え合うことができた。

働かせた「見方・考え方」
　関係代名詞や「主張」「意見」「再主張」「決定」という議論の表現方法を，ALTのニーズに着目して捉え，自分の考えを形成，整理，再構築すること

3 学びの再構成を促す工夫
ALTに「観光スポットガイドコース」を提案する活動を組織する。

　授業者は，生徒が議論した内容を基に作成した今までの議論の成長記録として，次のような資料を生徒に提示した。

①プログレスカード —単元の目標および日々の授業の振り返りを記録したカード
②編集会議Ⅰ～Ⅱの記録—ICレコーダーを基に，生徒の議論の発話記録を書き起こしたもの

　日々の授業の振り返り記録や議論の発話記録を書き起こしたシートを基に，単元を通して学んだことで何がわかるようになったか，できるようになったのか単元シートにまとめさせた。特に発話記録によって，生徒は自分の表現の変容を客観的にとらえることができ，議論特有の表現方法の高まりを実感することができた。

＜単元シートの記述＞
ディスカッションで，英語で会話ができる楽しさを知って，英語を学ぶ意欲が高まった。新たな世界を広げる楽しさを知った今，英語を積極的に勉強したいと思った。それは，「話す力」だけや「書く力」だけ，「読む力」だけではなく，英語全体の力を伸ばしていきたい。

　また，グループで作成したガイドコースを実際にALTに提案し，コメントをもらったことで，生徒は議論した観光スポットガイドコースの内容がALTの家族や両親のために役立ったことを実感した。

6　単元のまとめ

　本単元では，3つの重点を基にした手だてを講じて，次のような「見方・考え方」を働かせた。

○観光スポットの特徴を伝え合うため，関係代名詞や「主張」「意見」「再主張」「決定」という議論の表現方法を，ALTのニーズに着目してとらえ，自分の考えを形成，整理，再構築すること

　この「見方・考え方」を働かせたことによって，生徒の次の資質・能力の育成することができた。

思考力・判断力・表現力等
・ALTのニーズや仲間の意見を基に，関係代名詞と議論の表現方法とを関係付けて，観光スポットの特徴とお薦め理由を伝え合うことができる力
学びに向かう力等
・新潟市の観光スポットガイドコースを，仲間と議論したり，ALTに伝えたりしようとする態度

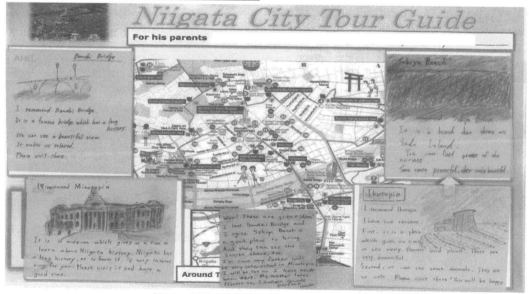

【図8　提案した観光スポットガイドコース】

実践：道徳

仲間への寛容の心（２年）
～ B－（9） 相互理解　寛容　（中学校学習指導要領解説　特別の教科　道徳編より）～

源田　洋平

1　目標

○教材中の対立する２人の言動を踏まえ，集団の一員としてより善い働き掛けを吟味することを通して，以下のことができる。
・相手の苦しい立場を理解した上で，相手を寛容の心で受け止めることの大切さを理解すること
・安易に相手に迎合せず，仲間の努力を認め受け入れる寛容の心を基に，置かれた情況で自分の行動の在り方を考えること
・集団の一員としてより善い判断や行為の在り方を主体的に見いだそうとすること

※教材『勝ちたい！』（『野球部の川田』（明治図書1979）を基に授業者が自作）は最終ページに掲載

2　本題材で働かせる「見方・考え方」

「より高みを目指すべき」という価値と「仲間の努力を尊重すべき」という価値を基に，集団の目標達成のためにより善い働き掛けについて主体的に考えること

3　本題材の指導の構想

本題材では寛容の心について扱う。本題材における寛容とは，無批判に相手に同調したり，迎合したりするのではなく，相手の努力を認め，相手の立場や考えを受け入れることである。

生徒が寛容の心を学ぶことができるように，集団が一つの目標に向かっていく過程で，考えや立場の違いを超えて，仲間にどのように働き掛けたらよいかを考えさせる。

そのために，まず，体育祭活動においてリーダー（３年生）がフォロワー（１・２年生）に対してどのような言葉掛けをしていたかを問い，生徒はリーダーの立場や葛藤を想起する。

そこで，教材を提示する。技術的に劣っている野球部員の宮本に対して，厳しく接する川田と，宮本の努力を認める田中の複数の立場から，事実に対して判断及び解釈を促す発問を行う。川田の行為の是非を検討することを通して，チームの目標のためにあえて厳しく接していることに気付かせる。また，田中の行為の是非を検討することを通して，仲間の努力を尊重していることに気付かせる。

その上で，生徒を野球部員の一人の立場に立たせ，周りにどのように働き掛けるかを問う。このことによって，生徒は教材中の情況に自分の身を置いて，技術的に劣っている立場にある宮本を慮りながら，「より高みを目指すべき」という価値と「仲間の努力を尊重すべき」という価値を基に，この問題を主体的に解決するための判断と行為の在り方を考えていく。

題材を構想する上でのポイント

○　価値の対立によって他者との考えの違いが生じるような自作教材の提示
○　「より高みを目指すべき」という価値と「仲間の努力を尊重すべき」という価値を基に，自分の行動の在り方を考えられる教材構成

168　実践編

4　題材の構想（全3時間）

学習活動	教師の支援・指導	
①　**体育祭活動を振り返る活動** ○　リーダーがフォロワーに対して，努力を認めるだけではなく，厳しい口調で指摘をしていたことを想起する。	○　体育祭当日や練習の写真を提示し，3年生のリーダーはどのような言葉掛けを1・2年生にしていたかを問う。	課題設定
②　**教材中の情況をとらえる活動** ・　教材中の中心人物である川田と宮本，田中にかかわる事実や考え，心情をとらえる。	○　教材を提示し，情況把握させるための発問を行う。	
課題：集団が一つの目標に向かっていく過程で，考えや立場の違いを越えて，仲間にどのように働き掛けたらよいのだろうか。	発問：なぜ川田は宮本を叱責したのですか。	
	発問：なぜ田中は宮本をかばったのですか。	
対立する考え：　「勝つためには厳しくすべき」VS「仲間を責めるべきではない」		
③　**複数の立場から判断を検討する活動** 【川田を支持する生徒の考え】 ・　勝つためには厳しい指摘をする役割もチームに必要だから。 【川田を支持しない生徒の考え】 ・　叱責することで，逆にチームの和が乱れるから。 【田中を支持する生徒の考え】 ・　宮本はこれまで部活以外にも自主練習を行い，努力を積み重ねてきたことを知っているから。 【田中を支持しない生徒の考え】 ・　甘やかすだけではなく，時には厳しく指摘する存在も必要だから。	○　川田と田中の複数の立場から，事実に対して判断及び解釈を促す発問を行う。 発問：「おい，宮本，もっと真剣にやれよ。・・・」と川田が宮本を叱責した行為を，あなたは支持しますか。支持しませんか。その根拠は何ですか。 発問：「9人しかいないんだから，チームがまとまって戦うことの方が大切だろ。・・・」と発言した田中の行為を，あなたは支持しますか。支持しませんか。その根拠は何ですか。	対話
対立する考え：　「チームの勝利のためには厳しくすべき」 VS「チームのまとまりのために，仲間の努力を尊重すべき」		
④　**解決が困難な情況に身を置いて，より善い働き掛けを吟味する活動** 【川田を支持する生徒】 ・　部としての目標を達成するためには，部員の練習態度に対して，嫌われようが厳しく指摘するように働き掛ける。 【田中を支持する生徒】 ・　技術的な面を責めずに，宮本の努力を尊重するように働き掛ける。	○　解決が困難な問題に対する働き掛けを問う発問を行う。 発問：川田の最後の発言の後，あなたが野球部員の一人として，どのように周りに働き掛けますか。	
対立する考え：　「チームの目標達成のためには仲間に対して簡単に妥協すべきではない」 VS「チームのまとまりのために，仲間の努力を尊重すべき」		
⑤　**題材を振り返る活動** ○　題材で考えてきたことを振り返り，ワークシートに記入する。	○　今後の生活の振る舞いにつなげるために以下の発問を行う。 発問：今回の授業を振り返り，集団の中で課題解決に困難な状況で，どのようなことを大切にしていきたいですか。	再構成

5 授業の実践

1 意味ある文脈での課題設定
Ⅰ 体育祭活動の写真を提示し、3年生のリーダーはどのような言葉掛けをフォロワーにしていたかを問う。
Ⅱ 教材を提示し、情況を把握させるための発問を行う。

Ⅰ 教材を自分に引きつけて考えられるように、まず、次の体育祭当日の写真を提示した。

【写真1　体育祭当日、応援をする生徒の様子】

次に、応援練習の写真を提示し、体育祭当日にチームが団結して全力で応援ができたのは、それまでの練習の成果であることを確認した。

【写真2　応援練習をする生徒の様子】

その後、練習の際、リーダーである3年生がフォロワーにどのような言葉掛けを行ってきたかを問うた。生徒はフォロワーができるようになったことを褒めて励ましていた一方で、応援の声が小さかったり、練習時間に遅れたりしたことに対して、「声が全然出ていません！もっと口を開けて声出して！」「走ってー！」と厳しい口調で、本気になって指摘をしていたことを想起した。

【写真3　リーダーがフォロワーに指摘する様子】

その上で、なぜ、リーダーは厳しく指摘したのかと問うた。言葉の意図を考える中で、「競技優勝」「応援優勝」という目標に向かって、集団が向上するためには、時に厳しく指摘することも大切であることに生徒は気付いた。これによって、集団のまとまりのために「仲間の頑張りを認めるべき」という価値と、集団の目標達成のために「より高みを目指すべき」という価値の間で揺れるリーダーの葛藤に触れることができた。

Ⅱ 上記の2つの価値が対立する教材を提示し、登場人物の川田と宮本、田中にかかわる事実をとらえさせるために以下の発問を行った。

発問：なぜ川田は宮本を叱責したのですか。

生徒は以下のような事実をとらえた。
・地区大会出場を目標に掲げたからには中途半端に練習をやっていてはいつまでたっても勝てないから。
・川田が練習試合でのミスに引き続き、同じようなミスをしたから。

発問：なぜ田中は宮本をかばったのですか。

生徒は以下のような事実をとらえた。
・宮本は人一倍の努力家で学校での練習に熱心に取り組むことはもちろんのこと，帰宅してからも，毎日欠かさず自主練習を行っていたから。
・彼なりに頑張って，上達しているから。

これらの発問を通して，厳しく宮本を叱責する川田の立場と一生懸命努力している宮本をかばう田中の立場を把握し，「この問題に対してどう働き掛ければよいのだろうか」という目的意識が醸成された。そして，生徒は以下の課題を見いだした。

集団が一つの目標に向かっていく過程で，考えや立場の違いを越えて，仲間にどのように働き掛けたらよいのだろうか。

2　対話を促す工夫
Ⅰ　複数の立場から，事実に対して判断及び解釈を促す発問を行う。
Ⅱ　解決が困難な問題に対する働きかけとその結果を問う発問を行う。

Ⅰ　まず，川田の立場から，事実を解釈し，判断させるために以下の発問を行った。

発問：「おい，宮本，もっと真剣にやれよ。こんな簡単なミスをしてたら，目標の地区大会出場なんてできないぞ！」と川田が宮本を叱責した行為を，あなたは支持しますか。支持しませんか。その根拠は何ですか。

生徒Aは，「支持しない」という判断をし，その根拠として，「宮本は誰もが認める努力家」（図1①），「一方的に宮本にきつく当たるのは頑張っている宮本が可哀想」（図1②）などを挙げた。

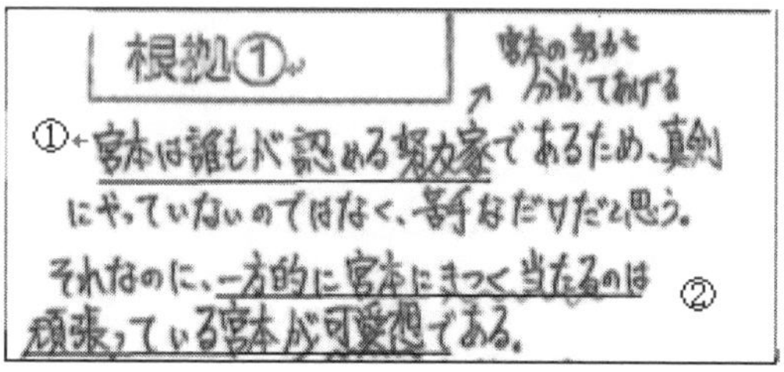

【図1　生徒Aのワークシート】

その後，授業者は以下の手順でグループ検討・全体共有を図った。
・考えの違う生徒同士で意図的に班編成された4人グループの中で，判断の根拠を，教材中の事実を基に述べる。
・記録者は判断とその根拠を，交流シートに色分けしながら記録していく。
・学級全体で考えを共有する。

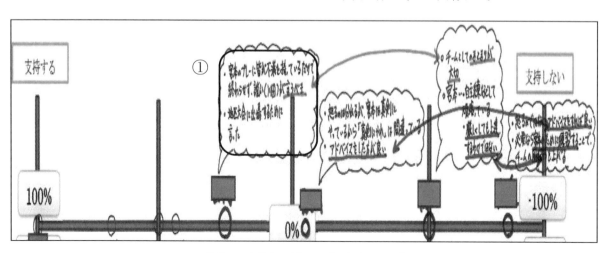

【図2　生徒Aのグループの交流シート】

生徒Aはグループ検討における生徒Bの発言(「宮本のプレーにみんなが不満を持っているだけで終わらせず,誰か(川田)が言うべき。」「地区大会に出場するために言った。」)(図2①)や全体共有の中で出た発言(「川田はみんなで話し合いで決めた地区大会出場という目標のためにリーダーとして自分なりに考えている。」「だれかが厳しく言わないとだめ。」)を聞いて,以下のことを図1のワークシートに付け加えてメモをした。

「ただ仲良くやっていても強くなれない,たまにきつくすることで団結し,みんなが本気になれる。厳しくないと目標を達成できない。川田なりに地区大会出場(部員全員で話し合って決めた目標)のために考えて言った。」

【写真4　生徒Aのグループ検討の様子】

生徒Aは川田の発言に対して支持しない立場であったが,支持する生徒の意見を聞いて,その発言の意味やそれを言った川田の思いに着目し,仲間に対して甘いだけなく,厳しく接することも大切であることに気付いた。

続いて,授業者は田中の立場から,事実を解釈し,判断させるために以下の発問を行った。

発問:「9人しかいないんだから,チームがまとまって戦うことの方が大切だろ。宮本のミスについては大目に見てやってもいいじゃないか」と発言した田中の行為を,あなたは支持しますか。支持しませんか。その根拠は何ですか。

> 川田の言うように,少しは厳しくしても良いし,大目に見てもその場しのぎに過ぎないから,大目に見るのは今後のためにも良くないと思った。　①

【図3　生徒Aのワークシート】

生徒Aは「支持しない」と判断して,根拠をワークシートに記述した。田中の宮本のミスに対する「大目に見る」という行為に対して否定的にとらえ,それだけでは宮本が成長できないと考えた。「川田の言うように,少しは厳しくしてもよい」と記述があるように(図3①),川田の発言を認め「厳しく指摘すべき」という価値に気付いている。しかしながら,生徒Aはこのように言った田中の発言にのみ着目し,田中が宮本の努力を認めていることやチームのまとまりを大切にしたいという考えをもっていることには着目していない。そこで,授業者はチームにおける川田や田中のような立場の存在意義をとらえさせるために次のような手だてを講じた。

まず,「川田は最初から厳しい態度だったのか」を振り返らせ,学級全体で「最初はミスをしても大丈夫と言っていたこと」,「目前に迫った大会に向けた練習でミスをしたときに厳しい態度になったこと」を共有した。そして,以下の発問を行い,川田や田中のチームにおける存在意義を確認した。

発問:川田や田中は何を大切にしているか。川田や田中のような存在がいなくなったらチームはどうなるか。

【表1　全体共有の発話記録】

授業者	ワークシートにどんな意見を書いているか確認します。発表してください。
C	私は,「確かに厳しく言ってやるのはいいと思うよ。」と言います。理由は,だれか一人が,厳しく発言をしないと地区大会出場をする前にまず1勝ができないと思うから。チームの士気を上げるためにもこのように厳しく言ってあげるのは必要なことだと思います。
授業者	厳しく言うとどんな良いことがあるのですか?

C	中途半端に練習している人たちがいたら，勝てないから。
授業者	川田に反対したら？
A	①みんなで決めた目標なのに達成できない。何のために目標を決めたかわからない。川田は地区大会出場という目標のためならそれ相応の努力が必要だと言っているのに，それに対して反対するようなことを聞いてしまったら，川田はみんながやる気がないと感じて，余計にかっとなる。
	～中略～
授業者	今度は，田中はどんなことを大切にしていますか。
D	チームのまとまりを大切にしています。
E	②宮本の頑張りを認めることです。
授業者	仲間の頑張りを認めるとチームにとってどういう影響がある？
E	③チーム全体の気持ちが上がって，他の人も自分も頑張ろうって思う。
F	それがチームの勝利につながる。

　この全体共有の中で，生徒Aは，皆で決めた地区大会出場のためにはそれ相応の努力が必要で，そのためには厳しい練習が必要であること，だからこそ，あえて厳しく仲間を指摘する川田のような存在が必要であることを見いだしている。（表1①）また，仲間の努力を認める田中の存在もチームの雰囲気をよくし，部がまとまっていくために大切であることが全体共有の中で確認された。（表1②・③）

　Ⅱ　授業者は，目標に向けて部が再び活動していくために，どのように周りの部員へ働き掛けたらよいかを，その情況に身を置いて主体的に考えさせるために以下の発問を行った。

発問：川田の最後の発言の後，あなたが野球部員の一人として，どのように周りに働き掛けますか。

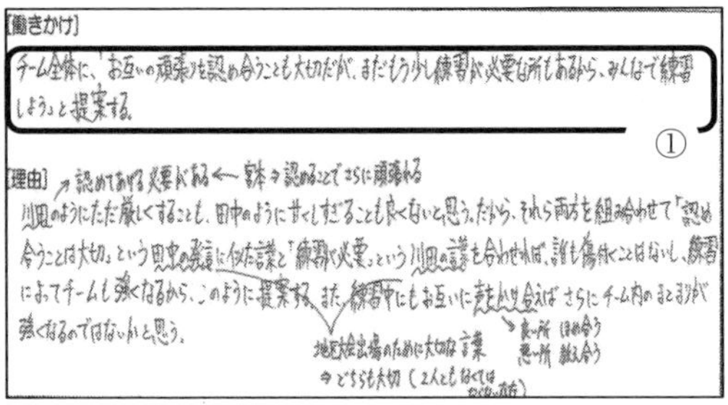

【図4　生徒Aのワークシート】

　生徒Aは「チーム全体に『お互いの頑張りを認め合うことも大切だが，まだもう少し練習が必要な所もあるから，みんなで練習しよう』と提案する」（図4①）と記述した。

　その後，学級全体で意見を共有した。

【表2　全体共有の発話記録】

授業者	働き掛けと理由を発表してもらっていいでしょうか？
G	私は，働き掛けは，川田の考えも田中の考えもどっちも地区大会出場には必要だと思う。だから，みんなでこれからの練習を協力して補い合って頑張ろうと言う。理由は，川田も田中も地区大会出場という目標に向けて言っていることだから，①今のチームには2人の存在が欠かせないので，これからの練習は時には厳しくして，でも協力して団結力を高めていけばいいと思ったからです。
A	（自分の記述の「田中の発言」「川田の言葉」を結び，②「地区大会出場のために大切な言葉」→「どちらも大切，2人ともなくてはならない存在」とメモする。）
	～中略～
H	「③宮本も頑張っているんだから，もっと上手になれると思うよ。これからチームで宮本の弱点を克服させる方法を考えて練習してみよう。そうすればもっとチームが上手になるはずじゃない？！」と言います。理由は，宮本の頑張りを認めることで，宮本のやる気を上げ，練習に参加させる。
A	（ここで，「④宮本，認めることでさらに頑張れる」とメモする。）

生徒Gの「2人の存在が欠かせない」という発言(表2①)を聞いて,生徒Aは2人の発言は「地区大会出場のために大切な言葉」であり,2人の存在がチームにとって「なくてはならない存在」であることをメモしている(表2②)。また,生徒Hの「宮本も頑張っているんだから,もっと上手になれると思うよ」(表2③)という発言を聞いて,「宮本,認めることでさらに頑張れる」(表2④)と記述を加えた。これは,「より高みを目指すべき」という価値と「仲間の努力を尊重すべき」という価値を基に,問題を解決していくためのより善い判断と行為の在り方を考えた姿である。

> 働かせた「見方・考え方」
> 「より高みを目指すべき」という価値と「仲間の努力を尊重すべき」という価値を基に,解決困難な情況において周りへの働き掛けを考えること

3 学びの再構成を促す工夫

題材を通して学んだことを今後の生活にどのように適用するかを問う。

本題材で得た見方・考え方を,今後の生活に関係付けてどう行動するかを考えさせるために以下の発問を行った。

> 発問:今回の授業を振り返り,集団の中で課題解決に困難な情況で,どのようなことを大切にしていきたいですか。

【図5 生徒Aのワークシート】

生徒Aは,「何か問題にぶつかると違う立場の人が出てくることが多い」(図5①),「自分の考えだけを主張しすぎず,相手の考えもしっかり聞くように,2人が納得するより善い考えを見つけることを意識していきたい」(図5②)と記述した。これは生徒Aが自分とは違う考えをもしっかりと受け止め,対立する2つの考えを踏まえた上で,より善い考えを見つけることの大切に気付いた姿である。

【写真5 生徒Aがワークシートに記述する様子】

6 題材のまとめ

本題材では,次の「見方・考え方」を働かせる手だてを講じてきた。

> ○「より高みを目指すべき」という価値と「仲間の努力を尊重すべき」という価値を基に,解決困難な情況において周りへの働き掛けを考えること

この「見方・考え方」を働かせることで,生徒の次の資質・能力を育成することができた。

> 解決困難な情況において,「より高みを目指すべき」という価値と「仲間の努力を尊重すべき」という価値を基に,寛容の心で仲間の苦しい立場を理解し,周りへのより善い働きかけを主体的に考えること

174 実践編

教材　勝ちたい！

　新チームになって初めての公式戦である新人戦を1か月後に控えて，野球部の練習はますます厳しくなってきた。この大会でベスト4まで入れば，上位大会である地区大会に進めることになっている。

　S中学校野球部は，夏の大会を終えて3年生が引退してから，残った1・2年生で合わせて9人で，チームとして成り立つぎりぎりの人数であった。少ない人数ではあるがみんなやる気は十分で，毎日，きつい練習にも互いに声を掛け合いながらいつも熱心に取り組んでいた。その中でも特に，川田の熱の入れようには目を見張るものがあった。川田の技量はチームの中でも特にすぐれ，投手である上に強打の4番バッターであり，チームには欠かせない存在になっていた。そんな川田の熱意にみんなも引っ張られ，チームとしてまとまりが出てきた。一方で，宮本は他の部員と違い，中学校に入ってから野球を始めた初心者であったが，宮本は部員全員が認める努力家で学校での練習に熱心に取り組むことはもちろんのこと，帰宅してからも，毎日欠かさず自主練習を行い，少しずつ上達していった。「もっとうまくなって，チームの勝利に貢献したい」という一心でひたすら練習をした。ただ，宮本はこれまで試合経験が少なく，試合になると固くなり，練習では簡単に取れるようなフライやゴロでさえも，こぼしてしまうことが度々あった。

　新人戦を3週間後に控えた土曜日。S中学校はN中学校との練習試合を行った。N中野球部は，毎回地区大会に出場している強豪校だ。ここ数年，S中学校はいつもあと一歩というところで敗退し，地区大会出場を逃してきた。N中学校に勝つことで，部の目標である『地区大会出場』も現実味を帯びてくるのだ。

　緊張感のある試合の中にも，S中学校は，いつも通りの切れのある川田のピッチングと堅い守りでN中学校相手に5回まで0点に抑えた。6回には，3番，キャプテンの田中がヒットで出塁した後，川田がみずから打った得点で2点リードすることができた。川田は，投球の調子も非常に良かったし，自分が打って得点もしたことだし，絶対に勝ちたかった。勝ちたいという思いは他の部員も全員同じだった。川田はキャッチャーの田中に向かって1球1球，力を込めて投げ込んだ。そしてそのまま試合は進んでいき，ついに最終回7回裏。川田は振りかぶって思い切って投げた。内角低めのいいコース。N中バッターは追い込まれていたこともあり，焦ってバットを出してしまった。その球はライト方向にフライで飛んでいった。完全に打ち取った球だった。しかし，宮本はそのフライを落としてしまった。そして，そこから相手チームが俄然勢いづき，ヒットを許し，逆転されS中学校は負けてしまった。途中まで，勝てると思っていただけに全員の落胆も大きかった。試合後，悔しい気持ちを抑えて，

川田は「大会までまだ時間はある。明日からまた，頑張っていこう。」と前向きな言葉を宮本に掛け，フライキャッチのポイントをていねいに宮本に教えた。

　次の日の日曜日も午後から練習することになっていた。前日の試合に負けた悔しさと目前に迫った大会の緊張感で全員がいつもよりも気合いが入っている。いつも通り，ランニング・体操・基礎練習をこなしていき，ノックの練習が始まった。川田がノッカーとなり，次々にノックをしていく。川田が打った打球がライトの宮本の方へ飛んでいった。後ろに走りながら，宮本は一瞬ボールをキャッチしたもののグローブの脇からボールをぽろっと落としてしまった。

　「おい，宮本，もっと真剣にやれよ。こんな簡単なミスをしてたら，目標の地区大会出場なんてできないぞ！」といつになく厳しい口調で川田は言った。前日の練習試合でのミスに引き続き，また同じようなミスをした宮本に腹が立って，ついかっとなってしまった。宮本は「勝ちたい，うまくなりたい」という思いとは裏腹に，ここぞというときにへまをしてしまう自分に対して自信を失いうつむいてしまった。

　それを見た田中は，「川田，宮本だって精一杯頑張ってんだ。そこまで言わなくてもいいじゃないか。」となだめるように言った。それに対して，川田はかっとなって，言い返した。

　「田中，新チームになってみんなで話し合って，地区大会出場を目標に掲げたじゃないか。目標に掲げたからには中途半端な練習をやっていてはいつまでたっても勝てないぞ。地区大会出場したくないのかよ。」

　「そりゃ，したいさ。だけど，9人しかいないんだから，チームがまとまって戦うことの方が大切だろ。宮本のミスについては大目に見てやってもいいじゃないか。」

　「甘いよ，そんなの！誰かが厳しく言ってやらないと本人のためにもチームのためにもならない。地区大会出場が俺たちの部の目標だろ！？違うのか？そのためにはそれ相応の努力が必要で，それなしには絶対に勝てないぞ。だから俺は宮本に厳しく言ってるんだよ。」

　川田はチーム皆で決めた地区大会出場を達成するためには，たとえ自分が嫌われ役になったとしても，練習の中で仲間に対して厳しくあろうと覚悟を決めていた。

　全員が勝ちたいという思いは共通しているのに，いまいち一つになりきれていない雰囲気に川田も田中ももどかしさを感じていた。

※『野球部の川田』（中学校道徳自作資料選集1明治図書 1979）を基に授業者が自作

実践：特別活動

行事と行事のつながりの中で，自己や集団の向上を共有しよう（3年）

坂井　昭彦

1　目標

○学校行事・体育祭や日常生活における学級のよさや課題を基に，演劇題材紹介映像を作成することを通して以下のことができる。
- 「リーダーに必要なこと」「フォロワーに必要なこと」を自分なりにとらえること
- 自己や集団の課題を見いだし，目指す姿に迫るための方策を話し合い，合意形成を図ること
- 自己や集団のよさを価値付けたり，学級の課題を克服したりしようとすること

2　本題材で働かせる「見方・考え方」

○自己や集団を向上させるために，学校行事や日常生活における学級のよさと演劇題材紹介映像に込めるメッセージとの関係性に着目し，目指す姿に迫るための方策について考えること

3　本題材の指導の構想

当校では，全学年において体育祭（5月）・演劇発表会（9月）・音楽のつどい（11月），各学年において東京班別学習（1学年）・台湾の旅（2学年）などの学校行事を行っている。これらの行事を計画・運営・振り返る活動を通して，生徒一人一人の自主性と実践力を向上させてきた。

また，生徒は，学校行事や日常生活の視点から，具体的な実践事項を明示して振り返ることで，活動のよさや課題を見いだしてきた。

3年生にとって，昨年度の演劇活動は，学年演劇のため117人で演劇を創り上げてきたが，今年度の演劇活動は，学級演劇のため39人で創り上げることとなり，個人の職責が大きくなる。

①リーダーとフォロワーとして大切にするべきことを可視化する活動
②自己や集団におけるよさと演劇活動とを関係付けたものを映像として可視化する活動
③学校行事や日常生活における活動を振り返る活動

体育祭活動から演劇活動へのつながりを大切にし，リーダーとフォロワーの役割をふまえ，一人一人がこれまでの活動と関係付けて自己や集団として何をすべきかを具体的に考え，目指す姿に迫るようになる。その過程で，活動のよさや学級の課題を見いだしていく。よさは，写真や映像で可視化することを通してその都度，価値付けを行う。課題は，それを克服するための方策を，目指す姿との整合を図りながら考えだし合意形成を図る。そうすることで，自己や集団が向上する。

題材を構想する上でのポイント

○自己や集団における活動を映像として可視化することを通して，学級のよさを自覚させていくこと
○一人一人がリーダーやフォロワーとして必要なことをとらえられるように，5月に行われた学校行事・体育祭や日常生活の場面と関係付けた活動を行う。これらの活動を通して，行事と行事のつながりの中で，自己や集団の成長を実感できる学級活動を展開すること

本校の演劇活動について：60年以上の歴史を誇り，1・2年生は学年演劇，3年生は学級演劇を行っている。演劇の上演時間は50分。生徒は，毎年5月から題材を選定して，脚本を作成する。そして，道具係，照明係，衣装係，メイク係などの各係に所属して全員で創り上げる。

176　実践編

4　題材の構想（全7時間）

学習活動	教師の支援・指導	
①　体育祭における自己や集団の成長について振り返る。	○　体育祭における自己や集団の成長について振り返らせる。	課題設定
	指示：体育祭における自己や集団の成長についてまとめなさい。	
○　体育祭の準備活動や当日におけるリーダーやフォロワーの姿をまとめた資料を読み，感想をまとめる。	○　体育祭準備活動や当日におけるリーダーやフォロワーの姿をまとめた資料を読ませて感想をまとめさせる。	
②　体育祭の準備活動や当日，その他の学校行事，日常生活を想起してリーダー・フォロワーとして大切にするべきことを考える。	○　リーダー・フォロワーとして大切にするべきことを考えさせる。	
	発問：リーダー・フォロワーとして大切にするべきことは何ですか。	
③　体育祭の振り返りや作文，昨年度の演劇終了後にまとめた作文を基に，今年度の演劇活動で大切にしたいことや，活動を通して自己や集団としてなりたい姿をまとめる。	○　体育祭の振り返りや，昨年度の演劇終了後にまとめた作文，演劇振り返りシートを基に，今年度演劇活動で大切にしたいことや活動を通して，自己や集団としてなりたい姿をまとめさせる。	
	指示：自己や集団としてなりたい姿をまとめなさい。	
④　演劇活動におけるリーダー（総監督・助監督・脚本係長）を決定する。	○　演劇活動におけるリーダーを決定させる。	
⑤　演劇活動を通して学級として観客に伝えたいメッセージを決定する。	○　演劇活動を通して学級として観客に伝えたいメッセージを決定させる。	
○　これまでの学級のよさや課題，学級目標を踏まえて，演劇活動を通して学級として観客に伝えたいメッセージを決定する。		
⑥　生徒が執筆した「演劇題材推薦書」から，5つの題材に絞る。	○　生徒が提出した「演劇題材推薦書」から，5つの題材に絞らせる。	
○　演劇3役（総監督・助監督・脚本係長）で5つの題材に絞る。		
課題：演劇を通して学級として伝えたいメッセージを表現できる題材は何だろうか。		
⑦　題材紹介映像や資料を作成する。	○　題材紹介映像や資料を作成させる。	対話
○　1つの題材について，発表時間6分以内という条件を基に発表を行う。	指示：演劇題材選定会議に向けて，条件を基に題材紹介映像や資料を作成しなさい。	
	○　各グループで条件に沿って作成させる。	
○　演劇題材紹介映像を編集する会議を行う。	○　編集会議を通して，条件をふまえた内容になっているか検討させる。	
⑧　生徒が主体となって演劇題材選定会議を行う。		
○　各グループ6分以内で推薦する題材を発表する。	指示：推薦する題材を各グループ6分以内で発表しなさい。	
○　質疑応答・検討を行う。		
○　学級で題材選定の投票を行う。	○　題材選定の投票を行わせる。	
⑨　今年度の演劇活動における目標（行事活動・日常生活）を立てる。	発問：演劇活動を通して目指す，自己と集団の姿に迫るためにできることとは何ですか。	再構成

5　授業の実際

1　意味ある文脈での課題設定

体育祭活動の映像・振り返り作文と昨年度の演劇活動振り返り作文を提示して，今年度の演劇活動で，自己や集団の目指す姿を検討する活動を組織する。

授業者は学習活動①と②において，体育祭における自己や集団の成長について振り返らせることで，学級としてのよさを価値付け，課題を共有した。また，リーダーとフォロワーとして大切にすべきことを考える活動を行った。その後，昨年度の演劇活動終了時に生徒が書いた振り返り作文を学級全体で読み合うことで，次の学校行事である演劇活動のリーダーを決定する活動を組織した。この活動で，生徒は演劇を通して，学級として観客に伝えたいメッセージ，目指したい学級の姿などを考えることとなり，以下の課題を見いだした。

演劇を通して学級として伝えたいメッセージを表現できる題材は何だろうか。

今回の演劇は、皆さんにとって、どのようなものになったでしょうか。私にとっては、多くの課題が残るものとなってしまいました。これからその具体例をお話ししようと思います。
まず、個人的な課題についてです。それは、「学年全体と巻込めなかった。」ということです。私はリーダーではなかったので〝全体〟となると少し難しいかもしれませんが、フォロワーとして、係活動をしたりする際に、他のメンバーよく巻きこめていなかったり、自分の意見を上手く相手に伝えられなかったりと、細かな仕事ができていませんでした。
次に、学年全体についてです。それは、「リーダーの進行の仕方と、フォロワーの協力がなっていなかった」ということです。体育館での全体練習で、開始時間が遅くなり、最後まで通せないことが多々ありました。それは、リーダーの指示の出し方と、フォロワーが集合するのが遅かったり私語を止めなかったことが原因のような気がします。
私たち二年生は、今年の演劇が学年で行う最後の演劇でした。今まで私は課題ばかりを述べてきましたが、最終的には学年全体で協力して、とても良い作品が出来上がったと思います。来年は、人数が三分の一になり、学級の絆が試されます。今年見つけた課題を参考にして、最高の演劇をつくり上げたいと思っています。

【図１　昨年度の演劇活動終了後の振り返り作文①】

ジグソーパズルとは、板などに印刷した絵や写真を入り組んだ形のピースに分解し、それを再び組み合わせて元通りにする遊びだ。しかし、ピース一つひとつに同じ形の物は無い。すべてがオリジナルなのだ。
演劇は題材となる本はあるが、脚本・照明・音響などは一から構成を練らなければならない。つまり、決められた絵は無いのだ。脚本など一つひとつがパズルのピースであり、二年にしか作れないオリジナルの演劇を作り出していく。
私は照明係になり、「私語をせず、人の話を聞き、自分にできること・しなければいけないことを探し行動する」という長い目指す姿を立てた。係内で意見の対立もあったが、照明係のピースは着々とそろっていった。
しかし、係同士の連携不足だったためか、通し練習ではなかなか時間内に納まらなかった。そのため係や学年で話し合いを重ね、それぞれの係が改善を図った。照明係でもライトを着ける・消すタイミングが合わないなど問題が多くあがった。だが係長を中心に改善策を探り、良くなる様に行動した。そのおかげか、私は目指す姿が少し達成できたと思っている。本番では四十九分一秒と初めて時間内に納めることができた。これは、百十七人が諦めずに努力をした結果だと感じた。
最後の最後にすべてのピースが繋がり、とても美しいジグソーパズルが仕上がったと思う。

【図２　昨年度の演劇活動終了後の振り返り作文②】

演劇活動のリーダーを決定する際，総監督に決定した生徒は立候補の演説の中で次のように述べた。

私は，３年１組だけの演劇を創りたい。
３年１組のよさを活かした演劇にしたい。体育祭での「団結力」「協力性」というよさを踏まえて，信頼性から生まれる学級の繋がりを大切にしたい。

【図３　総監督の立候補演説の一部】

授業者と演劇３役(総監督・助監督・脚本係長)が，題材決定までの計画を検討する中で，授業者は，総監督が立候補演説の際に述べた言葉を取り上げ，「３年１組のよさを活かした演劇にするためにできることは何か」と問うた。その結果，演劇題材を決める際に，これまでは，各自が執筆した題材推薦書(題材のあらすじ・観客に伝えたいメッセージ等をまとめたもの)の中から質疑応答後に投票でひとつに決定していたが，今回は，「学級のよさと題材とのかかわりを明らかにした演劇題材紹介映像を作成して，演劇題材選定会議を行い，投票で決定する」こととなった。また，昨年度の技術科の授業において，写真や音楽を基にプロモーションビデオ(以下，ＰＶ)を制作したことやプレゼンテーションソフト(以下，ＰＳ)の活用を学習したことを応用し，学級のよさについてはＰＶを，演劇の題材の紹介についてはＰＳを活用して行うことに決定した。

上記のことをうけて３役は，演劇題材紹介映像を作成する上での条件を以下のように決めた。

- １つの題材あたりの発表時間６分以内（ＰＶは60秒以上90秒以内）
- 題材のあらすじ，登場人物とその人柄，どのような演劇にしたいか，演劇を通して伝えたい題材のメッセージを明らかにすること
- 学級のテーマと題材のかかわりを明らかにすること（その際，これまでの行事で学級として培ったものや日常などの具体的な姿をふまえること）

【図４　演劇題材紹介映像制を作成する上での条件】

2　対話を促す工夫

Ⅰ　体育祭活動や日常の学級活動における集団の成長を見いだし，演劇の題材について，学級として伝えたいテーマや題材に込められたメッセージを踏まえて学級に提案していく活動を組織する。

Ⅱ　演劇題材紹介映像を編集する会議を組織する。

学級演劇の題材として，推薦された複数の題材から，３役が中心となり，５つの題材に絞った。そして，５つの題材について，どの題材の演劇題材紹介映像を作成したいかという希望を学級で募り，グループを組織した。グループの中でさらに，ＰＶを作成する班とＰＳを活用して発表映像を作成する班に分かれて作成した。

その後，演劇題材紹介映像が，ある程度完成したところで，編集会議を組織した。

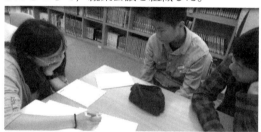

【写真１　編集会議をする生徒の様子】

ＰＶの編集会議においては，それぞれの写真について，写真が撮られた時のエピソード(体育祭活動の一場面，日常生活における係活動の様子など)を語り合う姿や，グループで伝えたい思いが，その写真で伝わるのか，どの順番で写真を提示すると見る人にわかりやすいのかという視点で検討する姿があった。

ＰＳを活用した発表映像の編集会議においては，学級のよさと題材とのかかわりや，言葉の吟味, 文字のフォントなど, 見る人の立場になって自グループの伝えたいことを伝えるためにどのような工夫ができるかという視点で検討する姿があった。

授業後に編集会議の振り返りを行った。

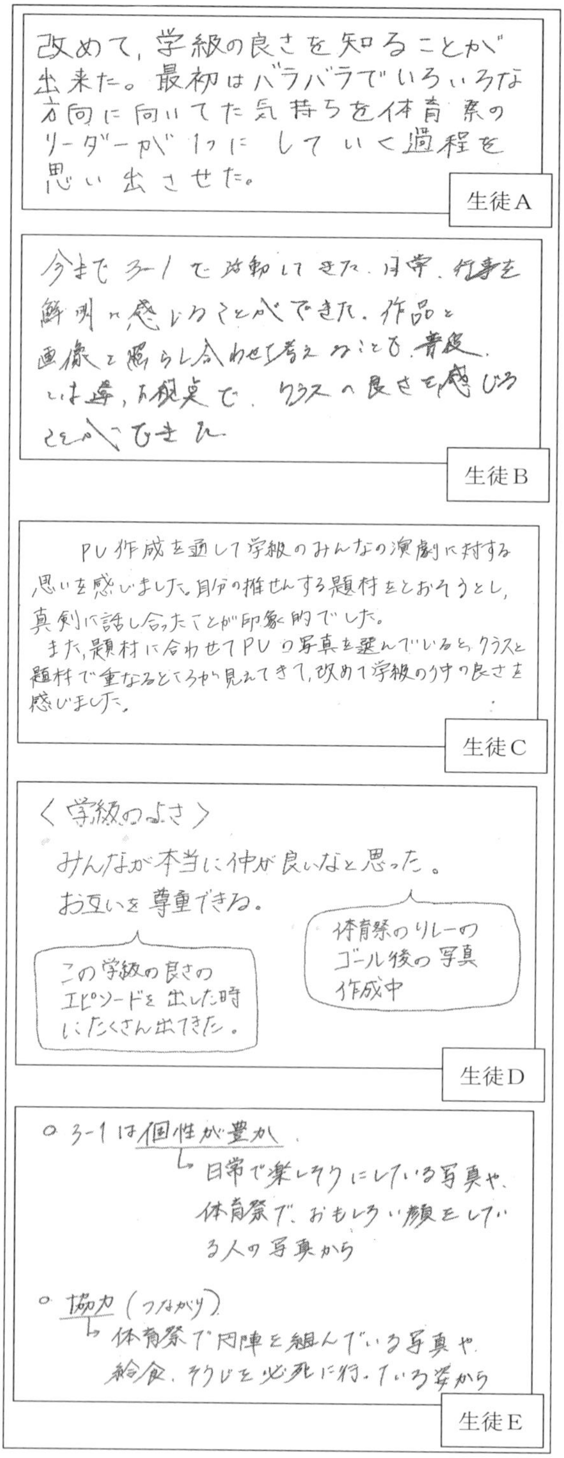

改めて，学級の良さを知ることが出来た。最初はバラバラでいろいろな方向に向いてた気持ちを体育祭のリーダーが1つにしていく過程を思い出させた。

生徒Ａ

今まで3-1で活動してきた，日常，行事を鮮明に感じることができた。作品と画像と照らし合わせて考えることで，普段とは違う観点で，クラスの良さを感じることができた

生徒Ｂ

PV作成を通して学級のみんなの演劇に対する思いを感じました。自分の推せんする題材をとおそうとし，真剣に話し合ったことが印象的でした。
また，題材に合わせてPVの写真を選んでいると，クラスと題材で重なるところが見えてきて，改めて学級の仲の良さを感じました。

生徒Ｃ

〈学級のよさ〉
みんなが本当に仲が良いなと思った。
お互いを尊重できる。
この学級の良さのエピソードを出した時にたくさん出てきた。
体育祭のリレーのゴール後の写真作成中

生徒Ｄ

○ 3-1は個性が豊か
→ 日常で楽しそうにしている写真や，体育祭でおもしろい顔をしている人の写真から
○ 協力（つながり）
→ 体育祭で円陣を組んでいる写真や，給食，そうじを必死に行っている姿から

生徒Ｅ

【図５　編集会議の振り返りワークシートの記述】

第3章 「確かな学びを促す3つの重点」でつくる授業　179

働かせた「見方・考え方」

学校行事や日常における，学級のよさや演劇題材紹介映像に込めるメッセージとの関係性に着目し，映像として可視化すること

　生徒A（図5）は，体育祭の準備活動における写真を選ぶ中で，最初は，心の温度差があり，バラバラだった学級が，リーダーの「一人ひとりに伝えるメッセージ」や「本音を語り合う」姿が学級の心を一つにしていったとまとめている。このことは，写真を選ぶ中で，エピソードを語りながら，学級のよさを実感している姿である。

　生徒B，生徒C（図5）は，3年1組の日常と行事の写真を選ぶ中で，学級のよさを見いだしている。さらに，生徒Cは，学級と題材とを関係付けて，共通したよさを見いだしている。

　生徒D，生徒E（図5）も具体的エピソードを基に学級のよさを実感していた。

【図6　語り合うエピソードと学級のよさについての一覧（総監督が作成した広報紙から）】

3　学びの再構成を促す工夫

学級題材紹介映像を編集する会議を組織する。

　授業者は，演劇3役に，司会，書記，タイムキーパー，記録の役割を付けて，選定会議を進行させた。また，選定の手順を黒板に可視化して示し学級全体で共有した。

　各グループの発表が行われ，それぞれ質疑応答が行われた。その後グループごとで検討が行われた。

　次の資料は，生徒Fが所属する班の発話記録の一部である。

【表1　生徒Fのグループの発話記録】

F	①「観点別に見ていこう。3の1らしさ。3の1らしさが一番出ている題材はどれか」
G	「50分として収まるか」 「『偽りの王子』は伏線が多いのと，本自体がハードカバーで厚いから」
F	「ミステリーは伏線がけっこう長くなる」 「50分以内で収めるのが大変だと思う。」 ②「学級のよさについては，僕たちの仲間という観点で，自分たちの個性を生かして自分の役割や考えを達成していく。それで自分の役割以上のことをやっていく。その個性をみんなが受け入れて，そして1つの集団として1つの方向に向かっていく」
G	「自分ができることは何かとか，こういうことだよね。」 ＜中略＞
F	③「人間としての面白さは『偽りの王子』」 「脚本が大変だよ。でもこれはメッセージ性がある。」

【写真2　競技前後で，ハイタッチをしている場面】

【写真3　体育祭前日に学級で円陣を組んだ場面】

G	「メッセージ性の面でいけばいいと思う」
F	「演劇のしやすさ」 ④「演劇しやすさと、あと、3の1として、3の1が活かせるもの。」
H	「あ〜」（共感）
G	「そしたら『ハムレット』どうなる」
F	⑤「3の1らしさは『ハムレット』は弱い」
G	「弱いよね。『伝えたいことに直接かかわってなくて、伝えたいことを伝える過程が活かせるという感じだから。活かせるかと言われたら薄いかな。」
F	「3の1の要素を活かしたいから。そしたら…」

　最初から生徒Fは、学級のよさに着目して、題材を比較しようとしていた（表1①）。その後、学級のよさから「学級の仲間」という観点で交流を進めた。ここで生徒Fは、「自分たちの個性を生かして自分の役割や考えを達成していく。それで自分の役割以上のことをやっていく。その個性をみんなが受け入れて、そして1つの集団として1つの方向に向かっていく」と発言した（表1②）。この発言は、学級のよさと学級演劇の題材として推薦する題材のよさとの関係性に着目した「見方・考え方」が働き、5つの題材を比較している姿である。

　また、個人・学級集団の成長に着目することができたのは、具体的な写真を基に可視化することを通して、学級のよさや題材のよさを関係付けて、題材紹介映像を作成したことが有効に働いた結果である。生徒Fの「題材選定会議後の感想」から「1つの目標があるときの団結力がすごさを感じた。体育祭とのかかわりを感じた。写真でもそれを感じた。今までの学級の蓄積が演劇につながっていると感じた」と記述している（図7）。この生徒Fの記述は授業者が、手だてとして生徒に体育祭活動や日常の学級活動における集団の成長を見いださせて、題材紹介映像を作成させたことによるものである。

　これ以降、生徒Fの発言を軸に「形式」「内容」「らしさ」「面白さ」の観点から5つの題材を比較しながら、検討している。そして、生徒Fは「演劇のしやすさと3の1らしさ」の関係性に着目して、「ハムレット」を題材の候補から外そうとした（表1⑤）。

　この生徒Fの発言は、「メッセージ性」、すなわち題材のよさを題材選定の観点として優先し、そこに学級のよさと演劇のしやすさを観点に加えて（表1④）、5つの題材を選定している。これは、学級のよさと推薦する題材のよさとの関係性に着目した「見方・考え方」を働かせて、演劇活動を行う上での諸条件を演出などのしやすさなどの視点を踏まえて題材を選定している姿である。

> **働かせた「見方・考え方」**
>
> 学級のよさや学級演劇の題材として推薦する題材に込められたよさなどの関係性に着目し、自分なりに根拠をもって題材を選出すること

【写真4　題材について検討する生徒の様子】

【図7　生徒Fの題材選定会議後の感想】

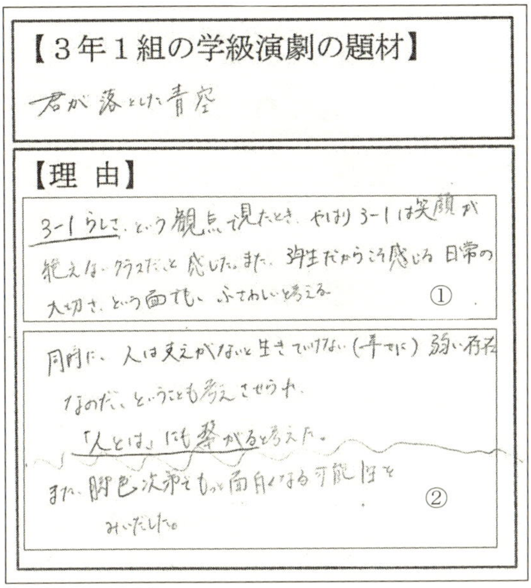

第3章 「確かな学びを促す3つの重点」でつくる授業　181

【図8　生徒Fのワークシート】

　最終的に，生徒Fは上記のように題材の投票を行った。学級演劇として行いたい題材を選出する活動において，生徒Fは「君が落とした青空」を選出した。その根拠として，「3の1らしさ」「題材のよさ」「学級のテーマ『人とは』」という3つの観点を関係付けて説明している。生徒Fは，「3の1らしさ」から見いだした，「笑顔が絶えないクラス」（図8①）を，題材のよさから見いだした。「人は支えがないと生きていけない弱い存在」が「人とは」という学級テーマにもつながる（図8②）と3つの観点を関係付けて記述している。
　生徒Fは，演劇題材選定会議でねらう「学級のよさや学級演劇として推薦する題材に込められたよさなどの関係性に着目して検討することを通して，自分なりに根拠をもって題材を選出することができる」を達成している。このように生徒Fが自分なりの根拠をもって題材を選出できたのは，生徒に体育祭活動や日常の学級活動における自己や集団の成長を見いださせて，題材紹介映像を作成させたからと考えられる。これらのことから，生徒Fは，題材選定会議において各グループの題材紹介映像を用いた発表から，グループ内の演劇題材選定の検討の時まで，学級のよさと推薦する題材のよさとの関係に着目した「見方・考え方」を働かせていたのである。

【写真5　題材選定会議の様子】

【写真6　題材選定会議で発表をしている様子】

【写真7　題材を検討している様子】

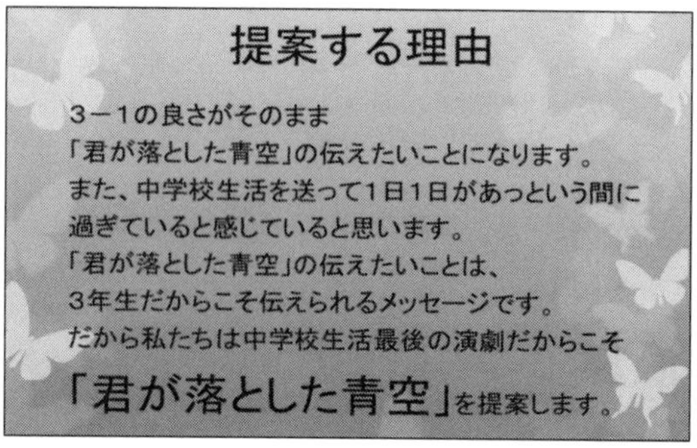

提案する理由

3-1の良さがそのまま
「君が落とした青空」の伝えたいことになります。
また、中学校生活を送って1日1日があっという間に
過ぎていると感じていると思います。
「君が落とした青空」の伝えたいことは、
3年生だからこそ伝えられるメッセージです。
だから私たちは中学校生活最後の演劇だからこそ
「君が落とした青空」を提案します。

【図9 『君が落とした青空』推薦グループのPSの一部】

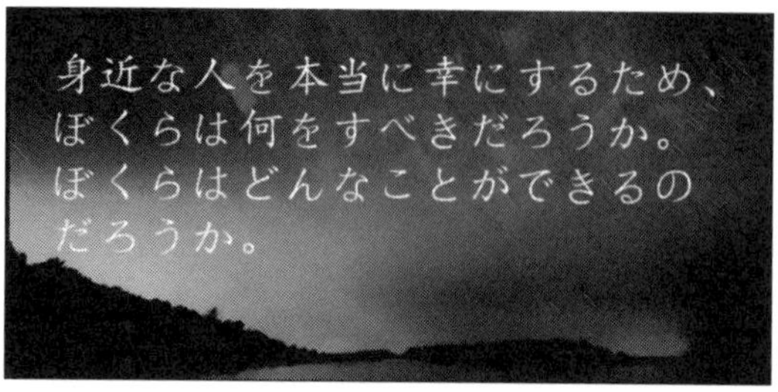

身近な人を本当に幸にするため、
ぼくらは何をすべきだろうか。
ぼくらはどんなことができるの
だろうか。

【図10 『銀河鉄道の夜』推薦PSの一部】

【図11 『君が落とした青空』推薦グループのPVの一部】

笑顔…

【図12 『銀河鉄道の夜』推薦グループのPVの一部】

6　題材のまとめ

＜手だて①＞
体育祭活動の映像・振り返り作文と昨年度の演劇活動の振り返り作文を提示して、今年度の演劇活動で、自己や集団の目指す姿を検討する活動を組織する。

↓

＜手だて②＞
体育祭活動や日常の学級活動における集団の成長を見いだし、演劇の題材について、学級として伝えたいテーマや、題材に込められたメッセージを踏まえて学級に提案していく活動を組織する。

↓

＜手だて③＞
演劇題材紹介映像を編集する会議を組織する。

↓

＜手だて④＞
学級演劇題材選定のための演劇選定会議を組織する。

働かせた「見方・考え方」
学校行事や日常における、学級のよさや演劇題材紹介映像に込めるメッセージとの関係性に着目し、映像として可視化すること

働かせた「見方・考え方」
学級のよさや学級演劇の題材として推薦する題材に込められたよさなどの関係性に着目し、自分なりに根拠をもって題材を選出すること

本題材においては、上記の手だてを講じて、「見方・考え方」を働かせることを通して、生徒の次の資質・能力を育成することができた。

知識・技能
・「リーダーに必要なこと」「フォロワーに必要なこと」を自分なりにとらえること
思考力・判断力・表現力等
・自己や集団の課題を見いだし、目指す姿に迫るための方策を話し合い、合意形成を図ること
学びに向かう力等
・自己や集団のよさを価値付けたり、学級の課題を克服したりしようとすること

第4章 「生き方・学び方」の時間を中核としたカリキュラム・マネジメント

○生徒の学びとカリキュラム・マネジメント

○カリキュラム・マネジメントの実際

○生徒の学びを「総合的な学習の時間（『生き方・学び方』の時間）」で統合する

この章のポイント

　新学習指導要領の一つのキーワードである「カリキュラム・マネジメント」。教育課程全体を通した取組を通じて，教科等横断的な視点から教育活動の改善が求められています。当校では，総合的な学習の時間内に「生き方・学び方」の時間（年間３５時間）を設定し，教科等横断的な視点から，生徒の学びを統合できるようにカリキュラム・マネジメントを展開しています。この章では，当校のカリキュラム・マネジメントの考え方や実践の例を紹介します。

第4章

「生き方・学び方」の時間を中核とした
カリキュラム・マネジメント

新潟大学教育学部附属新潟中学校　上村　慎吾

1．生徒の学びとカリキュラム・マネジメント
(1) 生徒の学び

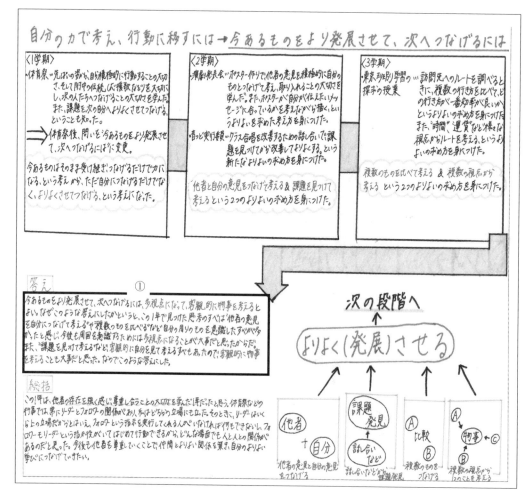

　上記のシートは，総合的な学習の時間「『生き方・学び方』の時間」に作成した生徒Aの「まとめシート」です。生徒Aは，この一年間で「なりたい自分の姿」として「今あるものをより発展させて，次につなげるには」という「問い」を立てました。問いの答えをまとめる際に，生徒は自分の成長に関するあらゆるものを基にまとめています。「なりたい自分を探すこと」，「なりたい自分に近づくこと」そして，「新たな自分を発見すること」など，生徒が「なりたい自分の姿」を追究する過程を私たちは学びととらえています。一つの教科にとどまらず，様々な教科，領域や自分の経験などが相互につながり，その生徒の学びとなっているのです。

生徒Aは，自分の問いの答えとして，「多視点になって，客観的に物事を考えるとよい。なぜこのような考えにしたかというと，この1年で見つけた思考のすべは，他者の意見を自分につなげて考えるや複数のものを比べるなど自分の周りを意識したすべが多かったと感じ，今後も周囲を意識するには多視点になることが大事だと思った」と記述しています。このように実感するまでに，生徒Aは「多視点」や「客観的に物事を考える」など汎用的な力である資質・能力を様々な場面で発揮しているのです。資質・能力を繰り返し発揮し，生徒自身が納得のいくものにすることができれば，どんな場面でも汎用的に発揮できる資質・能力となります。だからこそ，生徒側の視点に立ち，教育課程全体を通して，生徒の資質・能力を育成し，生徒の学びが確かなものになるようなカリキュラムを展開しなければなりません。そこで必要なのがカリキュラム・マネジメントです。

(2) カリキュラム・マネジメント

資質・能力を育成するために，学校教育目標と，それに基づき育成すべき資質・能力を明確にした上で，教育課程における一つ一つの教育活動を検討，編成し，生徒の学びを促すための評価方法や学習活動を展開していきます。これらの一連の取組を具現化したものがカリキュラム・マネジメントです。中央教育審議会(2016)では，カリキュラム・マネジメントの3つの側面を次のように示しています。

【カリキュラム・マネジメントの三つの側面】
①各教科等の教育内容を相互の関係でとらえ，学校の教育目標を踏まえた教科横断的な視点で，その目標の達成に必要な教育の内容を組織的に配列していくこと。
②教育内容の質の向上に向けて，子供たちの姿や地域の現状等に関する調査や各種データ等に基づき，教育課程を編成し，実施し，評価して改善を図る一連のPDCAサイクルを確立すること。
③教育内容と，教育活動に必要な人的・物的資源等を，地域等の外部の資源も含めて活用しながら効果的に組み合わせること。

出典：幼稚園，小学校，中学校，高等学校及び特別支援学校の学習指導要領等の改善及び必要な方策等について（答申）

各学校が特色ある教育活動を進めるために，生徒が「何ができるようになるか」「何を学ぶか」「どのように学ぶか」など育成する資質・能力を明確にし，学校の特色を生かした教育課程を編成・実施していく必要があります。

(3)「生き方・学び方」の時間を軸としたカリキュラム・マネジメント

当校では，総合的な学習の時間内に「生き方・学び方」の時間(年間35時間)を設定し，教科，領域等の生徒の学びを統合するようにしています。

前頁の「まとめシート」の生徒の学びの姿をゴールとして設定し，4月から3月までの1年間のカリキュラムを構想します。構想したカリキュラムを基に，教科・領域の担当，分掌の担当などで具体的な生徒の学びの姿をカリキュラムに描き，共有します。一つ一つの教育活動を通して，生徒がどのように成長していくのかを教師間で共有することで，教師間の理念や指導方法と内容がつながってきます。そして，カリキュラムを実際に運用し，学期末，学年末の「生き方・学び方」の時間で生徒が自らの学びを統合できるようにします。

2. カリキュラム・マネジメントの実際

これから，当校のカリキュラム・マネジメントの実際を紹介します。

○教師間でカリキュラムを共有する
　・カリキュラムのデザインの共有
　・カリキュラムのデザインを基に，特別活動，道徳，総合的な学習の時間（探究），学年部で1年間の生徒の学びの具体を共有
○生徒の学びを教科等横断的につなげる工夫
　・3つの重点でつなげる工夫
　・思考スキルでつなげる工夫
　・メタ認知でつなげる工夫
　・特別活動，道徳，総合的な学習の時間（探究）を目指す姿の設定でつなげる工夫
○「生き方・学び方」の時間を中核に生徒の学びを統合

教師間でカリキュラムの共有

教師一人一人がカリキュラム・マネジメントに参画しようという意識を高めるためには，カリキュラムの共有がポイントになります。カリキュラムを教師間で共有するための実践を紹介します。

実践1　カリキュラムのデザインの共有

＜教育課程全体の例＞

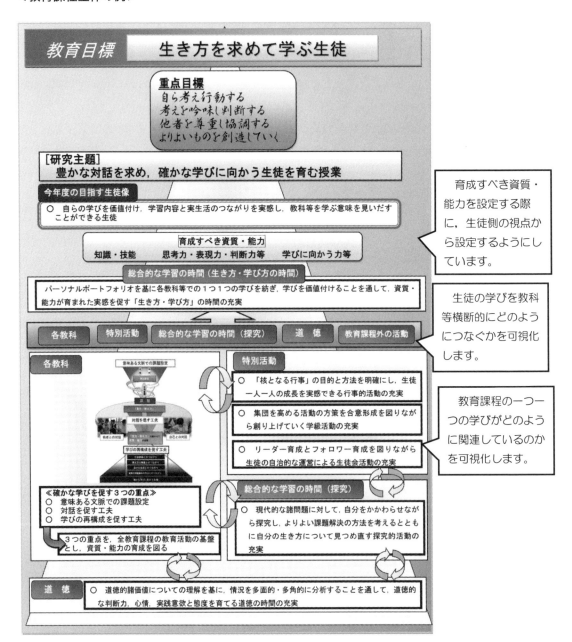

＜年間カリキュラム（2年生）の例＞

<道徳の時間（2年生）の例>　※下記は「道徳科」で求められている「別葉」です。

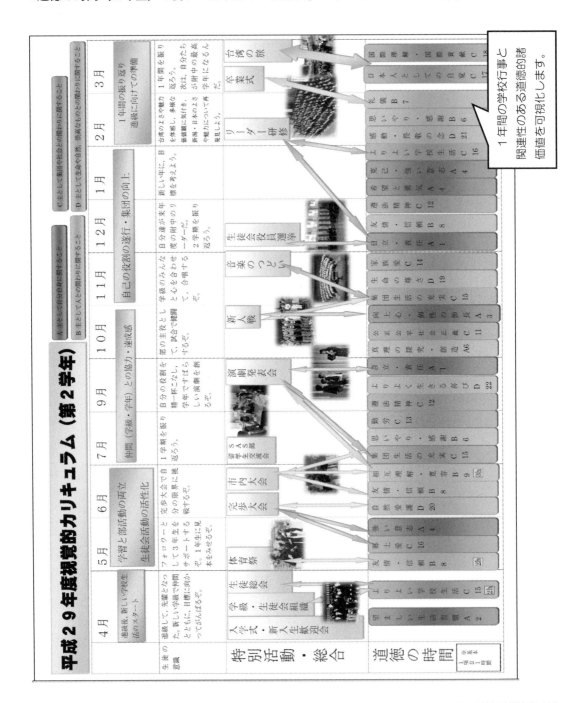

実践の成果

- 教育課程全体，特別活動，道徳，総合的な学習の時間などのカリキュラムを視覚的にデザインすることで，生徒の学びが一つ一つの教科，領域などでどのように関連しているかを職員間で共有できます。関連性がわかることで，教科等横断的な視点から，教育課程の編成が可能になり，教師間で生徒の学びをどのように促していけばよいのか方向性が明確になります。

実践2　カリキュラムのデザインを基に，特別活動，道徳，総合的な学習の時間（探究），学年ごとで1年間の生徒の学びの具体を共有

＜2学年・総合的な学習の時間（探究）の例＞

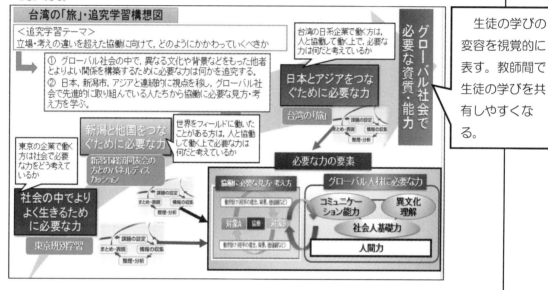

【2学年・総合的な学習の時間（探究）の指導計画の一部】

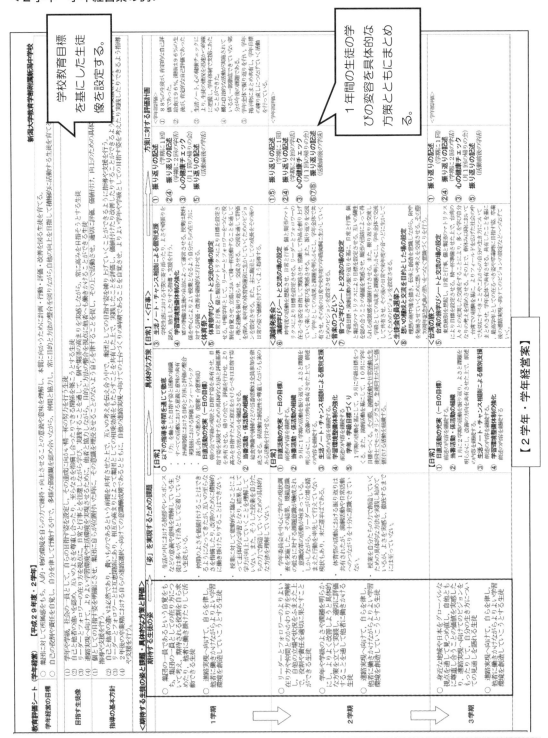

実践の成果

⦿ カリキュラムをデザインすることで，カリキュラムの中核的な取組が明確になります。当校の場合は，教科，特別活動，道徳，総合的な学習の時間（探究）です。これらの取組の中で，生徒の学びがどのように変容していくのかを指導計画に記載します。また，学年の経営案にも学年ごとに生徒の学びの変容を記載することで，職員の目指す方向が共通理解されます。

第4章 「生き方・学び方」の時間を中核としたカリキュラム・マネジメント 191

生徒の学びを教科等横断的につなげる工夫

カリキュラム・マネジメントは教科等横断的な視点から展開することがポイントになります。生徒の学びを教科等横断的につなげるための工夫を紹介します。

実践3　3つの重点でつなげる工夫（職員研修の取組として）

各教科等に応じて，3つの重点を教科化
→　「意味ある文脈での課題設定」「対話を促す工夫」「学びの再構成を促す工夫」を各教科で教科化する。

↓

研究授業の指導案の手だての共通化
→　指導案を作成する際に，全職員が共通して3つの重点を基に，手だてを構想する。3つの重点を観点に，教科等の関連性を見いだすことができる。

↓

研究授業の指導案検討および研究授業の参観（5～7月の期間）
→　研究授業の指導案検討を3つのグループに分かれて行う。
→　研究授業を行い，観察者一人一人が下記のカードに3つの重点の有効性やねらいの達成に関する生徒の反応等を記述する。

授業検討会
→　カードを基に，3つの重点を基にした手だての有効性やねらいの達成についてグループや全体で検討する。

↓

研究授業の論評および研究紀要の作成
→　研究授業の批評を論評として，授業者以外の職員がまとめ，全体で検討する。
→　論評を基に，授業者は自身の研究授業の成果や課題を紀要にまとめる。

↓

教育研究発表会
→　研究授業の成果や課題を基に，教育研究発表会で授業公開を行い，協議する。

↓

研究のまとめ（冬季休業中）
→　授業で実際に用いた教材やワークシートなどを基に，1年間の研究の成果や課題，3つの重点の有効性などを共有する。

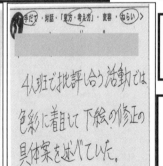

英語科の職員が，国語科の授業について書いたもの

数学科の職員が，美術科の授業について書いたもの

実践の成果

◉ 3つの重点を基にした授業づくりは，教師間で教科等横断的な視点からの指導案検討及び授業観察が可能となります。職員一人一人が他の教科の取組や内容を理解することによって，生徒の学びを教科等横断的な視点からとらえることができるようになります。

実践4　思考スキルでつなげる工夫（1学年対象）

　当校の1学年を対象にした実践です。1学年で総合的な学習の時間内に「思考の時間」を15時間設定します。当校の前次研究の思考スキルにおける実践を参考にし，生徒に「比較」「対比」「分類」「仮定」「類推」「演繹」「帰納」の7つの思考スキルを教え，教科等横断的に進んで活用できるように促します。指導の際の留意事項は下記の通りです。
　　○生徒が考えたくなる必然性のある文脈における課題を設定する。
　　（例）「対比」→夏休み，家族で旅行に行った際に，宿泊のために，どちらの宿舎を家族に提案すればよいだろうか
　　　　「類推」→「新潟市立動物園(仮)」の開設にあたり，集客力を高めるために，施設設備のどのような工夫をすればよいだろうか
　　○思考スキル，思考ツールなどを活用することを通して，自らの思考を客観的に振り返ることができるメタ認知を促す。

生徒が考える必然性のある文脈における課題設定
→　課題として，「夏休み，家族で旅行に行った際に，宿泊のために，どちらの宿舎を家族に提案すればよいだろうか」を設定

思考ツールの提示やタブレット端末，資料等の提示
→　課題によって促された思考によって，生徒が考えや情報等を整理できるようにする。

思考ツールに考えをまとめさせる
→　ベン図等を活用させることで，対比の思考をより活発に促す。

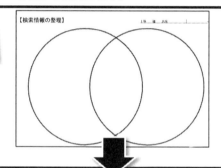

思考スキルの定義を共有する
→　生徒が教科等で活用できるように，思考スキルの定義や方法を説明する。
（例）対比スキル－2つの事象の類似点と相違点を明らかにする思考

教科等横断的に生徒の思考を促したり，振り返ったりする活動を各教科の授業に組み込む
→他の授業等でその生徒なりの思考である思考のすべを見いだせるように，思考のメタ認知を促す。

実践の成果
- 生徒が自らの思考を客観的に振り返るようになるためには，思考操作，方法等を理解していなければなりません。その一助となるのが思考スキルです。1学年の段階で思考スキルを身に付けることで，生徒は学年を追うごとに教科等横断的に思考についての理解を深めていきます。また，生徒は自分なりの思考を客観的にとらえることができるようになり，メタ認知を促すことにつながります。

図のように，1人の1つの視点だけでは部分しか分からないが，視野を広めることで，より明確な課題の発見や，新たな気付きができるのではないか。

実践5　メタ認知でつなげる工夫

当校では2つの視点から，生徒の思考のメタ認知を促しています。
① 課題解決過程の毎時間の授業
　生徒が自らの思考を客観的に振り返られるように，思考を可視化するワークシート，ホワイトボード，映像，模造紙などを活用する。思考が可視化されたものを見て，生徒は，「自分はどのように考えていたのか」と思考を振り返り(モニタリング)，「次はこのように考えてみよう」と思考を調整(コントロール)することによって，自らの思考過程などをとらえることができる。
② 課題解決のまとめ
　学習過程の記録を基にした振り返りの場を設定したり，学んだことを関連した内容に活用したりする場面を設定する。ワークシート，映像などに加えて，仲間とのかかわり，学習への取り組む態度など情意・態度面に関する記録を基に振り返る。

＜課題解決過程の毎時間の授業＞

実践例：英語の授業（3年生）ディスカッション

課題：　附属新潟中学校の英語版 web ページを ALT と共同作成するために，ALT と内容の是非をどのように議論すればよいだろうか。

＜課題解決のまとめ＞

実践例：数学の授業（2年生）確率

課題：　どの目の組み合わせが一番多く出るのかは，何を根拠に判断すればよいのだろうか。

ホワイトボードを基に，話し合いの活動を組織
→　話し手2人，司会1人，記録1人の4人のグループを組織。話し手はトピックに応じて，即興で英語を表現します。そのため，自分がどのように思考し，表現をしたのかをモニタリングしにくいものです。そこで，司会が理解しにくい表現に対して言い換えを促したり，記録の生徒が議論の流れをホワイトボードに可視化したりすることで，話し手は自身の思考をコントロールできるようになります。

課題解決過程の思考を振り返る活動を組織
→　教科等に応じて，振り返りシートを活用します。単元，題材等で有効であった思考操作などを教科の言葉と関連付けながら，生徒なりの言葉でまとめることで，思考のメタ認知を促すことにつながります。

実践の成果

⦿課題解決の過程において，自らの思考を客観的に振り返るメタ認知が的確にできるようになると，生徒は自分の成長をより実感するようになります。自分の成長を実感することで，「前よりも○○について深く理解できたぞ」「△△ができるようになったぞ」「関連した話題についてもっと学びたいな」など思考の変容だけでなく，次なる学びに向かう力が高まります。

実践6　特別活動，道徳，総合的な学習の時間（探究）で目指す姿の設定でつなげる工夫

行事活動における目指す姿の設定

附属新潟中学校の主な行事である「ときわ体育祭（5月）」「すなやま完歩大会（6月）」「演劇発表会（9月）」「音楽のつどい（11月）」などにおいて全校生徒が目指す姿を設定し，行事活動と日常活動における具体的な行動目標を考えます。目指す姿を基に，行事活動の自分の成長を振り返ることによって，生徒は行事活動と日常活動のつながりを見いだしていきます。

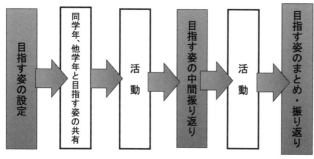

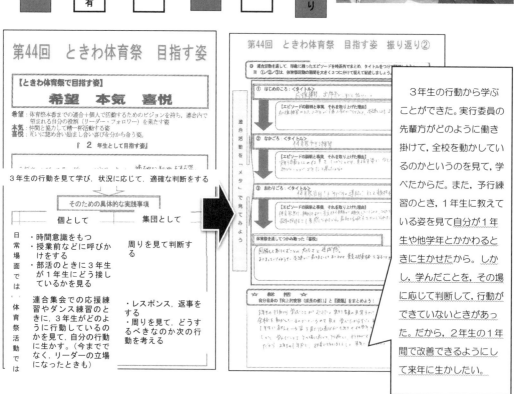

実践の成果

◉ 全ての学校行事で，一貫して「目指す姿」を設定し，活用することによって，生徒は行事活動と日常活動のつながりを意識し，具体的な行動で目標を達成しようとします。さらに，自分が次の行事や日常で何をするべきか新たな目指す姿をもち，次なる行事につなげていきます。

「生き方・学び方」の時間を中核に生徒の学びを統合する

3. 生徒の学びを「総合的な学習の時間 (『生き方・学び方』の時間)」で統合する

　総合的な学習の時間内に「生き方・学び方」の時間(年間３５時間)を設定し，生徒が教科等横断的な視点から，学びを統合できるようにしています。

　具体的な取組として，「パーソナルポートフォリオ」(以下，PPFと表記)を作成することを通して，生徒が各教科等での一つ一つの学びを統合的に紡ぎ，各教科等の「見方・考え方」を，自分の成長に関係付け，これからの社会で必要な資質・能力として実感するように促します。

①各教科等の「見方・考え方」を基に，教科等横断的な視点から学びを俯瞰する

　授業で，生徒は「見方・考え方」を働かせて，課題解決を図ろうとしています。しかしながら，「見方・考え方」がどのようなものであるか，自分にとってどのように有効なのかなどの実感をもちにくいものです。そのため，「生き方・学び方」の時間では，生徒が教科等の「見方・考え方」を「見いだす」ようにしています。「見いだす」とは，教科等の授業を通して，「①何の課題を解決するために」「②何をどのような視点(関係)で捉え，どのように考えたか」「③何がわかる，できるようになったか」という点からこれまでの「見方・考え方」を整理し，その有用性を実感することです。これによって，生徒は一つ一つの教科の有用な「見方・考え方」を見いだし，教科等横断的な視点から自らの学びをとらえるようになります。

【教科等横断的に学びを整理する生徒】

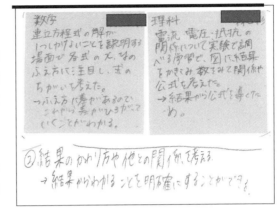
【生徒がまとめた「見方・考え方」】

②ゴールシートを基に自分のなりたい姿の問いを立てる

　今年度１年間を通して，なりたい自分の姿のゴールをもたせるためにゴールシートを作成させます。ゴールシートは，PPFの最初の１ページになります。ゴールシートを作成することで，「今年度１年間の学習を通して，「何のために，何ができるようになりたいのか」，「やることは，自分にとってどのような意味があるのか」，「どんな自分になりたいのか」という意識をもてるようになります。立てる問いは，生徒１人１人の日常にかかわることから，自分自身の性格にかかわることまで多岐にわたります。

　生徒がなりたい自分の姿に迫るための問いを立てる意味をもてるように，１年生に対しては入学式での「入学の決意」に込めた自分の思い，さらに先輩が附属新潟中学校でどのような問いを立て，自らの生き方を求めてきたのかなどモデルを提示します。２・３年生に対しては，昨年度のPPFでまとめた「まとめシート」を提示することで，昨年の自分と今の自分とを比べることを促し，今年１年間で自分をどのように成長させたいのかと問います。こうすることで，生徒はこれまでの自分の成長過程を振り返り，なりたい自分の姿を問いとして設定できま

す。そして，PPFを何度も俯瞰したり，問いの設定理由を仲間と交流したりしながら，問いを練り直し，最後は自分の生き方にかかわるものになっていきます。

<問いの例>
「自分の役割（立場）ごとにすべきことは何か」「情報の取捨選択における"正しい判断"とは」「物事を関連させて考えるには」人と関わるうえで大切なこととは」「みんなでよりよく生きるためには」「問題を身近にとらえるには」「責任をもった行動ができるようになるには」「他者との対話とは」「意見の対立を解決するには」「自分が今すべきことは」「知るためには」「自分の意見を持ち，行動に移すためには何が必要か」など

【生徒が立てた問いの例】

③パーソナルポートフォリオを基に学びを統合する
教科等の授業だけでなく学校の教育活動全体を通して，ゴールシートに立てた問いに関連している学びの成果物を選択し，自分の成長に関するものをPPFに入れ込んでいきます。PPFは，生徒のこれまでの学びの履歴を，自分の成長として紡ぐものになります。

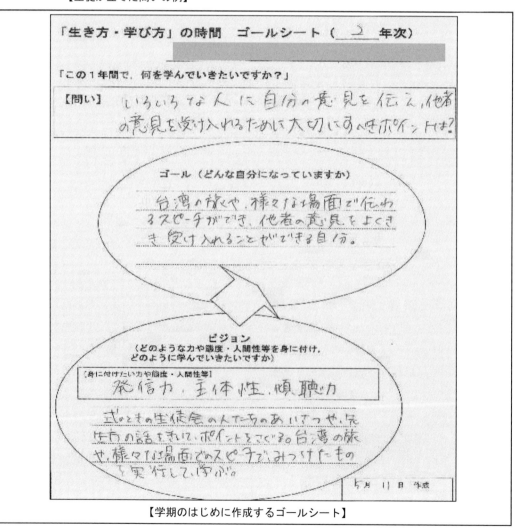

【学期のはじめに作成するゴールシート】

- 教科ファイル
 （ノート，ファイル，ポートフォリオ，1枚ポートフォリオの形式）
- 学活ファイル
- 道徳ファイル
- 総合的な学習の時間ファイル
- モーニングテストファイル
- クリアポケットファイル
- 生活ノート
- 振り返りノート
- 入学の決意
- 「ときわ体育祭」文集
- 「演劇発表会」文集
- 「東京班別研修」冊子
- 「台湾の旅」冊子
- 「卒業学習」冊子
- 各行事実行委員ファイル
- 生徒会役員ファイル
- 部活動における作品や賞状など
- 個人の趣味における作品やコレクション

【PPFに入れ込む成果物の例】

【PPFに成果物を入れ込む生徒】

④各教科等の「見方・考え方」を自分の成長と関係付ける

　学期途中に，なりたい自分の姿に近づくために，どのように学んできたかについて振り返ります。例えば，なりたい自分の姿として「他者とのよりよい関係を築ける人になるには」という問いを立てた生徒は，「多面的・多角的にとらえ，他者との考えを比較したり，関係付けたりしようとした」「相手意識をもって，相手の考えを尊重しようとした」など，自分の成長を振り返ります。自分の成長と教科等で有用であると実感した「見方・考え方」とを関係付けるために，「自分ができるようになったこと」「伸ばすことができた力」などを教科等の具体的な場面

を想起しながら図示するように促します。こうすることで，生徒は各教科等の「見方・考え方」を，なりたい自分の姿の問いの答えに必要なものとして実感していきます。生徒は，なりたい自分の姿の問いの答えにつながる「見方・考え方」を下記のように図示します。

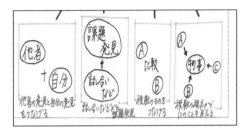

【各教科等の「見方・考え方」を自分の成長と関係付けた姿】

　⑤学期末ごとにゴールシートを基に，中間振り返りを行う

　1学期末，2学期末にゴールシートを基に，なりたい自分の姿の問いに対して，自分がどれくらい近づくことができたのか，教科等横断的に学びを振ります。

　生徒は，ゴールシートに記入した自分が身に付けたい力等を様々な教科等の学びを基に具体的にとらえていきます。各教科等の「見方・考え方」を，自分が身に付けたい力等につながるものとして実感するのです。次頁のゴールシートでは，四角囲み①のように，生徒が数学と理科それぞれの学びを通して，有用だと考えた「結果の変わり方や他との関係を考える」という「見方・考え方」を，自分が身に付けたい「理解力」につながるものとしてとらえています。このように各教科等の特質に応じた「見方・考え方」を働かせた学びから，教科等横断的な資質・能力を育成していきます。

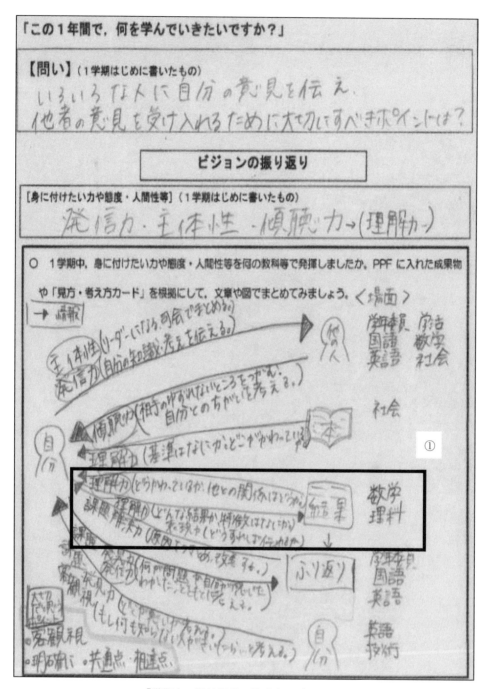

【学期末の振り返りで作成するゴールシート】

第4章 「生き方・学び方」の時間を中核としたカリキュラム・マネジメント　199

⑥なりたい自分の姿の問いの答えを見いだし，社会で必要な資質・能力につながる実感を促す

　学年末に1学期，2学期のゴールシートを基に，「まとめシート」になりたい自分の姿の問いに対する答えをまとめたり，仲間に伝えたりする活動を設定します。「まとめシート」は，PPF内の全ての学びの成果をまとめるものとなります。生徒は，一つ一つの学びを統合し，教科等の「見方・考え方」を，自分の成長に関係付け，これからの社会で必要な資質・能力として実感していきます。

【まとめシートを仲間と交流する姿】

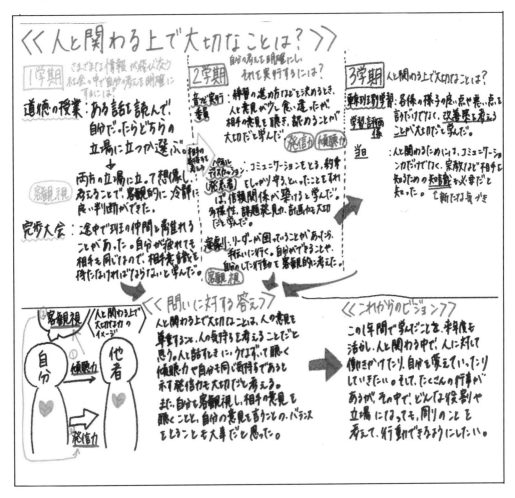

【学年末に作成するまとめシート】

参考・引用文献
○文部科学省『中学校新学習指導要領』，2017
○文部科学省『幼稚園，小学校，中学校，高等学校及び特別支援学校の学習指導要領等の改善及び必要な方策等について（答申）』中央教育審議会，2016

あとがき

新潟大学教育学部附属新潟中学校・副校長　津野　庄一郎

　平成 29 年 9 月 2 日，新潟県民会館大ホールで当校の創立 70 周年記念式典・フォーラム・講演会が行われた。弦楽団の伴奏による校歌合唱を聴き，附属新潟中の足跡に思いをはせた時，胸に迫るものがあった。

　当日講演してくださった海上保安庁次長の花角英世氏（昭和 48 年度卒）は，「未来を創る皆さんに期待すること」と題し，2 つのことを大切にしてほしいとお話しされた。1 つ目は，「積極的に海外に出て，国際協力を進めること」2 つ目は，「ふるさと新潟を愛する気持ちを持ち続けること」である。これは一見相反するようだが，グローバル化の進展，生産年齢人口の減少等により「未踏の時代」と言われる今日において非常に示唆に富む。花角氏の「何事も臆せず好奇心をもって挑戦し続け，新しい自分を更新せよ。そして，地域を愛し，地域で考えて，地球規模で行動できる人間になれ！」という熱いメッセージは，聴衆のみならずこれを聴いていた生徒も大いに励まされた。

　このことは，当校の学校教育目標「生き方を求めて学ぶ生徒」が求めている生徒像とも重なる。具体的には「自ら考え行動する」，「考えを吟味し判断する」，「他者を尊重し協調する」，「よりよいものを創造していく」の 4 つの姿であり，当校が生徒に身に付けさせていく資質・能力でもある。私たち教職員は，この実現を目指し，生徒一人一人の目的意識を一貫して大切にしながら，日々の教育活動を推進している。特に授業においては，生徒が対象に没入できるよう「意味ある文脈での課題設定」を行い，「対話を促す工夫」と「学びの再構成を促す工夫」を意図的・計画的に組み入れて展開する。その際，教科独自の「見方・考え方」が発揮され，学習内容と実社会，実生活，自分の生活や現実の問題解決の方法とのつながりを実感するよう促す。

　当校の研究スタッフは，全体論の要旨を踏まえながら，各教科・領域においてその特性を十分に活かした教科論とその具体的な手立てや生徒の姿を論じたわけであるが，お読みいただいていかがだったか。

　折しも平成 30 年度から移行措置として実施される新学習指導要領で，「学校教育には，子供たちが様々な変化に積極的に向き合い，他者と協働して課題を解決していくことや，様々な情報を見極め知識の概念的な理解を実現し情報を再構成するなどして新しい価値につなげていくこと，複雑な状況変化の中で目的を再構築することができるようにすることが求められている」と述べているように，一人一人の生徒に「知識及び技能」はもとより，「思考力・判断力・表現力等」を身に付けさせ，「学びに向かう力，人間性等」を育成していく必要がある。

　私たちは今後も授業研究を中核に据え，教職員の同僚性・協働性を発揮しながら「豊かな対話を求めて確かな学びに向かう生徒」をしっかりと育んでいきたい。明日の未来を切り拓く担い手となるかけがえのない生徒のために，教師がその鑑となり，常に厳しく自ら鍛え，相互に錬磨し合い，教育の進展と社会の進運に寄与できるよう，使命感に燃えて学び続ける教職員集団でありたい。また，そうすることが「附属の存在価値」を高めることにもつながる。

　結びに，この度の研究について，終始指導・助言を賜った京都大学大学院の石井英真先生，当校の国研指定研究の折から指導を賜った東洋大学の後藤顕一先生をはじめ，本大学の先生方，新潟市や下越教育事務所の指導主事の皆様や旧同人の先生方，前副校長の上野昌弘様，関係各位の惜しみないお支えとお導きに深く感謝申し上げたい。また，出版を快諾して適切なアドバイスをくださった東信堂代表取締役下田勝司様ならびに編集担当向井智央様にも，この場を借りて厚く御礼申し上げ筆を擱くこととする。

執筆者一覧：新潟大学教育学部附属新潟中学校研究同人

平成 29 年度　研究同人

校　　　長	柳沼　宏寿	
副 校 長	津野庄一郎	
教　　頭	中村　雅芳	
主 幹 教 諭	庭田　茂範(理科)	
研 究 主 任	上村　慎吾(英語)	

教　　諭		
石川　　哲(国語)	坂井　昭彦(国語)
小林　大介(社会)	瀬野　大吾(数学)
熊谷　友良(数学)	齋藤　大紀(理科)
和田麻友美(音楽)	田代　　豪(美術)
倉嶋　昭久(保健体育)	永井　　歓(技術・家庭科技術分野)
古山　祐子(技術・家庭科家庭分野)	源田　洋平(英語)

養 護 教 諭　小林　由紀子

　当校の研究や実践について，より詳しく知りたいと思った方や学校訪問などを希望される方は，下記までお問い合わせください。

新潟大学教育学部附属新潟中学校

　〒951-8535 新潟市中央区西大畑町 5214 番地

　TEL: 025-223-8341　FAX: 025-223-8351

　Mail: fucyu@fuchu.ngt.niigata-u.ac.jp

　HP: http://jhs.niigata.ed.niigata-u.ac.jp/

附属新潟中式 「3つの重点」を生かした確かな学びを促す授業
――教科独自の眼鏡を育むことが「主体的・対話的で深い学び」の鍵となる！

〔検印省略〕

2017年10月31日 初 版 第1刷発行　　　　　　　　　　　　※本体価格はカバーに表示してあります。

編著者©新潟大学教育学部附属新潟中学校　　発行者　下田勝司　　　　　　　印刷・製本／中央精版印刷

東京都文京区向丘1-20-6　　郵便振替00110-6-37828
〒113-0023　TEL(03)3818-5521　FAX(03)3818-5514

発 行 所
株式
会社 東信堂

Published by TOSHINDO PUBLISHING CO., LTD
1-20-6, Mukougaoka, Bunkyo-ku, Tokyo, 113-0023, Japan
E-mail: tk203444@fsinet.or.jp　URL: http://www.toshindo-pub.com/

ISBN 978-4-7989-1464-0　C0037

東信堂

附属新潟中式「3つの重点」を生かした確かな学びを促す授業
—教科独自の眼鏡を育むことが「主体的・対話的で深い学び」の鍵となる！
新潟大学教育学部
附属新潟中学校　編著
二〇〇〇円

ICEモデルで拓く主体的な学び
—成長を促すフレームワークの実践
栢磨昭孝
二〇〇〇円

社会に通用する持続可能なアクティブラーニング
—ICEモデルが大学と社会をつなぐ
土持ゲーリー法一
二〇〇〇円

ポートフォリオが日本の大学を変える
—ティーチング/ラーニング/アカデミック・ポートフォリオの活用
土持ゲーリー法一
二五〇〇円

ティーチング・ポートフォリオ—授業改善の秘訣
土持ゲーリー法一
二〇〇〇円

ラーニング・ポートフォリオ—学習改善の秘訣
土持ゲーリー法一
二五〇〇円

「主体的学び」につなげる評価と学習方法
—カナダで実践される—CEモデル
S.ヤング＆R.ウィルソン著
土持ゲーリー法一 監訳
一〇〇〇円

主体的学び　創刊号
主体的な学び研究所編
一八〇〇円

主体的学び　2号
主体的な学び研究所編
一六〇〇円

主体的学び　3号
主体的な学び研究所編
一八〇〇円

主体的学び　4号
主体的な学び研究所編
一六〇〇円

主体的学び　別冊　高大接続改革
主体的な学び研究所編
一八〇〇円

溝上慎一 監修　アクティブラーニング・シリーズ（全7巻）

①アクティブラーニングの技法、授業デザイン
水納正幸・鈴木楙編
一六〇〇円

②アクティブラーニングとしてのPBLと探究的な学習
溝上慎一・成田秀夫 編
一八〇〇円

③アクティブラーニングの評価
石井英真・松下佳代編
一六〇〇円

④高等学校におけるアクティブラーニング：理論編（改訂版）
溝上慎一 編
一六〇〇円

⑤高等学校におけるアクティブラーニング：事例編
溝上慎一 編
二〇〇〇円

⑥アクティブラーニングをどう始めるか
成田秀夫
一六〇〇円

⑦失敗事例から学ぶ大学でのアクティブラーニング
亀倉正彦
二六〇〇円

アクティブラーニングと教授学習パラダイムの転換
溝上慎一
二四〇〇円

大学のアクティブラーニング
河合塾編著
三二〇〇円

「学び」の質を保証するアクティブラーニング
—3年間の全国大学調査から
河合塾編著
二〇〇〇円

「深い学び」につながるアクティブラーニング
—全国大学の学科調査報告とカリキュラム設計の課題
河合塾編著
二八〇〇円

アクティブラーニングでなぜ学生が成長するのか
—経済系・工学系の全国大学調査からみえてきたこと
河合塾編著
二八〇〇円

〒113-0023　東京都文京区向丘1-20-6
TEL 03-3818-5521　FAX03-3818-5514　振替 00110-6-37828
Email tk203444@fsinet.or.jp　URL:http://www.toshindo-pub.com/
※定価：表示価格（本体）＋税

東信堂

社会を創る市民の教育
—協働によるシティズンシップ教育の実践
大友秀明・桐谷正信 編著　　二五〇〇円

現代ドイツ政治・社会学習論
—「事実教授」の展開過程の分析
大友秀明　　五二〇〇円

アメリカにおける多文化的歴史カリキュラム
桐谷正信　　三六〇〇円

アメリカ公民教育におけるサービス・ラーニング
唐木清志　　四六〇〇円

ヨーロッパの学校における市民的社会性教育の発展
—フランス・ドイツ・イギリス
武藤孝典・新井浅孝 編著　　三八〇〇円

世界のシティズンシップ教育
—グローバル時代の国民／市民形成
嶺井明子 編著　　二八〇〇円

社会科は「不確実性」で活性化する
—未来を開くコミュニケーション型授業の提案
吉永潤　　二四〇〇円

社会形成力育成カリキュラムの研究
西村公孝　　六五〇〇円

中央アジアの教育とグローバリズム
川野辺敏・嶺井明子 編著　　三二〇〇円

資源問題の正義
—コンゴの紛争資源問題と消費者の責任
華井和代　　三九〇〇円

日本の教育をどうデザインするか
岩田弘三・上田学 編著　　二八〇〇円

現代日本の教育課題
—二一世紀の方向性を探る
上田学 編著　　二八〇〇円

バイリンガルテキスト現代日本の教育
山田満 編著　　三八〇〇円

NPOの公共性と生涯学習のガバナンス
高橋満　　二八〇〇円

コミュニティワークの教育的実践
—身近な環境に関する市民研究の持続的展開
高橋満　　二〇〇〇円

市民力による知の創造と発展
萩原なつ子　　三三〇〇円

社会学の射程
—ポストコロニアルな地球市民の社会学へ
庄司興吉　　三二〇〇円

地球市民学を創る
—地球社会の危機と変革のなかで
庄司興吉 編著　　三二〇〇円

主権者の協同社会へ
—新時代の大学教育と大学生協
庄司興吉　　二四〇〇円

主権者の社会認識
—自分自身と向き合う
庄司興吉　　二六〇〇円

〒113-0023　東京都文京区向丘 1-20-6　　TEL 03-3818-5521　FAX 03-3818-5514　振替 00110-6-37828
Email tk203444@fsinet.or.jp　URL：http://www.toshindo-pub.com/

※定価：表示価格（本体）＋税

東信堂

芸術体験の転移効果
——最新の科学が明らかにした人間形成の真実　C・リッテルマイヤー著　遠藤孝夫訳　二〇〇〇円

ハーバード・プロジェクト・ゼロの芸術認知理論とその実践
——内なる知性とクリエイティビティを育むハワード・ガードナーの教育戦略　池内慈朗　六五〇〇円

協同と表現のワークショップ［第2版］
——学びのための環境のデザイン　編集代表　茂木一司　二四〇〇円

演劇教育の理論と実践の研究
——自由ヴァルドルフ学校の演劇教育　広瀬綾子　三八〇〇円

ネットワーク美学の誕生
——「下からの綜合」の世界へ向けて　川野洋　三六〇〇円

ミュージアムと負の記憶
——戦争・公害・疾病・災害：人類の負の記憶をどう展示するか　竹沢尚一郎編著　二八〇〇円

サンタクロースの島
——地中海岸ビザンティン遺跡発掘記　浅野和生　二三八一円

アメリカ映画における子どものイメージ——社会文化的分析　K・M・ジャクソン著　牛渡淳訳　二六〇〇円

三島由紀夫の沈黙
——その死と江藤淳・石原慎太郎を超えて　伊藤勝彦　二五〇〇円

石原慎太郎とは？
——戦士か、文士か　創られたイメージを超えて　森元孝　一六〇〇円

石原慎太郎の社会現象学
——亀裂の弁証法　森元孝　四八〇〇円

心身の合一
——ベルクソン哲学からキリスト教へ　中村弓子　三三〇〇円

『ユリシーズ』の詩学　金井嘉彦　三三〇〇円

福永武彦論——「純粋記憶」の生成とボードレール　西岡亜紀　三二〇〇円

文学・芸術は何のためにあるのか？　岡田暁生編　吉岡洋編　二〇〇〇円

芸術の生まれる場　木下直之編　二〇〇〇円

芸術は何を超えていくのか？　沼野充義編　一八〇〇円

日本の社会参加仏教
——法音寺と立正佼成会の社会活動と社会倫理　ランジャナ・ムコパディヤーヤ　四七六二円

現代タイにおける仏教運動
——タンマガーイ式瞑想とタイ社会の変容　矢野秀武　五六〇〇円

サンヴァラ系密教の諸相
——行者・聖地・身体・時間・死生　杉木恒彦　五八〇〇円

〒113-0023　東京都文京区向丘 1-20-6　　TEL 03-3818-5521　FAX03-3818-5514　振替 00110-6-37828
Email tk203444@fsinet.or.jp　URL:http://www.toshindo-pub.com/
※定価：表示価格（本体）＋税

東信堂

書名	著者・訳者	本体価格
責任という原理—科学技術文明のための倫理学の試み〔新装版〕	H・ヨナス／加藤尚武監訳	四八〇〇円
主観性の復権—心身問題から『責任という原理』へ	H・ヨナス／宇佐美・滝口訳	二〇〇〇円
ハンス・ヨナス「回想記」	H・ヨナス／盛永・木下・馬渕・山本訳	四八〇〇円
生命の神聖性説批判	H・クーゼ著／飯田・石川・小野谷・片桐・水野訳	四六〇〇円
生命科学とバイオセキュリティ—デュアルユース・ジレンマとその対応	四ノ宮成祥・河原直人編著	二四〇〇円
医学の歴史	今井道夫監訳	四六〇〇円
安楽死法：ベネルクス3国の比較と資料	石渡隆司監訳	二七〇〇円
死の質—エンド・オブ・ライフケア世界ランキング	盛永審一郎監修／丸祐一・小野谷加奈恵・飯田亘之訳	一二〇〇円
バイオエシックスの展望	松坂・浦宏昭・井悦子編著	三二〇〇円
生命の問い—生命倫理学と死生学の間で	大林雅之編著	二〇〇〇円
生命の淵—バイオシックスの歴史・哲学・課題	大林雅之	二〇〇〇円
今問い直す脳死と臓器移植〔第2版〕	澤田愛子	二〇〇〇円
キリスト教から見た生命と死の医療倫理	浜口吉隆	二三八一円
動物実験の生命倫理—個体倫理から分子倫理へ	大上泰弘	四〇〇〇円
医療・看護倫理の要点	水野俊誠	二〇〇〇円
テクノシステム時代の人間の責任と良心	H・レンク／山本・盛永訳	三五〇〇円
原子力と倫理—原子力時代の自己理解	Th・リット／小笠原道雄編	一八〇〇円
科学の公的責任—科学者と私たちに問われていること	Th・リット／小笠原・野平訳	一八〇〇円
歴史と責任—科学者は歴史にどう責任をとるか	Th・リット／小笠原・野平編訳	一八〇〇円
（ジョルダーノ・ブルーノ著作集）より		
カンデライオ	加藤守通訳	三二〇〇円
原因・原理・一者について	加藤守通訳	三三〇〇円
傲れる野獣の追放	加藤守通訳	四八〇〇円
英雄的狂気	加藤守通訳	三六〇〇円
ロバのカバラ—ジョルダーノ・ブルーノにおける文学と哲学	N・オルディネ／加藤守通監訳	三六〇〇円

〒113-0023　東京都文京区向丘1-20-6　TEL 03-3818-5521　FAX03-3818-5514　振替 00110-6-37828
Email tk203444@fsinet.or.jp　URL:http://www.toshindo-pub.com/

※定価：表示価格（本体）＋税

東信堂

【芸術学叢書】

書名	著者	定価
オックスフォード キリスト教美術・建築事典	P&L・マレー著　中森義宗監訳	三〇〇〇〇円
イタリア・ルネサンス事典	J・R・ヘイル編　中森義宗監訳	七八〇〇円
美術史の辞典	P・デューロ他　中森義宗・清水忠訳	三六〇〇円
書に想い 時代を讀む	河田悌一	一八〇〇円
日本人画工 牧野義雄—平治ロンドン日記	ますこ ひろしげ	五四〇〇円
芸術理論の現在—モダニズムから絵画論を超えて	谷川渥編著	三八〇〇円
美を究め美に遊ぶ—芸術と社会のあわい	尾崎信一郎	四六〇〇円
バロックの魅力	荻江中藤佳志編著　田野厚紀編著	二八〇〇円
新版 ジャクソン・ポロック	小穴晶子編	二六〇〇円
美学と現代美術の距離—アメリカにおけるその乖離と接近をめぐって	藤枝晃雄	二六〇〇円
ロジャー・フライの批評理論—知性と感受性の間で	金悠美	三八〇〇円
レオノール・フィニ—新しい侵犯する種	要真理子	四二〇〇円
いま蘇るブリア＝サヴァランの美味学	尾形希和子	二八〇〇円
	川端晶子	三八〇〇円

【世界美術双書】

バルビゾン派	井出洋一郎	二〇〇〇円
キリスト教シンボル図典	中森義宗	二三〇〇円
パルテノンとギリシア陶器	関隆志	二三〇〇円
中国の版画—唐代から清代まで	小林宏光	二三〇〇円
象徴主義—モダニズムへの警鐘	中村隆夫	二三〇〇円
中国の仏教美術—後漢代から元代まで	久野美樹	二三〇〇円
セザンヌとその時代	浅野春男	二三〇〇円
日本の南画	武田光一	二三〇〇円
画家とふるさと	小林忠	二三〇〇円
ドイツの国民記念碑—一八一三—一九一三年	大原まゆみ	二三〇〇円
日本・アジア美術探索	永井信一	二三〇〇円
インド、チョーラ朝の美術	袋井由布子	二三〇〇円
古代ギリシアのブロンズ彫刻	羽田康一	二三〇〇円

〒113-0023　東京都文京区向丘1-20-6
TEL 03-3818-5521　FAX03-3818-5514　振替 00110-6-37828
Email tk203444@fsinet.or.jp　URL:http://www.toshindo-pub.com/

※定価：表示価格（本体）＋税